跨文化心理与教育丛书编委会

跨文化心理与教育丛书

IMMIGRANT YOUTH IN CULTURAL TRANSITION

Acculturation, Identity, and Adaptation Across National Contexts

文化过渡中的移民青少年

——跨国背景下的涵化、认同与适应

Edited by
John W. Berry *Queen's University, Canada*
加拿大女王大学：约翰·贝理
Jean S. Phinney *California State University, Los Angeles*
美国加州洛杉矶大学：简·菲妮
David L. Sam *University of Bergen, Norway*
挪威卑尔根大学：大卫·山姆
Paul Vedder *Leiden University, The Netherlands*
荷兰莱顿大学：保罗·维德
编著

王朝晖 刘 真 常永才 译

中央民族大学出版社
China Minzu University Press

(中国北京·2014)

图书在版编目（CIP）数据

文化过渡中的移民青少年：跨国背景下的涵化、认同与适应/（加）贝里等编著；王朝晖等译．—北京：中央民族大学出版社，2014. 10
ISBN 978 - 7 - 5660 - 0849 - 7

Ⅰ．①文…　Ⅱ．①贝…②常…　Ⅲ．①青少年—移民问题—研究—世界　Ⅳ．①D523. 8

中国版本图书馆 CIP 数据核字（2014）第 251390 号

文化过渡中的移民青少年——跨国背景下的涵化、认同与适应

原编著者　约翰·贝理　简·菲妮　大卫·山姆　保罗·维德
译　　者　王朝晖　刘　真　常永才
责任编辑　陈子冰
封面设计　布拉格
出 版 者　中央民族大学出版社
发 行 者　新华书店
印 刷 厂　北京春飞无限彩色印刷技术有限公司
开　　本　787 × 1092（毫米）　1/16　印张：18. 25
字　　数　292 千字
版　　次　2015 年 6 月第 1 版　2015 年 6 月第 1 次印刷
书　　号　ISBN 978 - 7 - 5660 - 0849 - 7
定　　价　45. 00 元

《跨文化心理与教育丛书》总序

（一）

多样性始终是人类社会显著特征，文化是其主要表现。文化是人类群体共享的思想、行动和感觉的方式及其产品，且是人生意义源泉和行动的规范和导向体系，因此人类靠文化安身立命，靠社区体现价值，靠文化机制与自然、祖先、邻人和后代达成互惠合作关系。生态环境和社区经历使人类群体拥有多元多样的文化传统。文化多样性能使人类能开发多种环境资源，缓解生存和生态压力，促进物质交换和情感交流，保障个体与自然及社会和谐①。

不过，文化多样性这一议题从来没有像在全球化的今天这样显得迫切。一方面，鉴于经典欧美文化中心主义取向现代化模式的弊端日益暴露，尤其是不顾文化差异而将该模式照搬到欠发达国家而普遍出现的失败和导致的种种灾难，早在1993年联合国教科文组织（UNESCO）设立“世界文化与发展委员会”所提交的报告指出，文化是促进人类可持续发展的决定因素，故是未来的发展概念的应有之义；脱离文化背景的发展是一种没有灵魂的发展，经济的发展是一个民族文化的一部分，文化繁荣是发展的最高目标②。

另一方面，在当代，人类发展一体化的趋势，使得不同文化间的接触和交流，无论在广度和深度上，都具有史无前例的特点。显然，生长于不同文化情境的人们要有效交流、携手合作、和谐相处和共同发展，就得理解和学习彼此的文化。2005 年 11 月突尼斯召开信息社会世界峰会

---

① 张海洋：文化多样性公平传承论纲——寄语人类学民族学第16届世界大会，2008年2月28日，中央民族大学。http://blog.sina.com.cn/s/blog_48c6994f01008rm5.html

② 张玉国译：《联合国教科文组织世界文化与发展委员会．文化多样性与人类全面发展》，广东人民出版社，2006年。

（WSIS）期间，UNESCO 举行的高级别辩论与会者认为，构建知识社会的四大支柱之一就是尊重文化和语言多样性①。UNESCO 总干事在 2010 年“文化多样性促进对话和发展日”进一步指出：国际 21 世纪教育委员会报告中所论述的优质教育四项原则—“学会做人”、“学会求知”、“学会做事”和“学会共处”，只有在将文化多样性置于核心位置的前提下方能成功实现②。2013 年 UNESCO 在杭州召开的“文化：可持续发展的关键”国际会议进一步强调，应将文化置于公共政策的核心地位③。

（二）

今天心理学日益呈现出繁荣景象。从脑科学到恋爱心理学，当代心理科学已经成为一个枝叶茂盛、分支众多的学科群。其在人们生活中的应用更是广泛多样，从心理保健到学业指导，从生涯规划到工业设计，从谈判桌上到冲突现场，从员工激励到宇航员培训。然而，心理学不断繁荣之时，却日益暴露出危机。

当代所谓的“经典科学心理学”的一个主要危机就是“文化偏差”。这是因为，正如国际跨文化心理学前主席贝理（JOHN BEERY）所说，这种心理学是一种 WASP（WASP = western academic scientific psychology），即以西方文化为背景、运用自然科学范式、由学院派研究者进行研究而形成的心理学，尤其是在美国生产和发达起来的心理学。这种心理学面临的两个问题：一是有文化盲点的（CULTURE BLIND），即它在很大程度上忽略了文化在人类行为发展和表现中可能扮演的角色；二是具有文化局限，即世界上大部分人被遗弃在这种心理学研究之外，而犹太—基督教和希腊—罗马思维对其理论和概念有根深蒂固的影响，大部分数据来自社会经济地位较高的欧美学生样本④。因此，现在人们日益深刻感受到，科学心理学的基础、方法论理论与技术，实际上大多带有西方文化尤其是美国文化的

① 其余三者是“全民优质教育机会、人人获得信息、以及以尊重人权特别是言论自由为基础的开放因特网”。——笔者注。

② 伊琳娜·博科娃：《文化多样性促进对话和发展日致辞》，解放周末，2010 年 5 月 28 日。

③ UNESCO：《杭州宣言宣示人类发展的新时代》。

http：//www. unesco. org/new/zh/unesco/resources/the - hangzhou - declaration - heralding - the - next - era - of - human - development/

④ JOHN BEERY 于 2009 年 10 月 22 日在中央民族大学教育学院讲学，主题为”AN INTRODUCTION TO CROSS - CULTURAL PSYCHOLOGY”。

色彩。西方早已有心理学史研究者指出："西方心理学的大多数问题只有在西方历史——西方的地理的、经济的、军事的和科学的背景——的范围内长是有意义的问题。"①

由于上述文化局限，传统主流心理学的文化偏差日益显现出来。这主要表现以下方面。其一，长时期里，主流心理学理论为追求所谓的"客观性"和文化"普适性"而拒绝考虑文化与价值因素，以至其实践应用中严重忽视不同社会的文化背景。其二，尽管后来主流的心理学开始考虑文化因素，但仅作为背景变量，仍难以克服欧美文化本位所造成的偏差。其三，在欧美以外的地区，尤其是在心理学不发达的地区，发达欧美心理学的扩张导致了其学术霸权的现象，许多心理学专业人员又具有自我殖民的倾向。其四，严重地忽视了千百年来不同历史和文化中人们所建构的丰富多彩心理学智慧（常永才，1999）。

其实，现代心理学之父冯特不仅创立了第一个心理学实验室，也对文化心理学有着浓厚的兴趣。其后期10卷的《民俗心理学》（Volkerpsychologie）（1912—1921）清楚表明了这一点。被誉为"心理学中的莫扎特"在20世纪30年代，就提出了关于心理发展的历史文化学派，可惜的是，其意义在近半个世纪后才开始为西方心理学界真正认识。

（三）

早在19世纪末和20世纪初，人类学者就率先指出了欧洲心理学经典知识的文化局限。中尤其是第二次世界大战后，随着民权运动、民族解放运动和种族抗争的胜利，多元文化主义、后现代主义等思潮的出现，人们日益发觉主流心理学存在的上述局限和偏差，关注非西方族群体的心理问题和心理学知识。尤其是美国心理学会前主席布鲁纳（Jerome Bruner）后半生反思自己早年所倡导"认知革命"的不足，进一步提出心理学需要"文化革命"②。

在此背景下，文化视角的心理学研究不断增多。1972年国际跨文化心理学联合会（IACCP）在香港成立，布鲁纳在会上当选主席。由

① 加德纳·墨菲、约瑟夫·柯瓦奇著，林方、王景和译：《近代心理学历史引导》，商务印书馆，1980年，第19页。

② 宋文里：《当代文化心理学的缘起及其教育意义——美国心理学会前主席布鲁纳〈教育的文化〉评述》，民族教育研究，2010年第6期。

W. J. Lonner 和 J. W. Berry 编辑“跨文化心理学丛书”于 1974 年开始出版。从那时起，已经出版了超过 20 卷，从研究方法到心理健康，从学习心理学到社会心理学。1980 年特里安德斯（H. Triandis）主编的 6 卷本《跨文化心理学手册》出版。1997 年贝理等人主持编辑出了共 3 卷的《跨文化心理学手册》第二版。该时期还出现了有关的期刊，例如《《跨文化心理学杂志》（Journal of Cross – Cultural Psychology）（创立于 1972 年）、《国际心理学杂志》（International Journal of Psychology）（1966）、《文化精神》（Ethos）（1972）、《国际文化互动关系杂志》（Interna – tional Journal of Intercultural Relations）（1978）、《心智、文化与行为》（Mind, Culture and Activity）（1994）、《文化与心理》（Culture and Psychology）（1995）等①。

这些研究发展的显著结果是心理科学进一步形成了若干新兴心理学分支。其中，与本研究较为相关的领域主要是，重视比较法的跨文化心理学，偏重文化深描的文化心理学，强调当地问题和资源的本土心理学。目前这些领域日益合并为广义的跨文化心理学。2000 年在伦敦出版的《国际心理学手册》专门列出“（跨）文化心理学”一章。2004 年，还在我国西安召开了第 17 界国际跨文化心理学大会。总之，正如国际心理学联合会前主席伯里克（K. Pawlik）2009 年在济南召开的中国心理学学术年会所指出，文化是当今国际心理学研究的十个基本主题词之一，这意味着文化视角已成为当今心理学主要范式之一。

（四）

长期以来我国心理学总体上对文化视角的分析不重视，因而对具有不同生态文化环境和历史传统下少数民族心理的专门研究极为薄弱。因此，我们团队利用中央民族大学教育学院 211 工程和 985 计划项目提供的机遇，努力开展了（跨）文化心理学方面的学科建设和调查研究。

一方面，我们研习了文化视角心理学研究方面的海外成果，尤其是前沿进展。笔者 2005 年在西安召开的第 17 届国际跨文化心理学大会上，有幸认识了多位国际跨文化心理学会前主席，开始了该领域国外著名学者的交流。2007 年笔者应贝理的邀请，赴他工作所在的加拿大女王大学访学，进一步把握了有关国际新近成就。2009—2013 年间，我们三次邀请贝理教

① J. W. Berry, et al. Cross – cultural Psychology: Research and Application ［M］. Cambridge: Cambridge University Press, 2012.

授来我校，就跨文化心理学领域的基本理论、研究方法和新近成果进行较为系统的交流。在此基础上，我们进行了有关的国外教材、重要研究成果的编译与评述。

另一方面，我们进行了初步的本土化的研究。我们同时清醒认识到，我国多元一体民族关系与基于殖民主义历史和长期坚持种族歧视的西方国家有本质差异，我们也要克服部分西方学者对我国民族问题的消极刻板印记。因此，我们认为，不能简单、机械照搬欧美研究民族心理问题的假设和思维，而应在明智借鉴的基础上，结合我国民族地区实际加以本土化和创新。因此，我们重视深入民族地区，努力进行田野工作。

我们在该领域的探索中，针对国内有关研究对文化意义分析较为粗糙的状况，始终重视弘扬我校学术特色和优势，大力借鉴以文化为核心的人类学、民族学等学科理念和方法。人类学以文化为中心概念，因而对文化视角的民族心理研究有特别重要的意义。但是，人类学基本是在群体层面的分析，而心理学侧重个体层面的分析。文化心理研究显然应当将二者有机整合，以保证研究兼顾严谨性和深度性。

本丛书就是我们初步探索的部分成果。由于我们目前能力和功夫有限，这些著作中必定存在不少错误，敬请读者批评指正。

常永才

2014 年 8 月 22 日

译　序

自古以来，人类就一直进行着不同程度迁徙，从而导致不同文化间的互动。尤其是随着全球一体化趋势不断增强，全球人力资源跨国界流动日益巨增，国际迁移已经成为全球化最重要的内容之一[①]。还应注意的是，在此趋势下，国内人口流动也迅速增加，尤其是从边远农村迁移到发达城市。这使得不同文化间和亚文化间的接触和交流，无论在广度和深度上，都是史无前例的，以至被视为人类正进入的一种新文明模式[②]。显然，这样的文化变迁对人们的心理将产生重要影响。

人文社会科学中对这类不同文化群体成员持续直接交往现象的研究，最先主要在人类学和社会学等领域。到 20 世纪 30 年代末，针对当时欧美统治文化对移民和原住民等族裔实行的种族歧视主义和“熔炉”政策，尤其是早期社会学等学科有关研究中隐含单向性同化主义倾向，人类学倡导文化相对主义，基于田野工作，明确指出，不同文化成员之间发生持续的、直接的接触，会导致双方原有文化模式发生变化，即一种文化的某些方面被带入另一种文化，经调整使之适合该文化；这意味着文化双方在某种程度上是相对平等的，因为发生直接接触的各个文化群体实际中是处于互惠的关系，即既给与，也接受[③]。故人类学建构了双向性的“涵化”(acculturation) 概念。不过，人类学传统上侧重群体层面分析，关注的是涵化过程中文化模式的变化，忽视甚至反对对该过程中个体层面心理的考察。

而擅长于个体层面分析的心理学，由于长时间里曾拒绝考虑文化因素，因此对涵化现象的系统研究较为后进，直到 20 世纪中期开始才有明显的进展。到该时期，心理学因文化色盲而导致的偏差日益暴露，因此逐渐

---

① 向红蕾：《国际移民及其对国际政治经济的影响剖析》，商业时代，2010 年第 15 期。

② Agostino Portera. Intercultural education in Europe：epistemological and Semantic aspects [J]. *Intercultural Education, Vol. 19, No. 6, December 2008：481 – 491.*

③ Herskovits, M. (1937), Acculturation：the study of culture contact. USA：Peter Smith, p. 6.

重视文化视角研究，并已发展出跨文化心理学这一新兴分支学科。随着当代全球化的日益势强，该学科日益重视关注涵化中文化互动对个体心理的意义。在1980年代前，心理学中涵化研究文献还不到500篇，最近20年迅速增多，进入新世纪时已达1500余篇。的确，涵化已成为当今跨文化心理学领域最受关注的一个主题①，以至于剑桥大学出版社在2006年出版了《剑桥涵化心理学概览》(The Cambridge Handbook of Acculturation Psychology)②。

应该说，心理学界对涵化现象研究的集大成者是国际跨文化心理学会前主席、著名跨文化心理学家、加拿大女王大学终身荣誉教授约翰·贝理(John W. Berry) 博士。他根据自己长期对移民和土著少数民族的调查研究，在人类学涵化概念的基础上，进一步提出了心理涵化 (psychological acculturation) 概念。贝理明确指出，完整的涵化概念应综合概括两个或两个以上文化群体成员因接触而发生文化和心理变化的双重过程，因此，该概念必须包括以下两个层面：

一是在文化层面或群体层面 (cultural/group level) 上的涵化，即文化接触之群体在社会结构、经济基础和政治组织等方面发生的变迁；一是在心理层面或个体层面 (psychological/individual level) 上的涵化，即卷入文化接触之个体在言谈、衣着、饮食等方面的行为、价值观念、态度乃至认同等方面发生的变化③。

在当今心理学界有关涵化研究中，该概念已成为最为常用的涵化概念④。他还运用该概念，先后主持了"族裔文化青少年的国际比较研究"、"移民家庭观国际比较研究"、"多民族社会互惠族际关系国际比较"等跨文化心理学领域中的著名国际研究项目。因此，他经常应邀担任美国、英国、法国等国政府的移民和族群关系问题顾问。

---

① 常永才：《人类学经典涵化概念的局限及其心理学视角的超越》，世界民族，2009年第5期，第31－38页。

② David L. Sam (2006) "Acculturation: conceptual background and core components". David L. Sam & John W. Berry (eds.), The Cambridge Handbook of Acculturation Psychology。UK: Cambridge University Press. (据贝理博士说，该书已为华东师范大学严文华教授主持翻译，近期将出汉语版—笔者注)。

③ John W. Berry, Acculturation: Living successfully in two cultures, International Journal of Intercultural Relations, Volume 29, Issue 6, November 2005, P. 698,

④ Marisol Navas, Antonio J. Rojas, M. María García, Pablo Pumares (2007). Acculturation strategies and attitudes according to the Relative Acculturation Extended Model (RAEM): The perspectives of natives versus immigrants. International Journal of Intercultural Relations, Vol: 31 Issue1.

笔者在与贝理教授近十年的交往中，不断加深了对涵化心理研究的认识。2005 年，在西安召开的第 17 届国际跨文化心理学大会上，笔者有幸认识贝理博士，并参加了他主持的涵化心理工作坊的研讨，开始了与他的交流和合作。在国家留学基金的资助下，应贝理的邀请，我到 2007 年赴他工作的加拿大女王大学心理学系访学，参与其领衔的“多民族社会互惠族际关系国际比较”的设计，并承担了中国子项目的研究。其间，我较为系统地把握了涵化心理研究的新近成就，尤其是研习了他主持的国际项目“族裔文化青少年的国际比较研究”（International Comparative Study of Ethnocultural Youth，后简称 ICSEY）的成果。更幸运的是，近年笔者还邀请贝理讲授三次来我校讲学，加深了我们对于心理涵化理论和 ICSEY 的认识。

的确，ICSEY 是国际心理学界运用上述贝理涵化心理理论，系统研究移民青少年跨文化适应问题的杰出成果。该项目由贝理总体设计和组织协调，由欧美、澳洲和中东的 20 多位知名跨文化心理学学者具体组织实施，对移民现象较为典型的 13 个国家中 32 个移民群体 7997 名 13—18 岁的移民青少年及其父母）进行了系统的问卷调查，不仅揭示当今移民青少年对涵化的态度和策略，测评了这对心理适应和社会文化适应的实际影响，而且运用有关数据进一步论证了其涵化心理理论的效度。

因此，我在承担中央民族大学 985 计划跨文化心理学项目期间，不仅特别重视对涵化心理理论方面的把握，而且组织学术团队研读 ICSEY 这一著名国际项目案例，学习有关的研究方法和技术。其间，在贝理教授来我校讲学时，我们就该项目的理论基础、设计和研究结果，进行了系统的交流。在此过程中，正研究加拿大语言与文化的我校外国语学院的王朝晖教授对此书颇有兴趣，并与《世界民族》编辑部的刘真女士一起将此书申报了中国社会科学院民族学与人类学研究所课题资助，迅速翻译出了初稿。此后，我们从专业知识和语言理解等角度对译稿进行了三次校对。最后，在中央民族大学教育学院院长苏德教授的大力支持下，基于学院“民族教育发展基金”的资助，该书中文版得以出版。

显然，在理论上说，该著作的翻译和出版，不仅深刻认识移民青少年心理特点，而且有助于我们切实理解涵化心理理论，并获得开展大规模跨文化适应测评项目所需概念框架、方法设计和操作技术的专业借鉴。

从实践上说，该著作的翻译和出版，为我们在一体化时代建设和谐社会具有特别意义。当今，我国国际地位进一步提升，教育、商贸、旅游、务工甚至定居方面的国际化开始成为常态。在国内，我国各民族、各地域间也出现了前所未有的人口流动，社会经济发展更加一体化。该著作能够为我们有效地开展文化互动的教育和其他专业服务，提供智力参考，从而促进不同文化背景的人们有效交流、携手合作、和谐相处和共同发展。

最后，必须承认的是，由于我们专业知识、语言技能等方面的不足，该翻译著作中必定存在不少错误，敬请读者批评指正。

常永才

2014 年 8 月 22 日

原序言

卡伦·费莱特[1]

无论在欧洲还是欧洲以外的传统移民国家，那些1965年后到岸移民的子女现在正到了大批从学校毕业进入劳动力市场的年龄。这批“新的第二代”如何过渡到成年生活，如何处理多元文化和认同问题，直接关系到移民融入我们社会的成败。与此同时，新移民携家带口，或借助婚姻，或非法滞留，或以避难者和难民的身份，不断拥入传统移民国家和新兴移民国家。他们的拥入，导致族裔文化多样性，在今天的城市、学校和工作场所早已是司空见惯而非昙花一现。尤其在新兴移民国家，族裔语言、宗教、文化和认同的多样化，正在强烈冲击着国民的文化、认同和价值观（Phalet & Kosic，2006）。

当我在撰写这篇序言时，法国郊区的数百名移民青少年正在街头与警察对峙，纵火焚烧汽车和学校。尽管这次骚乱的规模史无前例，但是事件的性质寻常不过。平常，族裔青少年与当地警察的冲突通常构不上全国新闻，更不要说国际新闻。因此，法国的《世界报》（2005年11月8日）称，在此次全国范围的骚乱之前，仅今年一年记录在案、发生在郊区的焚烧汽车事件就已不下28，000件。在欧洲人来看，焚烧汽车事件见诸报端，这就意味着公众与政府开始关注对族裔青少年涵化（acculturation）[2]与适应（adaptation）问题。

自20世纪90年代末，那些未能毕业学生或成绩欠佳毕业生的失业率呈现上升势头（OECD，2003）。而劳动力市场无所不在的民族歧视，则导致族裔青少年更不可能找到稳定、待遇好的工作（Heath & Cheung，出版

---

① 卡伦·费莱特：荷兰乌得勒支大学和奈梅根大学社会科学系教授，乌得勒支大学移民和民族关系欧洲研究中心（ERCOMER）高级研究员，《跨文化心理学期刊》副主编。主要从事欧洲国家的跨文化和涵化研究。——原书注

② 涵化是对不同文化群体进行持续的直接交往而导致一方或双方原初文化模式改变的现象的理解。（Redfield et al.，1936，pp. 149－152）——译者注

中）。在法国、荷兰等国，对弱势群体和社区减少投入的公共政策，以及排斥文化差异的公共话语，无不助推了族裔年轻人的愤怒与怨恨情绪（Body－Gendrot，2003）。

不过，经济的重组和族裔政治的紧张仅仅是大环境的一个方面。乐观主义者认为，今天族裔青少年的遭遇要比早期移民好了很多。大多数国家已赋予了移民以公民权和社会权益，并根据欧盟条款采取了行之有效的反歧视法案。在许多国家，移民社区还建立了旨在提供社会支持、保护自身文化和权益的协会。有趣的是，对于我们社会族裔青少年的未来，悲观主义者和乐观主义者往往都过度夸大他们彼此对立的观点，要么过于悲观，要么过于乐观。到目前为止，针对族裔青少年的公共辩论和政策通常还得不到研究成果的支持（Bonifazi & Strozza，2003）。但为了监测族裔的多样性或不利因素，越来越多的国家开始生成有关移民群体来源地和职业分布的全国数据。但这些官方数据大部分还只是描述性的，仅限于外籍性主要人口及其学龄子女的统计数据。总体而言，移民研究和政策容易忽视或低估涵化策略（acculturation strategies）的多样性，以及个体层面族裔青少年及其家庭的亲身体验。事实上，正是通过研究跨族裔和跨国背景下族裔青少年的不同命运，跨文化心理学、社会心理学和发展心理学等领域的专家才开始制定他们自己的比较研究议程。

本书就是将心理涵化研究提到了这样的议事日程。基于“族裔文化青少年的国际比较研究”（International Comparative Study of Ethnocultural Youth），约翰·贝理、简·菲妮、大卫·山姆、保罗·维德和其他人给我们带来了族裔青少年心理涵化和适应的最新比较研究成果。该课题最为引人注意的一个特点就是它广泛的比较性，提供了有关跨族裔和跨国文化背景下族裔青少年不同体验的独特洞见。自20世纪90年代中期，来自13个接收社会的移民和国民（即非移民）参加到了这项研究之中。具体而言，这项研究将有着悠久移民历史的早期定居者建立社会（例如加拿大）与西北欧前殖民社会（例如法国）、北欧（例如挪威）和南欧（例如葡萄牙）的新兴移民社会放在一起进行比较。另外，有些移民群体（例如越南裔和土耳其裔移民）的研究是放在几个接收社会中同时进行的，有些则仅限于一个社会（例如美国的墨西哥人）。除了移民青少年，这项研究还包括了在同一国家的第二代移民青少年和定居国青少年的样本作为比较对象。由于本研究的参与者在移民人口和定居国人口中并不具有代表性，他们的挑选也不必依照每个参与国家的比较程序。因此，跨文化的涵化、认同和适应差异应谨慎加以解读。不过，跨文化联系的模式揭示了共同的心理过程，这个过程或多或少隐含着有利的文化互动关系（intercultural relations）和跨文化适应（cross－cultural adaptation）。

值得一提的是，这项研究至少从两个方面增加了心理涵化研究的先进性。首先，它所采用的比较方法是协作性跨文化研究领域中前所未有的、令人印象深刻的先例，尤其是对文化互动关系和移民适应领域的关键问题来说更是如此。例如，《跨文化心理学期刊》发表过很多单一国家的涵化研究。直至最近，这方面真正的跨国比较研究还是极为罕见的（例如，Deaux，2000）。涵化的跨国研究之所以罕见，其中一个显著原因在于，在大多数国家，移民和文化多样性问题通常与政治挂钩，与不同国家的历史、认同和术语紧密交织。因此，诸如“整合”（integration）、“同化”（assimilation）和“多元文化主义”（multiculturalism）这些重要概念，在加拿大、澳大利亚、以色列、美国和大多数欧洲国家的意义大相径庭。正如莱彻和霍普金斯（2001）在他们的著作《自我与国家》（*Self & Nation*）引言中所指出（第7页），国民的成见（national preconceptions）通常受到政治和个人利益的左右，因此难以对它们构成挑战。在涵化研究领域，这样的成见使得研究移民家庭及其子女体验的“派生客位”（derived etics）法的发展更趋复杂化（Phalet & Kosic，2006）。为超越国家的术语和成见，该课题在发展“派生客位”法上走了很长的一段路。显然，这项研究的主旨和重心就是对涵化的客位性表达。因此，它在全国范围数据的收集上体现了极大的灵活性，而在跨文化测量和假设检验的方法上却极为严谨，鉴于国家、群体和数据来源上的多样性（Van de Vijver & Leung，1997），其结果是，大多数作者都能成功地制定和记录共同的涵化概念与测量，而且它们被证明在不同的文化群体和社会中是极其有效的。在日益多样化的社会中，这也使得本书成为跨文化心理评估的重要参考资料。

最后，但同样重要的是，这项研究将心理学的三个不同分支学科“跨文化心理学、发展心理学和社会心理学”结合在了一起，这些学科在考察移民青少年文化和认同方面虽然各自都有着深厚的研究传统，但又都自成一体。基于约翰·贝理和加拿大其他学者创造性的跨文化成果，这项研究首先复制了大量利用态度测量预测移民适应的涵化策略研究。因此，在跨族裔和跨国层面上，整合策略以及针对族裔和定居国文化的积极态度，通常与心理康乐（psychological well－being）和顺利的社会文化适应（smooth sociocultural adaptation）相联系。与此同时，调查结果还显示了跨文化背景下显著的差异性。例如，在欧洲的土耳其青少年，流行的分离策略而不是整合看来最具心理回报。但这项研究超越了狭义上的跨文化涵化研究，很好地利用了社会心理学和发展心理学的相关理论、概念和方法。最为重要的是，通过结合移民青少年研究的不同方面，涵化态度测量与自我报告的行为、价值观和自我认同互为补充。除了众所周知的涵化不同方面的差异性，分析表明一致性的跨文化涵化模式（profile）是存在的，而这正好与贝理独创性的涵化策略非常吻合。此外，将移民与定居国群体文化模式间关系的社会心理学研究与跨文化发展心理学中移民父母与其子女的代际关系结合起来，这本身就是项独特的比较设计。通过结合文化间和代际关系的不同视角和理论，这项研究动态地讲述了涵化经历，这些体验到家庭内部的发展过程和整个社会内部的群体过程的共同影响。总而言之，调查结果记录了移民家庭和青少年变化中的多样性文化、认同和价值观。因此，它们也在挑战公众心目中笼统而又总是负面的有关移民和文化差异的印象。

原前言

无论在传统的移民接收社会还是新兴的移民接收社会，移民已经是一个世界性的现象。在传统的移民接收社会，现在出现了众多反映移民及其子女心理和社会变化的研究成果。其中，大部分关注的是单一社会中的一个或多个移民群体，因此很难就涵化过程是如何发生的或者移民适应得如何等问题总结出一般性的规律。这里缺少的是比较研究。比较研究寻求的是，在跨族裔和跨国背景下涵化及其适应是否以相同的方式发生。同时还缺乏的是，力求识别出移民和国民的有关特征以及可能支持或破坏涵化过程的背景研究。是否存在认识这些研究成果的一般规律？这些规律能否作为正在经历移民和定居问题的众多国家（有些还是第一次）制定和实施政策与计划的基础？

正是这些问题激发了我们的研究兴趣。来自 13 个国家（参看本前言后的研究成员名单）、有着共同旨趣的研究人员参与到了这个取名为“族裔文化青少年的国际比较研究”（ICSEY）的课题中。作为成员之一，约翰·贝理早在 1987 年的一篇文章中就提议进行有关涵化和适应的比较研究，其中，以定居社会为矩阵的一轴，移民群体为矩阵的另一轴（Berry, Kim, Minde, & Mok, 1987）。通过设置共同的心理和社会变量，来考察矩阵内所有社会和移民群体的样本个体。该提议强调，来自移民和定居国的每个个体都应包括在这项研究中。本研究（ICSEY）就是在这些构想下出炉的。而且，为了提高这种受控制的比较研究实施的可能性，ICSEY 研究团队决定在尽可能多的国家抽样中包括至少一个相同的移民群体。因此，包括在我们所有研究中的第一个移民群体是越南裔，第二个是土耳其裔。

1992 年，约翰·贝理与关注心理发展问题的其他同事（简·菲妮、科利特·萨巴蒂尔和大卫·山姆）组建了最早的核心团队，青少年开始成为这个课题的中心内容。团队的四个成员不仅将青少年涵化、认同和发展的研究结合起来，而且还将其父母的样本包括进来，这便有了代际问题和家庭关系的研究，这对于涵化和适应研究来说是至关重要的。

1994 年，卡米拉·利伯坎、保罗·施密茨、厄基·佛塔和查尔斯·韦斯廷等其他同事陆续加入，他们在增加移民其他方面研究问题的同时，还带来了扩大课题参与国家范围的机遇。而新成员的加入也会带来一些新的难题。对于本课题来说，解决的方法就是每个成员在独立进行自己项目的同时，共同致力于创造高质量的研究条件。大家都因此受益匪浅，即参与国家增加了问卷的共同内容与规模，又反过来促使团队成员致力于对其所在国家和生活在那里的移民最关注问题的研究。简而言之，参与本课题对团队成员来说都是宝贵的经验。

课题的这个合作阶段持续到数据收集的完成。如果没有经费，这项耗资巨大的工作是不可能完成的。但是，要在所有这些国家找到经费并不是件容易的事。因此，寻找经费成为了每个成员的责任。首次遇到的问题是，项目活动的同步化不再是每个成员的共同责任。各国研究经费拨款机构的支持起着决定性的作用，数据收集能否开始取决于经费的获得情况。1995 年第一批国家开始收集数据，2002 年才完成最后一批国家数据的收集。之所以耗时如此之长，一方面归结于经费问题，另一方面也在于团队成员想扩大参与国家的数量，这样有关移民体验和文化多样性的研究范围才能随之扩大。

在跨文化心理学中，比较对象的选择应取决于相关理论因素，这是一条普遍公认的原则。移民如何以及是否很好地融入新社会，被视为选择比较对象的两个重要方面。我们于是决定将移民经验丰富的国家以及较少移民经验的国家纳入其中。相关的决定还包括那些将推动文化多样性（多元主义）作为一项国策的国家，以及倡导更为统一定居国文化的国家。于是体现在这两个模式上的国家也被纳入进来，课题随之扩大。

鉴于参与国家数量的增加，因此，研究人员的数量和多样性既是课题拓展的动力，也是困难所在。创造更多的会面机会和公开讨论问题是解决办法之一。除了利用诸如电子邮件、电话会议等现代技术，多年来，我们还在各地出席国际会议的同时举办专题研讨会。在课题的最后阶段，需要在研讨会上提交关于进度的专题报告。会议的举办地包括：阿姆斯特丹（1994），斯德哥尔摩（1995），蒙特利尔（1996），洛杉矶（1998），旧金山（1998），荷兰莱顿（1999），波兰普图斯克（2000），印尼约尔卡塔（2002）和中国西安（2004）。

ICSEY 是国际合作研究的有趣案例。从概念建构到研究完成，团队成员用了 12 年才得以奉献本书。在我们的经历中，既遇到过顺境，也遭遇过挫折。反思这个过程对于今天各国学者渴望加强合作的现实（Martin, Craft, & Tillema, 2002）具有借鉴作用。我们认为成功的关键在于：（1）具有对涵化比较研究这一共同旨趣；（2）保证每个成员能够容易看到团队和个人的价值，并在实现这些价值的过程中获得支持；（3）与整个团队或团队下属的小组保持频繁和明晰的沟通与接触；（4）有机会从事具有竞争优势的研究。马丁等人（Martin et al.，2002）提到的合作研究可能遇到的很多问题，例如团队遇到的研究人员语言和文化差异，对共用的研究方法缺乏共识。但这些问题也都被我们一一克服了，因为许多参与者都是跨文化心理学家，或者经验丰富的比较研究专家，因此，他们在相互尊重的同时还发展了精诚合作的关系。

本书对 ICSEY 的主要调查结果进行了总结，而一些已经发表的期刊文章和书籍则对本书起到补充的作用。关于该课题的出版物以及其他信息可通过我们网址：http：//www. ceifo. su. se/icsey/icsey. html/查找。该网址由斯德哥尔摩大学的厄基·佛塔负责制作和维护。需要指出的是，这些出版物提供的只是部分结果（例如，只基于几个国家的数据或只参考了几个变量）。因此，其中的结果和解读与本书所呈现的内容之间很可能存在着差异。

本书包括九个章节，每个章节由对这个章节内容做出贡献的作者联合署名。在本前言之后列出了负责国际数据收集的其他成员，这些成员还提供了他们所调查的定居群体和移民群体的信息。

为介绍这个课题，本书第一章提出贯穿本项研究的主要问题，并列出课题的总体概念框架。第二章提供本项研究的设计理念，并介绍了本研究涉及的 13 个社会中定居群体及其被选移民群体的总体情况。第三章介绍参与者、数据收集方法和数据分析工具。从第四章开始展示调查结果，提供移民青少年涵化经验的具体信息，包括态度、认同、行为、价值观和感知到的歧视。第五章揭示移民青少年个体心理和社会文化的适应方式。第六章综合运用第二、四和五章的内容，利用“结构对等模型”评估第一章提出的总体研究框架。第七章考察青少年及其父母所持有的家庭观念，他们在价值观上的分歧以及这些分歧如何影响青少年的适应。第八章具体分析我们所掌握了多重样本的两个移民群体（越南裔和土耳其裔），并利用这两个移民群体数据，在保持移民群体背景恒定情况下检验第六章提出的总模型。最后在第九章提交主要调查结果的总结，包括结论和启示，针对的是当前移民、涵化和适应研究中的相关问题，以及接收国有关移民和定居群体的政策与计划。

约翰·贝理
简·菲妮
大卫·山姆
保罗·维德尔

致　谢

“族裔文化青少年的国际比较研究”从设计到付诸实施历时10余年，其间得到许多渠道的资助与协助。在此，我们对以下的机构和个人谨致谢意：

资助者

澳大利亚
维多利亚大学文学院
澳大利亚研究委员会维多利亚大学心理学系
柯廷大学心理技术学院
查尔斯·沃森教授（Charles Wastson，卫生系主任）
加拿大
加拿大多元文化部民族研究委员会
加拿大社会科学和人文学科研究委员会
芬　兰
芬兰科学院
新西兰
维多利亚大学心理学院
新西兰皇家学会
挪　威
挪威研究委员会
瑞士约翰·雅各布基金会
葡萄牙
科学与技术基金会
瑞　典
瑞典社会研究委员会
英　国
英国社会科学院

美　国
美国国立卫生研究院少数族裔生物医学研究支持计划

协助者

澳大利亚
维多利亚大学文学院和心理学系
新南威尔士大学社会科学和政策学院
鲁提山（Rooty Hill）高中
普拉姆顿（Plumpton）高中
海伦·拉迪扎巴尔（Helen Lardizabal）
西澳大学心理学系 Nguyen Minh Khoi
加拿大
包括在加拿大样本中的每一个文化群体，都有一个该社区成员协助我们的工作。在此我们感谢：K. Nguyen，D. Kim，M. Danaher，& T. Purohit。
芬　兰
芬兰语的调查问卷由卡米拉·利伯坎和厄基·佛塔翻译。卡米拉·利伯坎是总负责人，厄基·佛塔具体实施，两名助手 Eira Pohjanvaara 和 Kaisa Rantaaho 协助其工作。博士研究生 Inga Jasinskaja – Lahti 在其博士学位论文“俄罗斯青少年研究”中应用了 ICSEY 工具，而她有关芬兰的俄罗斯移民和芬兰人的数据也被作为芬兰 ICSEY 数据的部分内容。
以色列
兹维·贝克曼（Zvi Bekerman）博士提供了宝贵的帮助。
挪　威
研究生 Bodil Bjell 负责将调查问卷翻译成挪威语。研究生 Huan N. Nguyen & Helge Molde 负责数据收集。卑尔根、德拉门、奥斯陆、斯塔万格和特隆赫姆市的中学老师们给予了宝贵的帮助和支持，在此我们深表感谢。
新西兰
我们感谢乔·克里布（Jo Kleeb）的数据收集和图书馆研究工作，埃尔希·何（Elsie Ho）和辛西娅·陈（ Cynthia Cheung）协助华裔社区的数据收集。
瑞　典
厄基·佛塔和卡塔丽娜·尼伯格（Catarina Nyberg）负责将调查问卷翻译成瑞典语，后者还在厄基·佛塔的试点研究中提供了宝贵的帮助。在主体研究中，厄基得到了安娜·安德森（现在是安娜·恩沃尔）的支持。还有其他许多人在试点研究和主体研究中给予了支持：Helena Bohm，Ulla Böhme，Helena Kivisaari，Eira Pohjanvaara，Kaisa Ranta - aho，Sofia Wikner，Eva Åhs，以及 CEIFO 的部分成员。斯德哥尔摩许多中学的校长和老师们也给予了宝贵的帮助。没有这些学校学生积极、热情的参与，就不会有这项研究的成功。

荷 兰

洛蒂·埃尔德林教授（Lotty Eldering，莱顿大学）提议让芬兰加入 IC-SEY 课题。

部分大学生和研究生作为社区成员和社区语言的使用者负责数据收集；Coen Kouwenhoven 在数据的处理和分析中提供了极大的帮助。

英 国

莱彻斯特的一名研究助理和学校老师提供了研究支持。

美 国

众多大学生和研究生作为研究助手参与了本课题，他们的参与对课题的成功至关重要。其中多数人得到美国国立卫生研究院少数族裔生物医学研究项目的支持。

编辑协助

我们非常感谢苏珊·劳埃德（Susan Lloyd）在本书格式、引用和索引上给予的编辑协助。

“族裔文化青少年的国际比较研究”团队成员

澳大利亚

维多利亚大学心理学系（墨尔本）：辛西娅·梁（Cynthia Leung）

新南威尔士大学社会科学和政策学院（悉尼）：罗吉里亚·佩—普瓦（Rogelia Pe – Pua）

柯廷大学心理学院（珀斯）：罗萨娜·鲁尼（Rosanna Rooney）

西澳大学心理学系（珀斯）：大卫·桑（David Sang）

加拿大

女王大学心理学系（金斯敦）：约翰·贝理（John Berry）

女王大学心理学系（金斯敦）：昆华·库瓦克（Kyunghwa Kwak）

芬　兰

赫尔辛基大学社会心理学系：卡米拉·利伯坎（Karmela Liebkind）

法　国

维克多·谢阁兰大学心理学系（波尔多）：科莱特·塞巴提耶（Colette Sabatier）

德　国

波恩大学心理学院：保罗·施密茨（Paul Schmitz）

以色列

希伯来大学教育学院（耶路撒冷）：加布里埃尔·霍伦齐克（Gabriel Horenczyk）

荷　兰

莱顿大学教育和指导研究中心：保罗·维德（Paul Vedder）

蒂尔堡大学心理学系：冯·范德维吉弗（Fons J. R. van de Vijver）

新西兰

维多利亚大学心理学院（惠灵顿）：科林·沃德（Colleen Ward）

挪威

卑尔根大学心理社会科学系：大卫·山姆（David Sam）

葡萄牙

波尔图大学心理学系：费利克斯·尼托（Felix Neto）

瑞　典

斯德哥尔摩大学国际移民和民族关系研究中心：查尔斯·韦斯廷（Charles Westin）

斯德哥尔摩大学国际移民和民族关系研究中心：厄基·佛塔（Erkki Virta）

英国

佩斯里大学社会科学学院（格拉斯哥）：莱娜·罗宾逊（Lena Robinson）

美国

加州大学心理学系（洛杉矶）：简·菲妮（Jean Phinney）

目　录

第一章　引言：移民青少年研究的目标和框架

女王大学：约翰·贝理
加州洛杉矶大学：简·菲妮
女王大学：昆华·库瓦克
卑尔根大学：大卫·山姆

研究背景

迁移已是一个世界性的现象，对移民和接收社会来说既是机遇也是挑战。目前（联合国人口署，2002），共有1.75亿人生活在非出生地，这个数字是25年前的一倍。该数字包括的是那些从一个国家迁移到另一个国家的人，因此被正式地冠以“移民”这个称谓，但它忽视了几乎是同样多数量的这些移民的子女，尽管他们出生在其父母移居的国家，但仍然通常被认为是移民。在本课题中，我们将全面地去了解这些年轻人所面临的移民问题，这就需要将移民儿童与成年移民后来生育的子女包括到“移民青少年”这个分类。

迁移的长期结果是形成文化各异的人口，这些人口试图在民族国家内共同生活。因此，文化多元的社会不仅包括第一代和第二代移民，而且也包括了已经在此持续生活了许多代的大量族裔文化群体。其结果是，当代大多数社会面对的是如何管理移民的流入及由此产生的文化多元主义（Appleyard，2001；Baubock，Heller & Zolberg，1996；Kymlicka，1995）。有关研究（例如，Berry，1997；Portes & Rumbaut，2001）表明，民族国家、境内的移民和族裔文化群体以及个人在针对这些复杂的情况时做出的反应是不同的：在政策制定上，有些国家寻求的是同化，有些国家则主张多元文化主义；族裔文化组织和社区在新社会中各有各的生存之道；而这些社区中的个人、家庭及其成员社会参与中采取的也是不同的策略。所有这些文化间的不同偏好可归结为，移民（作为群体和个人）如何适应整个社会以及适应得如何。

本书是一个大型国际研究的调查成果，该研究寻求解答根植于这些现象的三个问题：

1. 移民青少年如何在两种文化各自内部及其之间生存？其中一种就是移民父母、家庭和社区的文化（他们的传统文化），另一种便是他们的同龄人和整个社会的文化。我们称之为“文化互动”（intercultural）问题。

2. 移民青少年（在他们生活的个人、社会和学业方面）应对他们所处的文化互动情景是，做得如何？我们称之为“适应”（adaptation）问题。

3. 我们预期在前两个问题上会有各种答案（个人、族裔文化群体和定居社会）。因此，第三个目标就是在两者之间发现关系模式。我们认为，这些关系中存在着许多可能的模式，这些模式主要受到以下三个因素的影响：（1）个人的和人口统计方面的因素（包括年龄、性别和居住时间）；（2）个人和社区的外部因素（例如定居社会的文化多样性，以及针对这种多样性采取的相关政策）；（3）移民群体和整个社会之间的差异（例如价值观和宗教上的差异）。我们称之为“跨文化”（cross - cultural）问题。

尽管大多数有关流动和定居的早期研究是在经济学、社会学、人类学和人口学等社会科学领域展开的（例如，Portes，1995），但心理学和其他行为科学显然大有可为（Berry，2001）。虽然社会、政治和经济背景不容忽略（事实上它们也包括在本课题中），但我们最为关心的是青少年个人（包括他们与家庭之间的关系），他们如何在复杂的文化间情况下（重新）建立他们的生活。聚焦于文化间背景下的个人是我们这个课题的核心特点，这使得我们有别于人类学和社会学的有关研究。为解答我们的问题，我们运用了心理学的不同分支学科（跨文化心理学、发展心理学和社会心理学）知识作为概念和工具（包括评估和统计方法）。

在过去的9年中，来自13个国家的心理学家制定并实施了这项“族裔文化青少年的国际比较研究”（后简称ICSEY）。这个课题从加拿大、挪威和美国业已开展的研究出发，扩展到一系列国家，而这些国家在不同程度上都在经历着移民问题。研究对象包括来自32个族裔文化群体的5000多名移民青少年，以及数量较小的他们的父母和同龄人（即定居社会的国民）样本。

从广义上讲，这个课题是兴趣的集合。我们采用了跨文化心理学中的“涵化”概念（Berry，1990；Berry & Sam，1997；Ward，1996；Ward，Bochner，& Furnham，2001），发展和社会心理学中的“文化认同”概念（Liebkind，1992a；Phinney，1990）。前者指群际交往带来的文化和心理变化，包括由此生成的态度和行为；后者指个人对某个特定群体的归属感，包括将他或她与这个群体联结起来的信念和情感。尽管这两种方法在心理学中有着悠久和独立的传统，我们相信它们在概念和实证上是相关的（Liebkind，2001），结合在一起能够帮助我们更好地理解移民青少年是如何生活在文化互动的世界以及生活得如何。

我们并不是最早提出这些问题的人，也不是最早运用社会学和行为科学来回答它们的人。正如参考书目所显示的，正是有了这么多的基础工作，我们的课题才得以建立。不过，我们是最早利用比较方法明确提出这些问题的人。在这项研究中，我们通过以下样本进行了四种比较：（1）13个定居国家；（2）32个移民群体；（3）移民青少年及其父母；（4）移民和国民。通过跨国和跨移民群体的比较，找寻其中的共同点和不同点；通过父母与青少年的比较，考察移民家庭内部对文化互动适应的趋同或分歧（Foner，1997）；通过整个社会中族裔文化群体（包括移民和非移民）的比较，寻找所有群体如何共同生活在充满文化多样性社会的共识（Bourhis，Moïse，Perreault & Senécal，1997）。

鉴于许多国家移民数量大幅增长所导致对移民的政策和态度正处于变化之中（Dacyl & Westin，2000；Kymlicka，1995；Simon & Lynch，1999），我们的研究也关注公共政策与实际计划的发展情况。是否能找到一种方式来制订有关移民、定居、社区关系和教育的政策与计划，这样当前的人员流入可以被移民和当地居民同时视为或成为有利的因素？我们的研究旨在为这些问题提供一些洞见。

移民和多样性

自人类存在以来人们就处于迁移的状态：从非洲到亚洲、欧洲，从亚洲、非洲到美洲；然后从欧洲、亚洲和非洲到世界各地。许多重要的因素导致了这些迁移，包括战争、奴隶制、殖民和占领统治。新的社会由于这些人员的流入得以创建，其中有的社会冲突不断，有的社会则通过创新性的社会组织应对现实。这个现实就是现在再也没有一个社会能保持文化上的同质性。当前世界正在面临两个截然不同的问题：（1）“移民流入”（第一代移民的抵达和定居）；（2）“族裔文化的多样性”（基于第二代及后代移民的大量文化群体的长期存在）。

有的研究针对到达相对富于统一性社会的移民。这些研究者主要关注的是移民的抵达和定居问题。有关人口迁移的研究一直有这样特点，即针对特定群体进行了大量实证性研究，并获得了大量研究结果，但理论建构很少（Portes，1997）。Portes（1997）认为，目前既没有权威性的、被广泛认可的理论方法去了解移民现象，也不可能在很短的时间内发展出这样一种方法。但是，在移民这个广阔的研究领域，有些主题是有可能导致理论上的突破的。其中之一便是“新的第二代” （Portes，1997；Zhou，1997b)，在这里重点转向了移民的子女。这类研究正为移民适应和移民（各代）对接收社会影响的理论研究提供了机遇。另一个主题是从单一国家的研究转向比较研究和分析（例如，Ghuman，1994，2003）。本研究正是融合了这两个主题，使得理论突破成为可能。

对另外一些研究人员来说，主要关注的是第二个问题：理解和有效应对定居后发生的文化互动关系（例如，Dacyl & Westin，2000；Kymlicka，1995）。这是因为，移民后代并不一定按照早期研究推测的那样被吸收或同化，他们可以选择不同的道路或路径：有些与整个社会融为一体，难以区分；有些在充分、平等地参与整个社会的同时保持了自身文化，由此创建了由许多不同文化群体组成的社会；有些在保持自身文化的同时却生活在整个社会之外；有些则与自身文化疏远，陷入困难的社会处境，对他们自身和整个社会造成问题。

在过去的25年中，人们开始认识到这些不同的结果。其中一个研究视角，也是本课题所使用的，提出在文化互动场域（intercultural arenas）和文化多元环境中（culturally plural settings）存在着不同的生活方式。识别它们的一个方法就是区分以下四种涵化策略：“整合”（integration）、“同化”（assimilation）、“分离”（separation）和“边缘化”（marginalization）（Berry，1980，1984a）。本书第四章将对此做全面的阐述。其他研究人员（Rumbaut & Portes，2001；Zhou，1997b）则提出“分段式同化”（segmented assimilation）的涵化过程，并区分了四种涵化类型：“一致性涵化”（consonant acculturation）、“一致性抵抗涵化”（consonant resistance to acculturation）、“选择性涵化”（selective acculturation）和“不一致涵化”（dissonant acculturation）。所有这些概念都承认，涵化与适应存在不同模式的，它们因此也挑战了既有的假设，即认为涵化将不可避免地导致移民在文化和心理上的损失，以及整个社会的同质化。

理解人们如何在两个社会内部及之间生活的第二个方法就是考察他们的文化认同。移民抵达一个新的国家，对他们来说，对祖籍国成员身份的认同是相当明确的，例如越南裔或土耳其裔。随着时间的推移，他们的自我认同也在发生着变化（Phinney，2003）。在学习了新社会的语言和习俗后，他们开始以不同的程度对其加以认同。如果他们成为了公民，这个认同就很有可能得到加强。与此同时，他们对于自身文化群体成员的认同也在改变，视自己为一个更大背景下的族裔文化群体的成员。他们或许会采用双重族裔的标签，例如越南裔美国人，开始将自身视为两种文化的成员（本族裔文化和定居国定居国文化）。移民文化认同在定居社会随时间变化的方式，受到族裔社区和整个社会以及两者之间关系特点的共同影响。

对于青少年来说，这些认同的发展是认同形成这个更大发展任务的一部分。作为儿童来到一个新的国家，或者是移民的后代，他们面临的挑战就是在家庭的传统文化和定居社会的定居国文化的基础上发展自身的文化认同。这个过程的结果反映了我们先前已讨论过的涵化态度。一个人的文化认同可以是基于他的族裔群体的“族裔认同”（ethnic identity），也可以是基于国民社会的“国民认同”（national identity），或者是基于两种文化平衡或混合的“双文化认同”（bicultural identity）（Phinney 和 Devich - Navarro，1997）。如果青少年不能解决他们所面对的文化认同，他们可能会出现认同“迷失”（diffusion）（Marcia，1994）。

在“涵化”和“认同”这两种视角中，我们考虑到了一系列的共同特征：对于移民青少年，我们考察了他们的文化间交往、语言、对国民社会和族裔群体的认同，以及他们在文化多样性社会中的生活质量（个人心理和社会文化适应方面的幸福感）。

鉴于很多人口迁移伴随着族群冲突和个人困境，还有这样一种研究倾向，即将移民进入和族裔文化群体关系视为是会带来问题的。尽管世界上大部分的对抗与冲突有着文化间的因素（包括语言和宗教冲突），我们相信这些问题不是不可避免的。与此相反，我们认为社会中的大多数人，即使正在经历着移民和多样性的挑战，也都是能和平共处的，并且拥有良好品质的生活。事实上，这些问题在社会发展中并不具有至关重要的影响：联合国人类发展指数排名最高的四个国家中，其中有两个国家（挪威和日本）基本上不存在移民和多样性现象，而另外两个国家（澳大利亚和加拿大）却有着大比例的移民和多样性现象（甚至欢迎这种现象）。本书中我们要考察文化多样性的性质以及它可能在移民青少年涵化和适应过程中起到的作用（见第二章和第六章）。

相关另一个问题则关注第一代移民及后代移民的生活质量。正如我们提到过的，由于移民出现有问题的结果，移民在很长时间以来一直被视为负面性经验。这种观点大部分来自那些关注个人问题（由心理学家和临床心理学家进行）和社会问题（由社会学家和社会工作者进行）的研究。但现在很清楚的一点是，尽管这些问题确实存在，但许多移民很好地融入了新的社会，并在整个社会获得相应的教育、职业和社会地位（例如，Beiser，1999，；Fuligni，1998a；Scott & Scott，1989）。因此，我们或许可以认为定居和适应中出现的问题不是不可避免的。通过考察相关的成功和失败案例，或许我们可以帮助改进政策与实践，从而将负面的结果转向所有人都希望的积极的结果。

如果说现在有关证据表明，第一代移民适应总体上来讲是正面，长期结果来看是成功的，那么第二代移民又会怎样呢？这个问题最近凸显了出来（Ghuman，1994，2003；Portes & Zhou，1993；Rumbaut & Portes，2001）。曾经假设在移民中存在的问题，是否在经历着双重过渡的第二代青少年中出现呢？与世界各地的青少年一样，移民青少年必须面对童年和成年之间的过渡。尽管这个过渡有着文化上的多样性（Dasen，2000；Schlegel，2003），但在所有的年轻人中都是存在的（Scott & Scott，1998）。另外，与第一代移民一样，第二代青少年必须面对家庭和社区中本族裔的文化以及他们的同龄人、学校和整个社会的文化。还有，这些同龄人通常也来自于多样性的移民文化。尽管关于青少年的研究成果并不多见，现有的证据（例如，Aronowitz，1992；Sam & Berry，1995；Portes 和 Rumbaut，2001）表明，青少年的生活质量与他们的父母有着同样高的多变性。如果移民青少年如何生活以及生活得如何存在着如此大量的多变性，那么这种多变性是否可以帮助我们去理解促进他们最终成功适应和获得高幸福感的因素呢？这就是我们课题的核心问题。

个体发展问题

由于个体发展和涵化之间互动的复杂性，要形成有关发展中个体的综合性移民理论就显得较为困难。理解移民青少年的发展对其适应的作用，需要同时考虑到发展和涵化的变化。在适应新文化的同时，年轻人还经历着发展变化（Schönpflug，1997）。人们提出了几种模型，旨在解释移民青少年的不同适应结果，有关研究是针对特定青少年群体的，但研究结果还不能为任何一种模型提供明确的支持。

族裔文化群体涵化和适应的多样性取决于以下三个因素：接触的自愿性（voluntariness of contact）、流动性（mobility，即指迁移的或定居的）和定居时间（permanence）（Berry & Kim，1988）。例如，奥格布（Ogbu，1991）就强调，那些自愿来到新社会的移民与非自愿的移民之间的差异。非自愿移民，比如非裔美国人，在预期结果上就要比那些自愿改进处境的人差很多。不过，这种视角可能仅适用于非裔美国人，它对当前其他背景的移民是否适用还不清楚。人们预期因战争而远走他乡的东南亚难民会显示较差的适应，但是，研究显示的却是年轻人中间大量的积极结果（例如，Beiser，1999；Rumbaut，1994；Zhou & Bankston，1998）。除了非自愿情况，还有其他很多因素。其他模型则强调文化价值观对移民青少年适应的影响（Fuligni & Tseng，1999；Fuligni，Tseng，& Lam，1999；Gibson，1995），或者强调发展双重文化胜任力的重要性（LaFromboise，Coleman，& Gerton，1993）。显然，还需要有更多的研究来改进我们对这个过程的理论理解：例如，纵向研究可以解码发展与涵化的互动影响；横向研究（比如当前的这项研究）考察大量的人口和背景因素，可以为理论建构提供基础。

从发展的视角看，移民可发生在从婴儿到老年各个年龄段的人群中。在影响移民过程和结果的诸多因素之中，年龄是至为重要的一个。为理解移民的影响，有必要考虑迁移时的年龄、移民时间、移民所要解决的特定发展任务。考察适应结果的通常做法是，根据世代或出生地区分移民家庭中的儿童和青少年，即第一代（出生在祖籍国）和第二代（出生在定居国）。但是，这种做法并没有考虑到移民年龄或在新社会的居住时间造成的适应差异。在本课题数据中，我们运用了两个变量：居住时间和在定居国生活的比例，以探讨随时间而发生的变化。第四章和第五章分别考察了与移民时间相关的文化互动变量和适应差异。

我们的重点是青少年，这正是因移民产生发展问题最为突出的一个时期。青少年在移民期间及之后的经历正好处于他自身从儿童向成人过渡变化的一个发展阶段，其最大的特点就是青少年在自主性和依赖性之间的举棋不定，以及不断增长的同龄人的重要性。对于移民青少年，这个过程因他们成长所处的不同文化框架而受到影响（Garcia Coll & Magnusson，1997）。

从童年过渡到成年期间，年轻人对他们是谁以及希望未来成为什么样的人要做出重要决定，即他们要形成一种认同。移民青少年不仅要产生作为本群体成员的认同（Phinney，1990），而且在不同程度上会产生作为整个社会成员的认同（Phinney & Devich - Navarro，1997）。他们倾向于族裔认同或国民认同或双重文化认同的程度，反映了他们的心理调适（LaFromboise et al.，1993；Phinney，Dupont，Espinosa，Revil，& Sanders，1994；Phinney，Horenczyk，Liebkind，& Vedder，2001）。在第四章，我们考察了青少年的族裔认同和国民认同强度，第五章探讨了这些认同对适应的影响。

通过与家庭和所属群体的交往，青少年学习自身文化的价值观、传统和习俗。在许多移民家庭中，这些价值观通常强调家庭成员间的相互依赖（Fuligni，1998b；Phinney，Ong，& Madden，2000）。随着年龄的增长，青少年希望获得更大的自主性，而其他群体的同龄人则为他们能提供与父母和他人互动的新模式。对家庭的责任感可能会使移民青少年受益，从而为他们提供明确的角色和方向（Fuligni，1998a），但同时也会产生冲突，因为青少年要求在他们的生活中获得更大的自主性。第七章和第八章将探讨青少年与父母在家庭义务上的差异以及这些差异的启示。

随着他们的长大，青少年总体上更倾向于他的同龄人，特别是异性。移民父母通常在社会交往的管理上（例如约会）比西方社会的父母更为严格。在有些情况下，他们会将子女与同龄人的交往限制在本族裔内。而当青少年进行跨族裔交往时，来自父母和同龄人关于社会交往的冲突就会对这些青少年构成挑战。

在任何一种情况下，青少年都要面对这样的决定，即保留家庭和所属群体的价值观和行为的程度，以及采纳整个社会的价值观和行为的程度。由于在做决定时面对的影响和机遇不同，移民青少年在新社会中选择了不同的发展道路走向成人。研究这些因素之间复杂的互动关系有助于理解移民青少年的调整。第四章将探讨青少年做出的各种选择以及他们在定居国社会中的生活体验，第五章和第六章将探讨这些选择的影响。

家庭关系

“族裔文化青少年的国际比较研究”（ICSEY）的一个主要目标是理解移民青少年如何在两种文化中生活，其中一个关键方面是青少年家庭内部的价值观和态度，以及他们接受这些价值观和态度的程度。青少年在家庭内获得传统文化所寄予他们的行为、个人特点、价值观和适应模式。而一旦家庭迁移，父母不能依赖新社会支持他们本群体价值观的文化传承，相反，青少年通过同龄人和学校面对更多新社会的价值观。

在有关移民青少年适应的研究成果中，家庭关系通过两个主要问题加以探讨：移民青少年是否比非移民家庭的同龄人经历更多的发展问题？家庭关系在他们的个人幸福感和心理适应方面影响如何？怀着这两个问题，我们考察了青少年和他们父母的关系、家庭关系价值观差异对青少年适应的影响。对于要适应其他文化的移民家庭来说，青少年很可能比他们的父母适应得更快。父母和子女涵化的不同速度导致代际差异（例如，Chung & Okazaki，1991；Kurian，1986；Matsuoka，1990；Nguyen & Williams，

1989；Rosenthal，Ranieri，& Klimidis，1996；Szapocznik & Kurtines，1993）。例如，青少年的涵化态度通常倾向整合，而他们的父母可能更倾向于分离（Berry & Sam，1997），由此导致“不一致涵化”（Portes，1997）。对于移民家庭，“不一致涵化”容易带来比非移民家庭更严重的家庭问题，尽管这并不是必然的规律（Phinney & Ong，2002；Phinney et al.，2000）。

一些研究（例如，Rosenthal et al.，1996；Stewart et al.，1998）表明，与父母的冲突对青少年适应产生不利影响；其他的研究则没有显示家庭关系影响到青少年对整个社会的适应。例如，福利尼等人（Fuligni et al.，1999）发现，尽管赞同家庭义务的青少年与家庭成员的关系良好，但家庭关系的凝聚力并没有影响到青少年与同龄人的关系或他们在学校的适应。

总而言之，为了回答这两大问题，本课题考察了青少年与他们父母的关系，以及这些关系对青少年适应的影响。在移民和非移民家庭、不同国家的族裔文化群体中，我们考察了在自主性和家庭义务上的代际差异，以及这些差异对青少年幸福感和社会适应的影响，相关的结果见第七章。

术　语

移民和适应研究是复杂的，由来自多学科的大量研究人员参与。这导致了众多的概念和术语在意义交叉的同时，有时候还会相互矛盾。为帮助读者，我们对书中所用的术语加以清晰的界定：

移民（immigrants）：指从一个社会迁移到另一个社会并在新的社会定居的人们。该术语也指代第一代移民（在这项研究中，不包括那些在抵达定居社会时不到 7 岁的人们）。

第二代移民（second - generation immigrants）：在移居社会出生的第一代移民子女或者抵达定居社会时不足 7 岁的人们。

非移民（nonimmigrants）：出生并至今生活在当地社会的人们。他们是早期来到我们调研的这些国家的移民的后代。我们通常使用术语“国民”（national）来识别这个群体，其中排除了本研究中的第二代移民。

青少年（youth）：年龄在 13 至 18 岁的人们，包括移民和非移民。与术语“青少年”（adolescents）交互使用。

移民青少年（immigrant youth）：指代移民儿童和移民子女的全称，它因此包括了第一代和第二代移民青少年。

族裔文化（ethnocultural）：用来描述在一个社会中共同生活的每个群体族裔和文化特质的形容词，包含了移民和非移民。在提到每个群体时使用具体称谓。

整个社会（larger society）：包含了移民和国民在内的所有族裔群体的整体社会。

定居社会（society of settlement）：移民抵达和定居的社会。

通过这样的界定，我们力求避免伴随“主流”（mainstream）、“多数”（majority）、“统治的”（dominant）、“少数”（minority）、“非统治的”（non－dominant）和“东道主社会”（host society）这些术语所带来的额外负担。

研究框架

为了解答上述问题，我们制定了一个结合了四套变量的研究框架：在群体层面，“背景”变量；在个体层面，“文化互动”、“适应”和“人口”变量。这些变量间关系的方向是从描述本课题人口和背景特征的群体背景变量到描述抽样个体的变量。

所有的行为科学研究旨在寻求理解社会和文化背景下的人们，因此我们从收集定居社会、族裔群体以及两者关系的广泛信息开始。没有这些信息，我们就会缺少足够的手段解读个体层面心理数据的相同点和不同点。这些背景变量包括移民体验到的移民氛围（影响当地社会实际多样性的程度）和多元主义氛围（整个社会采用的关于多样性的政策）。

“群体差异”（group differences）指每个移民群体和定居社会在文化价值观（cultural values）、宗教（religion）和可见性（visibility）上的差异程度。这些背景变量在第二章有更完整的描述，在第六章对它们在涵化和适应中的作用加以评估。

“文化互动变量”（intercultural varibles）描述的是个人对群际关系的看法和感觉，以及在多元文化背景下的行为方式。这些变量被视为诸多背景特征的函数，这些特征包括群体的历史、人口、经济和政治状况等。涵化过程随群际交往发生，包括两个群体的变化。心理涵化发生在个体身上，包括人们对于这个过程的涵化态度。

在本项研究中，我们区分了四种涵化方式，即同化、整合、分离和边缘化取向。同样，“文化认同”指人们在文化间产生的个人倾向。尽管一个人的认同包括很多方面（例如阶级、性别），“文化认同”指归属于自身族裔文化群体（“族裔认同”）和整个社会（“国民认同”）的想法和情感。从根本上说，这是一种归属感或对其中一种或两种文化群体的依恋感。语言问题（包括语言的流利程度和使用）在文化间同样也会产生：学习何种语言，在何种交往中使用何种语言，这些都是每天要做的决定，尤其对于移民群体。同样，考察与本群体成员和其他人（特别是当地居民）的社会交往模式也是重要的。

针对移民个人和群体的歧视是文化间际关系的一个共同特征。在客观分析成为可能的情况下（例如差异性收入、教育和住房），人们如何看待这种差异性直接关系到文化间的生活质量。最后，聚焦于青少年将不可避免地关注到他们与父母的关系，因此，我们考察了青少年与其父母的家庭关系价值观。在第四章将对每个文化互动变量加以更为完整的定义，并评估相关的背景资料。

“适应变量”（adaptation variables）描述的是族裔文化青少年适应的结果，体现在他们本群体的背景和文化间际关系中。尽管适应既是一个过程也是一个长期的结果，但只有通过多个时点上的评估才能理解这个过程。在当前的研究中只有一个时点的评估，因此，“适应变量”可视为青少年做得如何的一个快照。沃德（Ward，1996）确认了心理和社会文化两种适应形式，其中“心理适应”指个体内在的特点：健康的心理（例如，极少有焦虑、抑郁、身心失调等心理问题）和高度的幸福感（例如，自尊和生活满意度）；“社会文化适应”指个体与社会文化背景之间关系的质量。在青少年中，这种形式的适应通常考察的是他们对学校的态度和在学校的表现，缺乏的是对他们在社区的问题行为的考察。

比较研究根植于群体间相同点和不同点的研究。我们相信，通过考察不同社会中的多个族裔文化群体，我们可以理解良好的文化间际关系和成功适应的根源。与多数行为科学一样，本项研究同时也根植于个体差异的研究。因此，我们样本中个体的一些人口特征不仅会影响到文化间际关系和适应的差异，而且还可能对这两组变量之间的关系起到调节作用。其中作用显著的莫过于参与者的年龄和性别；家庭的社会经济地位（SES）在年轻人如何在文化间生活以及生活得如何上也有着显而易见的作用；在许多移民研究中，居住时间（从新近抵达到在当地出生）和世代的状况（第一代或第二代）也是非常重要的个体特征。最后，我们对当地场景变量（社区族群构成）也进行了考察。这个变量从几乎同质文化的社区（要么所有居民都是本民族群体成员，要么全部是其他民族群体成员）到混合社区。

尽管本研究并不是为了分析涵化和适应的发展方面，但通过纳入诸如年龄、居住时间和世代状况等背景变量，我们还是能够运用跨文化的方法来考察涵化和适应的过程。

所研究问题

在本课题中，我们就移民青少年如何在不同文化间生活以及生活得如何提出了一些根本性的问题。我们强调了某些方面，因此就不得不忽略其他的方面。作为行为科学家，我们的重点是个体；但是，由于我们关注的是人们行为中的文化因素，我们还强调了个体生活和行为中的文化（和文化互动）背景。

我们试图解答移民和接收社会面对的一些最根本的问题。首先，移民在新社会中生活是否存在一些基本和一致的方式？即个体在移民后进行不同文化间生活是否存在系统性的模式？我们将这个问题取名为“如何”(how)。其次，我们是否可以评估个体对新环境“适应得如何”？尤其对于青少年，他们的个人感受以及在学校和社区的努力是否存在问题或取得成功？第三，我们是否可以在青少年“如何”以及“适应得如何”之间发现任何系统性的关系？最后，如果对于前三个问题有着实质性的答案，我们或许可以提供制定政策与计划方面的建议，帮助移民群体和个体以及整个社会在这场当代大规模跨国人员流动中取得更为积极的结果。

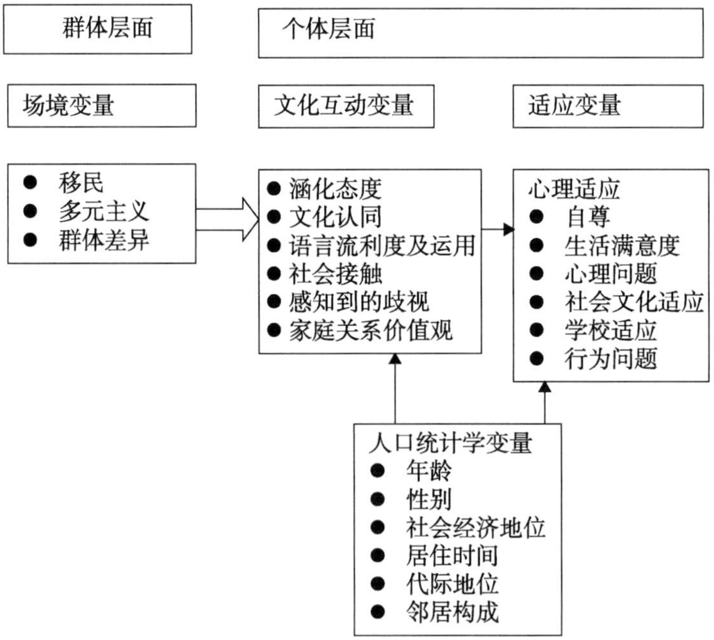

图 1.1 “族裔文化青少年的国际比较研究”的涵化与适应研究框架

第二章　研究设计：定居社会和移民群体的选择

女王大学：约翰·贝理
斯德哥尔摩大学：查尔斯·韦斯廷、厄基·佛塔
莱顿大学：保罗·维德
科廷大学：罗萨娜·鲁尼
西澳大学：大卫·桑

在这一章，我们将介绍“族裔文化青少年的国际比较研究”（ICSEY）有关定居社会和移民群体选择的研究设计和相关的背景信息。首先要讨论的是涵化比较研究设计的几项原则，然后介绍所选择的13个定居社会与本研究理论相关的核心特征，最后概括所选移民群体的一些重要特征，包括影响他们在定居社会涵化与适应的必要信息。

移民青少年比较研究的设计

跨文化心理学（Berry，Poortinga，Segall，& Dasen，2002）提供了文化比较研究的两个基本原则：第一是所谓的“文化原则”，即由于所有人类的行为都是在文化背景下发展和展示的，因此除非首先了解一个人的文化背景，否则就不可能对该个体进行了解。第二是所谓的“比较原则”，就是在进行跨文化人类行为研究时，我们不能随便找一个社会，而是选择那些能够为解释行为的相同点和不同点提供理论基础的社会。我们在本课题的设计中就运用了这两个原则。“文化原则”要求详细描述定居社会和在其中定居的移民群体的某些特征，以及当地文化间际关系的性质；它还要求确认定居社会的某些特征对主要研究问题的重要理论意义。

在考虑“比较原则”时，我们选择了那些能提供足够移民青少年样本的社会。这意味着要关注那些拥有大量移民的社会，还意味着要排除那些只有少量移民的社会（例如日本），或者移民人数众多但只是暂时现象的

社会（例如在巴基斯坦的难民）。我们还需要选择具有不同移民模式的社会，因为如果没有变化，我们做的只是一系列复制的工作，无法起到比较的作用。

在选择定居社会时，我们最初根据移民的历史进行三组分类。首先，我们关注那些通过主动移民过程建立起来的社会（有时候被称为“早期定居者建立社会”），这些社会积极寻求移民，制订吸引他们的政策与计划，以及明确的选择标准。它们通常也是移民比例最高的社会，公众对移民的态度相对良好。澳大利亚、加拿大、以色列、新西兰和美国就属于此类社会。

第二，我们选择那些但在历史上是移民的来源地而不是目的地、但后来吸收移民的社会。我们把它们称为“前殖民社会”。第二组分类包括那些在过去的50年接收了大量移民（主要是前殖民地人口）但并没有明确的寻求移民政策的国家。尽管如此，这些国家倾向于拥有中等程度的移民数量。法国、德国、荷兰和英国就属于此类社会。

第三类国家也属于移民来源地，但并不寻求移民，只是最近才开始接收移民（通常数目不大）。我们将这些社会称为“新兴接收（移民）社会”，其中包括芬兰、挪威、葡萄牙和瑞典（尽管葡萄牙是前殖民社会，但与其他社会相比，它只是最近才开始大量接收移民）。

这三组分类是为本课题挑选的13个定居社会的最初抽样框。我们认为，在移民程度及其有关政策方面，它们之间是有着很大的差异的。我们还运用了两个对本课题具有重要理论意义的指标，以便对这些差异做进一步的探讨：一个社会中实际存在的文化多样性程度，以及对这些多样性的国家政策导向（在后面将分别称为“文化多样性”和“多样性政策”）。

我们对这两种多样性的兴趣来自默菲（Murphy，1965）的一本著作，他曾经假设，当文化群体在涵化过程中为移民提供支持，当公众的态度支持文化多样性时，移民将会适应得更好。通过比较多元化社会（加拿大和新加坡）和非多元化社会中的移民的心理健康指标，默菲为他的假设找到了证据。根据他的推理，我们期望在移民数量相对较多的社会、在已建立了文化群体的社会、在将推动移民和多样性作为国家目标的社会，移民青少年将拥有更良好的文化间际关系，更良好的心理和社会文化适应。

表2.1是13个移民定居国社会在文化多样性（cultural diversity）和多样性政策（diversity policy）方面的一些特征。这13个社会按字母顺序排列，包含了之前提到的三个基于移民历史和背景划分的类别。第一列是每个社会的移民比例（所有出生在境外的那些人）。总体而言，以三类社会

进行的分类与人口中的移民比例是相符的：移民社会拥有最高的移民比例，新兴接收移民社会的最低，瑞典是一个例外。第二列是实际多样性指数（以后说明）。第三列是根据文化多样性的支持程度对社会进行的分级（也在以后说明）。

表 2.1　13 个移民定居国的移民和文化多样性特征

定居社会	移民比例（%）	实际多样性指数	政策多样性类别
早期定居者建立社会			
澳大利亚	24.6	-0.08	高
加拿大	18.9	1.42	高
以色列	37.4	0.65	低
新西兰	22.5	0.04	高
美国	12.4	0.10	中
前殖民地社会			
法国	10.6	-0.51	低
德国	9.0	-0.85	低
荷兰	9.9	-0.78	中
英国	6.8	-0.21	中
新近接收移民社会			
芬兰	2.6	-0.65	低
挪威	6.7	-0.97	低
葡萄牙	2.3	-1.11	中
瑞典	11.2	-0.59	中

尽管一个社会中的移民比例是文化多样性的一个指标，但在文献资料中还有其他的指标。为生成文化多样性指数，我们运用了其他三个指标。第一个是库里安（Kurian，2001 年）基于人口因素（例如不同的族裔群体）建立的文化同质性（cultural homogeneity）指数，范围从 4 到 100；第二个指标是族裔语言分化（ethnolinguistic fractionalisation）指数（Inglehart 1997；Taylor & Jodice，1983），即从同一个国家随机选择的两个人说不同语言的可能性；第三个指标是族裔多样性（ethnic diversity）指数（Sterling，1974），采用 5 分制量表（scale），对从几乎是同质民族组成的国家

到由多个小族群组成的异质国家进行打分。这三个指标再加上每个国家的移民比例，经过标准化计算共同生成表 2. 1 第 2 列文化多样性的分值，从最高分加拿大的 1. 42 和以色列的 0. 65，到最低分挪威的 -0. 97 和葡萄牙的 -1. 11。在后面的章节我们将会用到这些数据，以此来评估文化多样性与移民青少年的涵化和适应是否相关。

值得注意的是，文化多样性指数不仅仅取决于一个国家的移民数量。由于历史原因，许多国家属于多民族和多语言国家。表 2. 1 的分值反映了大多数国家与移民有关的族裔多样性情况。正如第六章所示，包括在文化多样性指数中的四个指标都是密切相关的。因此，我们有理由认为，这个指数反映了每个社会中文化多元主义的程度，反映了特定社会中人们遭遇族际交往和多语交流的可能性（和可能的实际程度）。

在本课题中，我们还选择了执行不同文化多样性政策的社会。多样性政策指政府和其他管理部门将促进文化多样性作为一项国策的倡导程度。倡导对传统文化的保护，以及促进不同族裔文化群体接触的政策与实践，可视为是支持文化多元主义的。在 13 个被选国家中，有些执行的是明确的多元文化公共政策，公众对此持支持态度（例如澳大利亚、加拿大和新西兰）；有些反对将文化多样性作为一种共同的生活方式，倾向于建立文化同质性社会（例如芬兰、法国、德国、以色列和挪威）；有些对多元主义的接受程度介于前两者之间（例如荷兰、葡萄牙、瑞典、英国和美国）。在表 2. 1 中，它们被相应地确认为高、中、低三级。

我们评判这些社会在多样性政策上的倡导程度，参照的是政治科学文献中的分类标准（Banting & Kymlicka，2004）。班廷和金利卡（Banting & Kymlicka，2004 年）提出了评判社会对多元文化主义接受程度的 9 个标准，包括倡导多元文化主义的政府政策、设立多元文化部门或秘书处、在学校课程设置上采纳多元文化主义、允许族裔媒体的存在、允许文化群体可以不照搬主流社会的惯例（例如周日歇业）、允许双重国籍、资助族裔文化组织、资助双语或传统语言教育、对弱势移民群体采取“平权行动”（affirmative action）。

值得注意的是，多样性政策的分级在具体案例中可能会产生误导作用。例如，一个执行双语政策的国家并不一定表示它会接受移民，因为这样的一种双语政策可能是历史造成的。例如在芬兰，它的双语制与其说是对少数民族语言（说瑞典语的芬兰人）的承认，倒不如说是历史的事实，即芬兰在瑞典统治下长达 600 年之久。其结果是，瑞典语和芬兰语都是芬兰的国民语言；然而，这种双语制对该国的移民政策或者整个社会的人口对移民的接受程度影响甚微（McRae，1997）。

移民定居社会

表 2. 2 列出的是我们抽样的 13 国移民定居社会和具体移民群体的名单。样本的实际数字和其他情况详见第三章。

以下定居社会和移民群体的总体情况由该国研究人员负责收集和整理。这些人员的姓名详见前言，在此感谢他们对这个部分的贡献。

除了 13 个定居社会在文化多样性上的两个特征，还有其他因素可能影响到移民青少年对新社会的适应程度。以下是对每个定居社会的陈述性描写，以为后面解读我们的调查结果提供重要的背景信息。这些描写力图遵循“文化原则”的要求（在前面已有提及），为理解后续章节报告的行为数据提供背景。

表 2. 2　“族裔文化青少年的国际比较研究”的移民定居社会和群体

<table>
<tr><th colspan="2">早期定居者建立社会</th><th colspan="2">新兴接收移民社会</th></tr>
<tr><td rowspan="4">澳大利亚</td><td>越南裔</td><td rowspan="4">芬兰</td><td>越南裔</td></tr>
<tr><td>华裔</td><td>土耳其裔</td></tr>
<tr><td>菲律宾裔</td><td>俄罗斯裔</td></tr>
<tr><td>国民</td><td>国民</td></tr>
<tr><td rowspan="5">加拿大</td><td>越南裔</td><td rowspan="5">挪威</td><td>越南裔</td></tr>
<tr><td>韩国裔裔</td><td>巴基斯坦裔</td></tr>
<tr><td>南亚裔（印度裔）</td><td>土耳其裔</td></tr>
<tr><td>国民</td><td>智利裔</td></tr>
<tr><td></td><td>国民</td></tr>
<tr><td rowspan="3">以色列</td><td>俄罗斯裔</td><td rowspan="6">葡萄牙</td><td>佛得角裔</td></tr>
<tr><td>埃塞俄比亚裔</td><td>安哥拉裔</td></tr>
<tr><td>国民</td><td>南亚裔（印度裔）</td></tr>
<tr><td rowspan="3">新西兰</td><td>华裔</td><td>莫桑比克裔</td></tr>
<tr><td>太平洋岛国裔</td><td>帝汶裔</td></tr>
<tr><td>国民</td><td>国民</td></tr>
</table>

续表

早期定居者建立社会		新兴接收移民社会	
美国	越南裔	瑞典	越南裔
	亚美尼亚裔		土耳其裔
	墨西哥裔		库尔德裔
	国民		智利裔和中美洲裔前殖民社会
			国民
法国	芬兰裔		
	越南裔		
	土耳其裔		
	马格里布裔		
	葡萄牙裔		
	国民		
德国	土耳其裔		
	葡萄牙裔		
	德裔裔		
	国民		
荷兰	土耳其裔		
	安迪列斯裔		
	南亚裔（苏里南裔）		
	国民		
英国	南亚裔（印度裔）		
	国民		

早期定居者建立社会

澳大利亚

澳大利亚是一个移民比例相当高的国家，其近2000万人口中，24.6%在境外出生。在ICSEY数据收集的其三个城市中，移民比例分别是：悉尼，33.4%；墨尔本，33.2%；珀斯，23.1%。在表2.1实际文化多样性指数的得分上，澳大利亚位列中等。

族裔群体包括：92%的欧洲人，7%的亚洲人，1%的土著和其他族裔。移民群体中，华裔移民占总人口的1.95%，0.08%越南裔，0.07%菲律宾人。已识别的移民来源地近200个国家。1996年，主要移民来源地包括英国、新西兰、意大利、前南斯拉夫和越南。亚洲来源地主要包括越南、中国、菲律宾和马来西亚。与非移民相比，境外出生的移民更多集中在城市区域。

1998年，澳大利亚的总体失业率为8.1%。在研究样本中，失业率从香港移民的5.2%到台湾移民的27%。不过，失业率与居住时间有关，年轻的移民比年长的移民更多地在学校学习。

1958年出台的《移民法案》赋予非欧裔人口以公民权，避免"种族"这个词汇。1973年，"白澳大利亚政策"被正式废止：在移民的选择上忽视种族，三年永久居住之后既可获得公民权。澳大利亚现行的是非歧视性移民政策，这意味着来自任何国家的任何人皆可以申请移民。有两个主要的移民计划：移民和人道主义。移民计划包括：（1）技术类，根据具体工作和商业技能进行挑选，由澳大利亚雇佣方提名，或者拥有大量的资本在澳大利亚进行投资：采用打分制；（2）家庭类，基于与澳大利亚保证人的家庭关系进行挑选。人道主义计划包括：（1）难民，根据联合国的定义；（2）特别人道主义，针对那些不是难民但其人权遭到严重的践踏；（3）针对流离失所者的特别救助。所有申请人需要达到健康和良好的品格标准。

澳大利亚在表2.1多样性政策分级中属于高级。1975年引入多元文化主义政策，并制定相关的机会与公平（access & equity）计划。多年来政策发生了一系列转变：从同化（1947—1964年）到整合（1964—1972年），到文化多元主义（1972—1975年），再到多元文化主义（1975年）。最后一项政策于1989年确立，由三个方面组成：文化认同（表达和共享移民文化传统的权利，包括语言和宗教）；社会公正（待遇和机会的均等，消除因种族、族性、文化、宗教、语言、性别或出生地等因素导致的壁垒）；经济效率（无论背景，保持、发展和有效利用所有澳大利亚人技术与才能的需要）。最近（1999年），政府确立了多元文化主义的四项原则：公民职责（civic duty）、文化尊重（cultural respect）、社会平等（social equity）和多样性的生产力（productive diversity），同时提出的还有针对所有澳大利亚人的优化文化多样性成效的策略。

1943年和1998年间进行的民意调查显示，在澳大利亚，民众广泛支持政府的非歧视性移民政策并拥护多元文化主义。对于亚洲移民所占比例则有一些反对意见，主要由于对国内亚洲移民数量的错误认知。但是，失业率的变化显然决定着民众对移民和多元文化主义的支持程度。1988 年进行了一次全国范围的调查，移民和多元文化主义在当时的社会各界是辩论的焦点。在主要的调查结果中，民众广泛支持较高的移民比例，或至少保持当前的水平，这个结果适用于调查中提到的所有移民群体。不过，受访者表示最欢迎“澳大利亚人”和“英国人”，最不欢迎“穆斯林”。

加拿大

加拿大在表 2.1 实际多样性指数中得分最高。这部分是由于相对较大的移民比例，但也是由于社会其他的一些特征，例如两个最大族裔语言群体的存在（法语和英语）。它有很高的移民水平，因为在 3100 万总人口中，18.9% 在境外出生。在本课题数据收集地多伦多，44.0% 的人口是移民，是我们研究的所有城市中比例最高的。在过去的 50 年，移民已经改变了这座城市：在 1951 年至 2001 年期间，来自英国的人口比例从 73% 下降到 27%，多伦多电话簿上最常见的名字从史密斯和布朗到史密斯、李、王、布朗、辛格、金、穆罕默德和帕特尔。在加拿大，多伦多是最具多样性的城市，几乎 30% 的移民定居在那里。

族裔群体包括：英国人，40%；法国人，27%；其他欧洲人，20%；土著，1.5%；其他（主要是亚洲人），11.5%。在多伦多所有人口中，180 万人在境外出生。最大的移民群体分别来自中国（11%：其中 5% 来自中国内地，6% 来自香港）、大不列颠（10%，包括英国和爱尔兰）、意大利（8%）、牙买加（5%）、菲律宾（5%）、葡萄牙（5%）、越南（3.5%）、印度（2.4%）、韩国（1.4%）。近来，在每年流入的 25 万至 30 万移民中，有 2/3 来自亚洲，包括独立型（经挑选的）移民、难民和根据家庭团聚计划进入的那些人。

总体人口增长率是 1.06%，生育率是 1.65。不过，土著人口的生育率是总体生育率的两倍。经济呈相对富裕的特点（人均 26，474 美元），移民的收入略高于平均水平。第一代移民的教育水平略高于总体人口。失业率在过去的几年中浮动在 7% ~8% 这个范围，根据移民的状况和来源地，这个数字会有所变化。

加拿大移民政策的目标是每年接收人口的 1%（大约在 30 万）。移民分为四类：（1）达到一定标准的独立型，即从年龄、教育、工作技能等方面，对每个标准进行打分，如果超过一定的分值，即可获准移民；（2）家庭团聚型；（3）企业型，即鼓励创造就业的投资；（4）符合《日内瓦国际公约》或其他人道主义标准的寻求避难者/难民型。

加拿大在表 2.2 政策多样性分级属于高级。1972 年，加拿大引入多元文化主义政策。这项政策有四个目标：第一，鼓励族裔群体保持和发展他们在加拿大社会中独特群体的身份，避免同化，即“本族群的保持与发展”（Berry，1984b）；第二，增进群际和谐与相互接受，即“对其他群体的接受与宽容”；第三，文化群体自身的发展不足以导致其他群体接受，需要进行“群际交往与共享”；第四，如果没有掌握共同的语言，各个群体对加拿大社会的全面参与就不能实现，因此，“学习官方语言”（英语和法语）受到政策的鼓励。

全国范围的调查表明（例如，Berry & Kalin，1995；Berry，Kalin，& Taylor，1977），加拿大人总体上支持将整合作为移民在新国家的生活方式，反对同化与隔离。而且，有相当多的人接受多元文化的理念，这是对文化多样性持积极态度的指标。加拿大人总的来说是宽容而非偏见的，群际态度良好，法语受访者的态度除外。加拿大人在对特定群体的接受程度上也有所不同：对来自北欧和西欧的人评价最高，其次来自东欧和南欧、东亚、加勒比和南亚。

以色列

以色列是高移民比例的国家，近 600 万人口中，37.4% 在境外出生，因此在表 2.1 中，它的实际多样性指数得分很高。负责新移民的政府部门将他们的工作称为“移民吸收”工作，这导致以色列在多样性政策分级中被划入低级。但是，关于文化多样性的讨论近来有扩大之势，主要源于大量埃塞俄亚和俄罗斯移民的拥入。

在族裔背景上，81% 是犹太人，19% 是阿拉伯人。在犹太人口中，最大的来源群体是俄罗斯裔（12%）和埃塞俄比亚人（3%）。

1950 年，“回归法”赋予每个移居到以色列的犹太人以公民地位。净移民率是每千人 4.42 个移民。自 1990 年，来自前苏联的 70 万移民陆续抵达。自 1984 年，2.2 万埃塞俄比亚犹太人定居在这里。人口增长率是 1.81%，生育率是 2.6%。人均收入是 14，603 美元。

对 5～15 岁人口实行每周 6 天的免费义务教育。有三种教育类型：公立（68.4%）、公立/宗教（21.3%）和独立的宗教教育（10.3%）。对新来者设立希伯来语课程。在国家资助下，大多数阿拉伯学生有单独的学校。宗教学生与非宗教学生分开，犹太学生与阿拉伯学生分开。

移民在以色列的头三年，为帮助他们在经济、职业、社会和文化上的融入，政府出台了特殊政策。在这个阶段，移民享有特殊福利，包括发放数额不小的初期调整费、减税、提供房租与房贷补贴和大学奖学金。政府还鼓励其他人（例如公共机构、自愿者组织、中小学生和大学生）促进移民的吸收。在此之前，还有一项住房分散计划，但已经终止。

国民（主体人口）对不同涵化群体的态度受到社会经济因素、政治环境、意识形态等的影响。因此，以色列公众对不同涵化群体持不同的态度。最新一项研究（Canetti - Nsim & Pedahzur，2003）发现，37.3%的受访者对来自前苏联的移民、43.2%对巴勒斯坦人，78.7%对外籍工人持否定态度（“恐外症”）。

新西兰

2003年，新西兰的人口达到400万。根据它2001年的人口普查数据，族裔群体包括：80%欧洲人，14.6%毛利人，6.5%太平洋岛国人（其中3.2%萨摩亚人），6.6%亚洲人（其中2.8%中国人），和6.9%为其他族裔人口。新西兰也是移民比例很高的国家，其19.5%的人口在境外出生。在表2.1中，新西兰的实际多样性指数刚好为正值，但在多样性政策分级上却属于高级，这在一定程度上归功于它对双重文化特征的正式承认。

大多数移民（53%）定居在奥克兰。在数据收集的几个地区（奥克兰、怀卡托、惠灵顿、霍克斯湾和克莱斯特彻奇），境外出生的人口比例从1%（霍克斯湾）到31%（奥克兰）。首都惠灵顿是数据收集量最大的地区，其境外出生人口为20%，与全国平均水平接近。

新西兰有着悠久的移民历史，原住民毛利人与英国政府于1840年签署的《怀唐伊条约》被视为该国最早的移民文件。近来，新西兰的移民政策历经几次变化。1991年，该国较大程度地修改移民政策，转向积极招募技术型和企业家型移民，而1986年的移民政策则为非传统型移民打开大门，因此在移民模式上该国发生了巨大的变化，即新移民主要来自亚洲。

当前获准移民的标准有几个分类，最普通的是技术类，根据年龄、语言流利程度、可就业能力等要素进行打分，如果达到一定分值即可获居留权。通过商务、家庭团聚和人道主义分类也可获得永久居留。对萨摩亚移民（每年1100人）和联合国委托的难民（每年750人）设有一定的配额。

尽管境外出生的居民受教育人数要高于本国居民（81%对70%），他们就业的可能性却低很多。在新西兰总人口中，有67%进入了劳动力市场，在新西兰出生的中国人是75%，境外出生的中国人是45%，太平洋岛国人66%，毛利人56%。新西兰人的平均收入是18，500美元，但在各族裔群体中差异极大。欧洲人的平均收入是19，800美元，毛利人和太平洋岛国人14，800美元，中国人10，800美元。不过，这主要是由境内出生居民（20，200美元）与境外出生居民（7，900美元）之间的巨大差异造成的。

新西兰政府最近明确表示，定居问题关系到移民计划的成败，但目前实施的促进移民整合和适应的方案还非常有限。其中能获得广泛支持的一个领域就是教育，新西兰公民和居民（5 岁到 19 岁）都可获得免费教育，义务教育的年龄是 6 岁到 16 岁。

在获得居留许可后，移民就享有选举权。在该国居住三年后即可申请新西兰公民。新西兰允许双重国籍，入籍的新西兰公民享有本土出生公民的所有权利。

大多数新西兰人支持多元文化的理念，在对 500 个居民进行的最新入户调查中，88% 的人认为，新西兰由不同种族、宗教和文化组成是件好事（Ward & Masgoret，2004）。相对于澳大利亚（85% 赞成；Dunn，2003）和欧盟的民意调查结果（36% ~75% 赞成），这个比例还是相当出色的。不过，应该指出的是，新西兰仍然保留着在《怀唐伊条约》基础上制定的双重文化主义政策，沃德（Ward，2004 年）的研究显示，49% 的新西兰欧裔青少年和 47% 的毛利人坚持认为，新西兰文化由欧洲和毛利传统共同定义。

美　国

美国的移民比例处于中等，近 2.96 亿人口中，11.7% 在境外出生。在表 2.1 实际多样性指数中，美国的分值处于中等偏上，多样性政策的分级也是中等。不过，在数据收集地洛杉矶，移民的比例是 35.1%。

在族裔群体中，近 73% 来自欧洲，13% 拉丁美洲，12% 非洲，4% 亚洲。近 1/3 的移民居住在加利福尼亚。在所有非法移民中，40% 居住在加利福尼亚。1965 年的移民法促使了非欧裔移民大大增加。现在，大部分移民来自亚洲、拉丁美洲和其他非欧洲地区。

人均收入是 43，318 美元。欧裔美国人和亚裔美国人的收入高于平均水平：分别是 48，000 美元和 55，000 美元。非裔美国人和拉丁裔（Hispanic）处于较低水平：分别是 30，000 和 33，000 美元。根据 2000 年的人口普查数据，16 岁以上人口的总体失业率是 3.7%。在这四大族裔文化群体中，这个比例分别为：欧裔 3.0%，亚裔 3.2%，拉丁裔 5.7% 和非裔 6.7%。

教育是国家责任。包括 1 年的幼儿园、6 年的小学、2 至 3 年的初中、3 至 4 年的高中。亚裔美国人的入学率总体上是高的，25 岁以上人口中 49.8% 拥有大学学历。在欧裔美国人中，这个比例是 30%。较少比例的非裔（17.3%）和拉丁裔（11.4%）拥有大学学历。

在移民的挑选上有一套优先制度：家庭团聚、就业能力、难民状况和多样性。近来，67% 是家庭团聚，12% 就业，16% 难民。

2/3 的美国人认为，移民速度应降低。在加利福尼亚，59% 的人投票赞成一项旨在阻止非法移民获取医疗和社会福利的提案，但到目前为止还没有付诸实施。种族和族裔暴力事件时有发生，并见诸媒体。不过在洛杉矶，大多数人每天都要和来自不同背景的人在许多场合碰面，在求学、工作和业余活动中彼此相处和谐。

前殖民社会

法　国

法国是个中等移民比例的国家，在 6000 万总人口中，10.6% 在境外出生。在巴黎，这个比例为 37%。中等移民比例和作为欧洲第二大移民国家，令法国在表 2.1 中实际多样性指数上的得分位列中等。形成对比的是，法国在多样性政策分级上却是低级，反映了根植于历史的统一和对单一民族国家的广泛认识。

族裔群体主要是法国人。最大的移民群体来自葡萄牙（57 万），西班牙（32 万）、突尼斯（20 万）、摩洛哥（53 万）、阿尔及利亚（57 万）和越南（7.5 万）。据估计在 1997 年，约 30 万非法移民生活在法国，大多数来自亚洲、非洲撒哈拉以南地区和拉丁美洲。

从 1990 年至 1993 年，移民数量每年稳定地在 10 万左右，自此以后下降到每年 6.5 万。从 1990 年到 1999 年，来自欧洲国家移民的比例下降，但来自马格里布（阿尔及利亚、突尼斯、摩洛哥）、土耳其、亚洲和非洲撒哈拉以南地区和拉丁美洲的比例却在上升。

移民通常从事临时性的非技术工作。因此，他们的工资水平很低。全职男性移民的平均工资是法国全职男性工资平均水平的 89.9%，女性是 87.3%。法国的总体失业率是 11%，在年龄、性别和资格相当的情况下，移民的失业率要高出很多，但在移民中也有着很大的差异。

移民的教育水平在很大程度上是来源国的反映。1975 年之前，成年移民大都是文盲。例如，来自摩洛哥和阿尔及利亚的 50% 的移民从未进过学校，来自葡萄牙的移民接受过少量的教育。1975 年之后，总体教育水平上升，部分由于进来的大部分是学生。统计数据表明，出生在法国的移民家庭的子女在学校要比法国儿童表现得更出色。从 6 岁至 16 岁，实行的是义务教育；所有儿童是免费的，包括非法移民的子女。在不同年龄层次，移民的子女要么进入常规学校，必要时接受辅助性的法语教学或帮助，要么进入法语班级。母语课程得以开设，有时候还有常规课时之外的课程。

在多样性政策方面，法国政府认为，废除对社会和文化来源的区别将有助于实现全体成员的平等。没有一个群体享有特殊的权利，同化是法国对自19世纪以来移民的反应。同化并不意味着放弃宗教、族裔认同或语言（在私人领域），但确实意味着在公共领域要接受法国人的方式。从1974年起，随着劳动力市场的萎缩，移民被许多人视为是一个问题。在1999年，61%的法国人认为在法国有太多的外国人（主要是阿拉伯人），27%的认为由于外国人的存在，他们在日常生活中都会遇到问题；50%将移民看作不安全的根源，50%看作丰富文化的源泉。在所有态度调查中，阿尔及利亚裔排在最令人反感的群体，葡萄牙裔最受欢迎，因为他们工作努力。

在欧洲委员会的一项调查中，受访者被问及他们个人是否认为其他国籍、种族或宗教人口的存在令人困扰，在法国，17%称“是的”，欧盟15国的平均比例是15%；赞成种族的比例是19%（欧洲的平均比例是15%）；赞成宗教的比例是17%（欧洲的平均比例是14%）。因此，法国受访者比欧洲其他国家总体上要更不接受移民。在接受来自地中海以南、中欧、东欧国家人口方面，法国也要低于欧洲平均水平。

德 国

德国是个中等移民比例的国家，在8300万人口中，移民只占到9%。但是，这个比例必须在绝对移民数量上加以看待：每年近65万移民拥入。此外，德国在表2.1实际多样性指数上处于相对低的水平，多样性政策的分级也是偏低。移民进入德国始于20世纪50年代，当时的德国面临战后重建的严峻任务。对劳动力的需求导致德国大量招募来自地中海国家的“客籍工人”（guest workers）。由于经济进入停滞状态，这种形式的移民到70年代便告以终结。在ICSEY数据收集地北莱茵河威斯特伐里亚地区，11.1%的人口是移民，但在主要城市这个比例还要番翻一番。

在20世纪的最后20年，德国的移民比率在欧洲位列最高。据估计，2001年的净移民比率为每千人4个移民，其原因是家庭团聚（主要是土耳其裔）、高比率的寻求避难者、德裔或德裔移民（Aussiedler）的返乡。在9%的德国移民人口中，1/4来自其他欧盟国家（主要是意大利、希腊、奥地利、西班牙和葡萄牙）。最大的非欧盟国家的移民群体是土耳其裔（29%）和前南斯拉夫人（10%）。近15%是寻求避难者。总体生育率是1.38个子女，移民群体的平均生育率是这个数字的两倍。总体人口增长率是0.27%。

1992年，难民流入到达峰值，43.8万人寻求避难，占到同年欧洲所有寻求避难者的80%。这促使政策制定者修改立法。在保留避难权的同时，拒绝来自安全地区或从安全国家旅行到德国的人的避难申请。

20 世纪 80 年代初，首批德裔移民也是作为难民从“铁幕”后进入德国。他们的数量一开始很少，柏林墙的倒塌为所有德国人注入了“德意志国家”（the German State）的观念。大部分人来自俄罗斯、哈萨克斯坦、罗马尼亚和波兰。自 1990 年，每年有 20 万人返乡。

几十年来，德国政府一直认为，德国并不是一个移民国家，移民最终会回到他们的祖籍国。因此，政府在支持移民整合方面做得很少。另一个后果是，移民入籍的比例相对较低，非公民居民的比例高。例如，只有 10% 左右的土耳其裔成为德国公民。

在 1994 年以前，移民学生的教育参与在数量和水平上都高于本国学生。自此以后，参与程度有所下降。儿童在 4 岁时可进入幼儿园，但义务教育从 6 岁开始，大多数学生进入四年制的小学。然后根据个人的能力，他们可以在三种不同的学校类型或分支学校继续接受教育，这取决于其目标在学术还是职业上。

1998 年，在所有具有劳动能力的移民人口中，20% 处于失业，而在所有国民中，登记的失业人口比例是 10% 。

德国的移民政策有两个特点，在工资和社会保障方面对所有居民（无论国籍）一视同仁，但同时鼓励他们回到祖籍国。这两个特点可以被称为“暂时性整合”（temporary integration）（Broeders，2001）。因此，隔离而不是完全整合就是其中暗含的涵化结果（Brubaker，2001；Yildirim，1997）。

荷　兰

荷兰是个移民比例中等的国家，其 1600 万总人口中，9.9% 在境外出生。在数据收集的城市，移民的比例还要更高一些。包括第一代和第二代移民在内，这些城市有 24% 到 44% 的移民。在表 2.1 实际多样性指数的得分上荷兰相对较低，但在多样性政策分级中却位列中等。

族裔群体的构成：94% 是荷兰人，包括 10 万来自安迪列斯群岛和阿鲁巴的移民，他们拥有荷兰国籍（因为这些地区是荷兰的海外属地），还有比例不详的来自苏里南（前荷兰海外属地）的 29.5 万移民。主要移民来源地包括摩洛哥、土耳其和前南斯拉夫。

净移民比率是每千人 1.99 个移民，导致的原因是家庭团聚和避难寻求者。土耳其裔和摩洛哥人很看重家庭的组成。总体生育率是 1.49 个子女，但在族裔文化群体中这个比率要更高一些，尤其是摩洛哥人（每个妇女 4 个子女）和土耳其裔（每个妇女 3 个子女）。总体人口增长率是 0.47% 。

受雇男性平均收入在 26，900 美元左右，女性在 14，950 美元左右。族裔文化群体成员的平均年收入不到 3000 美元。男性失业率是 6.2% ，女性 11.1%。族裔文化群体的失业率要在 3～5 倍以上，并且长期失业。在劳动力市场上，摩洛哥和土耳其妇女的参与率非常低。

所有居住在荷兰的人都能享受医疗和教育服务。

小学教育 8 年（4～12 岁），中学教育 4～6 年（职业和学术两类），义务教育年龄从 5～15 岁。父母无需为他们 4～15 岁的子女支付费用。所有学校都由国家全额拨款。在 2004 年之前执行的是这样一项文化政策，在学校课时（单一文化课程）期间，每周有 2.5 个小时地中海地区学生的祖籍国（官方）语言和文化课程，以及针对所有学生的文化间教育课程，超过 3/4 的摩洛哥和土耳其小学生选择他们的母语课程。

政府试图保持双轨制的移民政策，把移民融入荷兰社会的同时保护文化认同。“机会均等”（equality of opportunity）和“文化等值”（equivalence of cultures）是指导这项政策的两种价值观。当前，新移民的义务入门课程（荷兰语、面向荷兰社会和劳动力市场）和年长移民的成人教育得到了政府的资助，苏里南人、安迪列斯人、摩洛哥人、土耳其裔和难民是该计划的主要目标群体。

移民儿童母语课程（2004 年终止）和所有学生的文化间课程，是保证“文化等值”的一种方式。同时，对移民组织的财政支持以及建立完全由政府资助的教会学校更是服务于这个目标。荷兰有 2/3 的小学是新教学校和天主教学校，全部由政府资助。穆斯林和印度教也有设立他们自己学校的宪法权利，只要他们达到国家标准。目前运行的穆斯林学校大约有 30 所，占到穆斯林学生总人口的 4%。

自 1973 年，与其他西北欧国家一样，荷兰开始执行限制性的移民政策，这使得劳工移民很难进入荷兰。经济移民转向家庭团聚移民。今天超过 90% 的地中海劳工在荷兰建立了家庭。

调查显示，荷兰人对移民和避难寻求者的态度近年来转向负面（Arend－Toth & van de Vijver，2003；Verkuyten & Thijs，2002；Zegers de Beijl，1999）。

英　国

英国属于中等移民比例的国家，在 6000 万人口中，6.8% 在境外出生。在本课题数据收集地莱切斯特，36% 是移民，他们中主要（26%）是来自印度的移民。在表 2.1 实际多样性指数和多样性政策分级上英国均位于中等水平。

与英国出生的人口相比，大多数移民社区的青少年比例更高，老龄比例更低。因此，在未来 20 年，非洲、孟加拉和巴基斯坦社区无论在绝对数量上还是在相对数量上将快速增长。非裔加勒比人和印度人社区也会增长，但在程度上会有所不同。对族裔群体出生地的分析显示，在所有年龄组中，34%的非裔亚洲人和43%的印度人出生在英国。1998年，达到工作年龄的白人就业率是75.1%。所有黑人和亚洲人的平均就业率是57%。但是，孟加拉和巴基斯坦人的就业率分别是35%和41%，这些社区的妇女就业率更低。辍学的亚洲人和黑人在就业上比白人要困难得多。即使所有相关的指标，如教育情况，都保持不变，结果也是一样。

非裔加勒比青少年通过5个高年级考试的比例低于全国平均水平的一半，印度学生则要高于全国平均水平，巴基斯坦和孟加拉学生低于全国平均水平。亚洲和黑人青少年接受高等教育的比例要高出他们在总人口中的比例。印度学生接受高等教育的比例是他们在总人口所占比例的3倍。但是，约70%的非裔加勒比学生和60%的印度、巴基斯坦和孟加拉学生都是在前身是专科学校的大学学习，而只有35%的白人学生进入这类大学。综合而言，免费教育的对象是所有5至18岁的人，义务教育持续到16岁。需要付费的私立学校存在于各个级别。

英国政府执行的是促进机会均等和打击种族歧视的政策。尽管通过了主要的反歧视立法，但英国政府通过移民控制有步骤地限制少数民族的数量。1971年的《移民法》进一步加强了限制：要获得在英国的居留权，除了是英联邦的公民，还要与英国有着某些实质性的联系（例如，父母的一方出生在英国）。1981年的《英国国籍法》规定，出生在英国的人并不能自动地成为英国公民。要取得国籍，这个人的父母中的一方必须在英国出生。

尽管可获得免费的医疗和社会服务，但是研究显示，获得医疗和社会服务的机会却远未平等。族裔文化群体要获得医疗服务面临几大障碍，包括信息的匮乏，遭遇恶劣的医疗服务。族裔文化群体在失业人口、低收入群体和恶劣的住房条件等方面有着很高的代表性。

20世纪60年代末至70年代，移民控制从强调工人转向移民的家庭成员。其家庭成员进入的管理规定从表面上看是种族平等，但实际上，黑人和亚洲人的亲人遭遇到的却是延期、歧视和分离，如果这些强加到白人家庭，都是令人无法忍受的。

避难寻求者也处于移民风暴的中心。在过去的6年中制定了三项议会法案，旨在阻止或不鼓励他们的进入，通过要求签证、实施拘留以及减少支持力度。

当前的政府宣称要致力于创建“一个（现代）国家”（One Nation），

种族主义在这个国家是不可接受的。但是，公众的态度却与之背道而驰。研究显示，一些人倾向于同化而反对多元文化主义，不能接受移民的宗教和风俗。

新近接收移民的社会

芬　兰

芬兰的移民比例较低，在520万人口中，2.6%在境外出生。除了移民比例低，在表2.1实际多样性指数上也得分较低，这是因为两大族裔语言群体（芬兰语和瑞典语）的存在。这种程度的多样性是历史的遗留，不一定影响芬兰社会接收和对待当代移民的方式。在多样性政策分级上，芬兰被评为低级，可能更准确地反映了它当前的多样性方式。

族裔群体包括：芬兰人，93%；瑞典人，6%；萨米人，0.11%；吉卜赛人/罗姆人，0.12%；塔塔尔人，0.02%。约1.6%是其他国籍的人口，主要来自前苏联、爱莎尼亚和瑞典（主要是芬兰裔返乡者）。大多数移民居住在城市（赫尔辛基4.2%的人口在境外出生）。

总体平均年收入是18，845美元。不过，移民群体的收入要低于平均水平。总体失业率是14.3%，非公民46.7%，但在移民群体中这个比率有着很大的差异（有的高达90%）。在移民中，56%完成了基础教育；28%达到高中程度；15.5%达到大学程度。

国家政策不鼓励移民。从传统上讲，一旦移民抵达，所有的适应和变化由移民和他们的后代自身解决，而不是通过芬兰人。尽管官方政策的目标是整合和多元文化主义，但实际执行的政策却是寻求同化而不是整合。例如，执行针对移民的分散政策，这样3000名越南裔就被分配到了100多个城镇。

芬兰人对难民和其他移民的态度在1987年和1993年间发生了很大的变化，转向否定。移民的增加以及居高不下的失业率可能影响到这些态度，因为人们感受到移民带来的社会经济威胁。芬兰人对来自俄罗斯、波兰、土耳其、越南、智利、萨摩亚和前南斯拉夫的移民反映不好，对来自挪威、英国、北美和瑞典的移民反映良好。

挪　威

挪威的移民比例较低，在450总万人口中，6.7%在境外出生。在本课题数据收集的城市，这个比例要更高一些，从特隆赫姆的6.4%到奥斯陆的21.2%。在表2.1中，挪威的两个多样性指标都处于低位。

境外出生人口的主要来源地（在总人口中所占比例）包括：巴基斯

坦，0.47%；瑞典，0.44%；丹麦，0.42%；越南，0.33%；波斯尼亚，0.27%；英国，0.24%；土耳其，0.21%；前南斯拉夫，0.21%；伊朗，0.20%；和斯里兰卡，0.19%。此外，还有0.5%的萨米人。总体而言，1/3的境外出生移民居住在奥斯陆。移民主要通过家庭团聚、难民和避难寻求者。净移民率是每千人1.62个移民。总人口增长率是0.4%。总生育率是1.77，对于大多数移民群体来说也差不多是这个比率。但是，有些族裔文化群体的生育率相对较高（例如，巴基斯坦，3.7%）。平均失业率是2.1%，但对境外出生人口而言是9.2%。总的来说，29%的人口拥有大学学历。西方移民拥有较高的学历，而非西方移民则较低。实行综合教育体系，免费教育年龄为6～15岁，此后进入职业培训或大学预科。移民可获得母语和挪威语的培训。在挪威居住3年后，移民可参加地方选举。全国选举只针对挪威籍移民。

1960年，除了那些有犯罪记录的人和吉普赛人，任何在挪威寻求避难的人都是受欢迎的。20世纪60年代，来自土耳其和巴基斯坦的工人受邀进入。1975年停止移民政策。此后，只有受邀的难民、避难寻求者和家庭团聚者才可进入挪威。分散受到鼓励，各个城镇获得安置移民额外工作、设施和费用的补偿（例如住房、教育、幼儿园、医疗和社会福利）。但是，来自西方国家73%的移民和来自第三世界国家83%的移民居住在该国的六大主要城市。

尽管无须放弃文化传统，但是文化的保持并不受到鼓励，除了儿童可获得母语指导。正式而言，政府采纳的是整合政策，其核心是平等机会原则，但是，挪威人赞成同化。他们普遍对移民抱有良好的态度，接受移民保持他们自己的文化，只要不干涉到社会的公共生活。

葡萄牙

葡萄牙的移民比例较低，在1000万人口中，2.3%在境外出生，其中，27%来自欧盟。尽管葡萄牙的实际多样性指数最低，但在多样性政策分级上却是中级。

非欧盟国家移民的来源地有安哥拉、巴西、莫桑比克、佛得角、几内亚比绍、圣多美，他们都说葡萄牙语。约一半的移民居住在里斯本地区。

净移民率是每千人-1.51个移民（负数!）。因此，葡萄牙仍然是一个净移民流出国家而不是移民流入国家。返乡者在葡萄牙移民中占据了重要的部分：在20世纪80年代至90年代中期，每年有2万人回到葡萄牙居住。更早一些（1975—1976年），来自前非洲殖民地的返乡者有70万。在葡萄牙有大量的非法移民，他们中许多人获得了合法身份。目前，移民正在增加。葡萄牙的总体生育率是1.34。

尽管在20世纪80年代和90年代定居国外的人数大幅下降，但仍然在持续。1997年，居住在境外的葡萄牙裔达到460万。他们中间，35%居住在南美，22%在北美，30%在欧洲。

学前教育由各种组织资助。6~15岁属于基础教育，免费。高中3年，然后是大学。

在家庭团聚方面，如果申请者是葡萄牙公民，团聚的成员即刻获得国籍。在葡萄牙生活至少6年的移民在无须放弃原国籍的情况下可申请入籍。在挑选移民时，来自前殖民国家、葡萄牙语国家的移民有优先权。

从传统上讲，葡萄牙对于文化多样性是宽容的，但近年来反对情绪在上升。不过，宽容和良好的态度仍然是主导。其中部分原因在于葡萄牙有着与其他文化交往的悠久历史。葡萄牙裔与当地人通婚的现象在葡萄牙殖民地要比在其他欧洲国家的殖民地普遍得多。

瑞　典

瑞典的移民比例中等，但处于相对较高的位置。在其900万人口中，约12%是第一代移民，另外的7%是第二代移民。瑞典的实际多样性指数也是中等，再次临界较高的位置。在本课题数据收集地斯德哥尔摩，其170万人口中，18%是第一代移民，10%是第二代移民。瑞典历来是个多民族的国家，除了大量的芬兰语人口，还有在古老的汉萨同盟城市（the older Hanseatic cities）定居的德国人。移民有四个主要时期：1940—1947年，来自邻国的难民；1948—1972年，来自芬兰和南欧的劳工移民；1973—1989年，来自非欧洲国家的难民；1990年至今，来自前南斯拉夫和中东的难民。

主要移民群体有芬兰人、南斯拉夫人、丹麦人、挪威人、希腊人、土耳其裔、来自南美的难民（主要是智利人）、土耳其裔、黎巴嫩人（亚述人）、伊朗人、伊拉克人（主要是库尔德人）、克罗地亚人和波斯尼亚人。有三个族裔语言少数民族：2.5万萨米人，3万芬兰人和1万罗姆人（Roma）。

净移民率是每千人1.68个移民，主要由家庭团聚者和难民组成。总人口增长率是0.29%，生育率是1.83。但是，出生率在具体群体中（埃塞俄比亚人、厄利特里亚人和索马里人）是高的。到达入学年龄的移民子女的数量在不远的将来将大幅增加。

总失业率是6.3%，还有约5%正在参加培训项目。实行9年制义务教育，综合教育始于7岁（或6岁），然后是2~3年职业或学术训练，再然后是大学。公立学校免费。近来，设立部分由国家资助的教会或免费学校的可能性在扩大。瑞典语作为第二语言的课程是强制性的，母语课程可根据需要获得。

住房市场的隔离现象日趋严重（主要在移民和主体人口之间，移民群体之间较少）。其后果是，有些学校也被隔离。

福利政策适用于永久居住在瑞典的移民。社会、医疗和教育门槛较高，可通过申请获得。

自 1973 年，移民只批准难民和家庭团聚计划下的家庭成员。1989 年难民准入标准被调高，1995 年限制进一步加大。

在多样性政策指数上，瑞典位居中等。在瑞典，移民政策和移民的整合政策是有区别的。整合政策可概括为三个方面：“平等”（equality）、“选择的自由”（freedom of choice）和“伙伴关系”（partnership）。“平等”指瑞典所有永久居民，无论国籍，可获得社会福利；“选择的自由”指放弃同化和接受文化多样性，学校和托儿所的母语指导是最为重要的手段；“伙伴关系”指互惠的需要和为共同目标而努力。

调查显示，公众并不支持“恐外”的攻击以及犯罪行为。大部分民众极为关注难民造成的影响和后果。种族主义和“恐外症”总体上没有出现恶化，但民众对移民的看法转向对移民政策的不满。公共辩论转向排外和偏狭。传统的民主党派正在改变他们在移民政策上的观点，转向限制和制约。

移民群体

我们采用的是跨文化心理学的观点，即我们只有理解个体的文化背景，才能去理解他们的行为。对于涵化研究，这就需要关注交往中的两个文化群体。在前面部分，我们简要描述了 13 个定居社会，旨在建立移民青少年定居背景的相关特征。在这个部分，我们将描述主要移民群体的核心要素。我们特别关注了在抽样中出现最频繁的两个移民群体：越南裔（7 个国家）和土耳其裔（6 个国家）。其他四个群体在一个以上国家进行抽样：南亚人（4 个国家）、华裔（2 个国家）、葡萄牙裔（2 个国家）和俄罗斯裔（2 个国家）。之后，我们将简要概括其他移民群体的突出信息。

越南裔

除例外情况，如作为学生进入澳大利亚、加拿大和法国的越南裔，在调查的 7 个国家中，第一代越南裔主要都是难民（所谓的“船民”），他们在

1975 年西贡陷落后逃离越南。表 2.3 突出了到这 7 个国家的越南移民的特征。

作为难民，越南裔受到国际法的保护，在大多数情况下与国民享有相同的社会特权和民事权利，除了在议会选举中不能投票。越南难民的主体是越南裔人，但有些越南裔还带有华裔背景。遗憾的是，我们无法在研究中对二者加以区分。

从表 2.3“最初抵达”一栏中我们可以推断，法国与越南裔有着特殊的关系。越南裔移民法国源于 19 世纪末法国对印度支那（柬埔寨、老挝和越南，人口最多的三个国家）的殖民统治。在法国统治时期，学生来到法国学习和工作。1954 年，法国在奠边府被越共打败之后，那些忠于法国政权的公务员以及通婚的家庭到法国寻求避难。1975 年共产党占领了南越地区，又一波难民逃离越南。由于历史原因，法国是受欢迎的目的地。

越南移民总体上重视教育，儿童的学习受到家长的鼓励。而且，越南移民的平均教育水平要高于参与 ICSEY 课题的其他移民群体。与其他族裔群体相比，越南儿童往往有更高的学术成就。

在大多数国家，越南移民的组织性和制度性并不是很好。这可能有众多的原因：不同观念群体间的分散与敌意（例如芬兰），或由于长年的战争和难民的困境（美国）引发的对制度的怀疑。对于大多数难民来讲，家庭是最重要的社会单位。家庭在保持个人认同和移民的稳定感中起到重要的作用。

表 2.3　越南裔移民：抵达时期、族裔组成和总人数

定居国家	最初抵达（移民身份）	后来抵达（移民身份）	族裔组成	总人数
澳大利亚	>1975 年前（学生）	1976 年（难民）	主体越南裔	154，830
		20 世纪 80 年代（移民）	华裔越南裔	
加拿大	>1975 年前（学生）	1975 年（难民）	华裔越南裔	113，000
		20 世纪 80 年代（移民）		
芬兰	1979 年（难民）		华裔越南裔	3，000
法国	>1954 年前（学生）	1975 年（难民）	未知	75，000
挪威	1975 年（难民）	20 世纪 80 年代（移民）	华裔越南裔	18，000
瑞典	1979 年（难民）	20 世纪 80—90 年代	华裔越南裔	12，000
美国	1975 年（难民）	20 世纪 90 年代（移民）	主体越南裔	1,122,528

越南裔的文化根植于儒教和佛教，是很强的集体主义者；家庭结构是典型的家长制，即儿童在家里要听从家长，履行对他们的义务（Matsuoka，1990；Nguyen & Williams，1989）。研究显示，越南父母在家里主张保持文化传统，但鼓励子女去适应整个社会，在学校要更为独立（Nguyen，Messe，& Stollak，1999；Zhou & Bankston，1998）。子女婚前要留在家中，听从长辈有关约会、结婚和职业选择的建议。个人自主权要服从于家庭的需要（Zhou & Bankston，1994）。

土耳其裔

1998 年，大约 5% 的全世界土耳其裔口生活在境外。但是，境外人口在居住国的分布上主要偏向欧洲，尤其是德国。在境外的近 400 万土耳其裔中，约 300 万生活在欧洲，使他们成为在欧洲最大的外国人口（Economic Intelligence Unit，2001）。此外，他们中的绝大多数（近 200 万）居住在德国。土耳其裔在欧洲的无处不在，尤其在德国，是土耳其与不同欧洲国家达成劳工协议的结果。土耳其从 1961 年开始与德国谈判移民招募协议，随后与荷兰、比利时、奥地利和法国，最后是 1967 年与瑞典（Crul & Vermeulen，2003；Koray，1997）。

土耳其裔移民填补了对许多欧洲国家国民缺少吸引力的空缺职位。不过，大多数土耳其裔是作为“客籍工人”被暂时雇佣。唯一的例外是在瑞典，该国的工会将他们进行了整合，接受他们为与瑞典人享受同样福利的工人。换言之，瑞典的土耳其裔没有被视为客籍工人，当他们的合同到期时不会面临被驱逐的命运。土耳其裔移民芬兰有两种独特的方式：（1）他们中大部分是难民；（2）在性别上向男性大大倾斜，大约 1 个女性相当于 3 个男性，这导致芬兰妇女与土耳其男性很高的通婚现象。因此，芬兰土耳其裔的 ICSEY 样本主要由混合婚姻的儿童组成。

土耳其裔在本课题参与国家中的移民背景概况见表 2. 4。

表 2. 4　土耳其裔移民：抵达阶段、族裔构成和总人数

定居国家	最初抵达	其后抵达	族裔组成	总人数
德国	>1955 年	20 世纪 80 年代（难民）	80% 土耳其裔	2,500,000
	>1961 年（劳工）		20% 库尔德裔	
芬兰	>1990 年（难民）	未知		2，287
法国	>1966 年	20 世纪 80 年代（难民）	60% 土耳其裔	380，000
	20 世纪 70 年代早期（劳工移民）		40% 库尔德裔	

续表

定居国家	最初抵达	其后抵达	族裔组成	总人数
荷兰	>1964 年	20 世纪 70 年代	主体土耳其裔	331，000
	（劳工移民）	（家庭团聚）	少数库尔德裔	
挪威	>1968 年	20 世纪 80 年代（难民）	主体土耳其裔	14，671
	（劳工移民）	家庭团聚	少数库尔德难民	
瑞典	20 世纪 60 年代	20 世纪 70 年代（难民）	33% 土耳其裔	60，000
			33% 库尔德裔	
			33% 亚述裔	

移民到欧洲的土耳其裔中约 70% 是土耳其人，20% 是库尔德人。其他由不同的较小族群组成，例如阿尔巴尼亚人、格鲁吉亚人和亚美尼亚人。在本课题资料中，术语“土耳其裔”仅指土耳其裔人。约 2/3 土耳其移民来自土耳其中部地区的农村以及黑海沿岸地区，尽管在定居国外时他们中的大部分已居住在大城市。总体而言，移居到欧洲的土耳其裔的社会经济地位较低，教育程度不高（Crul & Vermeulen，2003）。

研究显示，土耳其移民青少年的教育程度低，尽管第二代青少年要好于第一代（Crul & Doomernik，2003；Phalet & Swyngedouw，2003；Westin，2003；Worbs，2003）。由于教育抱负低，他们的失业率高于该国同龄人也就不足为奇了。而且，他们从事非技术工作的比例也是相当之高（Worbs，2003）。他们与土耳其文化保持着很强的联系，遵守传统的家庭观念，与国民的社会交往有限，倾向于选择来自土耳其的配偶，代际之间土耳其语流失很少（参看 Crul & Doomernik，2003）。

南亚裔

南亚人是当代移民潮的重要组成部分。包括在这个地区分类中的国家有印度、巴基斯坦、斯里兰卡和孟加拉，他们主要作为移民定居国外，但在有些情况下作为难民。在本课题中，来自印度和巴基斯坦的移民在三个国家（加拿大、挪威和英国）进行抽样。此外，在这三个国家，还有从东非和西印度群岛到荷兰的二次移民。

在加拿大，印度移民最初定居西海岸，从事林业和农业，但现在主要居住在城市。印度人是第二人新兴移民群体（排在中国人之后），在加拿大，近 40 万移民来自印度。他们通常受过很好的教育，经济状况良好。在样本中近一半印度人是锡克人，1/4 是印地人。

在英国，印度移民同样也来自印度和东非。他们主要来自旁遮普和古吉拉特地区，锡克人与印地人人数基本相当，数量接近 100 万（占人口的 1.6%）。他们通常拥有高学历，处于向上流动态势，许多是经理和专业人士。

在挪威，南亚人的样本是巴基斯坦人。他们最初在 20 世纪 70 年代作为客籍工人进入，现在数量在 2 万左右（人口的 0.46%）。与移民到加拿大和英国的南亚人相比，挪威的南亚人教育程度不高，属于低收入群体。许多人从事服务业或小本生意。不过，他们的子女在学校表现良好。大多数是穆斯林，其中主要是逊尼派。

印度移民 30 年前在苏里南独立后移民荷兰。他们最早（约 1900 年）从北印度来到当时还在英国统治之下的苏里南从事种植园工作。他们到荷兰时说的是荷兰语，拥有荷兰国籍，但不在一个集中的地区居住。主体是印地人。

在葡萄牙，印度移民在 1974 年后快速增长。目前有 3.5 万印度人，约 80% 居住在里斯本地区。有四个不同的社区（印地人、穆斯林、伊斯梅利亚人、果阿的罗马天主教徒）。他们不仅在宗教上不同，而且教育上也存在差异：与其他群体相比，果阿人拥有较高的学历和职业地位。

华　裔

来自东亚和东南亚各地的华裔在过去的一个世纪中是主要的移民潮。在澳大利亚，大多数早期的移民作为劳工进入，然后才从事小本生意。近来，华裔的身份是国际学生、资历相对较好的雇员和专业人士。他们来自中国内地、中国香港、马来西亚、新加坡和中国台湾，在教育程度和职业分布上有所差异：来自中国大陆的通常从事较低的职业，来自中国香港和新加坡的通常在专业领域工作。在澳大利亚的大多数华裔是基督徒。

华裔移民新西兰始于 19 世纪 60 年代，一小部分人在南部的金矿工作，他们是到达新西兰的第一批非欧裔移民。1871 年，4，364 名华裔居住在新西兰；今天，华裔的数量超过 10 万，占总人口的 3% 左右。在过去的 20 年，新的移民潮将华裔的数量扩大了 5 倍，目前在新西兰的华裔几乎 3/4 在境外出生。新移民的绝对主体来自中国内地，来自中国香港、马来西亚、新加坡、越南和柬埔寨的分别只占到中北亚移民的不到 1%，来自中国台湾的华裔占到这个群体的 3.4%。总的来说，华裔的教育程度良好。

法国和德国的葡萄牙裔

从葡萄牙移民到法国是一个传统，在葡萄牙加入欧盟之前就已开始。

57 万葡萄牙移民居住在主要城市，大都是工人阶级，收入低下；但是，他们的失业率很低。在青少年中，教育程度低，很少有从中学毕业的。不过，在年轻人中出现了向上社会流动的迹象。

在德国，葡萄牙裔在 20 世纪 60 年代作为客籍工人进入，在葡萄牙 1986 年加入欧盟后移民数量增加。现在葡萄牙移民达到 13 万，其中 2.5 万出生在德国。与法国的葡萄牙裔一样，他们主要都是蓝领工人，但向服务业进军的势头正在增长。他们在教育上的成就相对较低，这种情况在青少年中继续。

芬兰和以色列的俄罗斯裔

在我们研究的社会中有两个接收俄罗斯移民，但情况大不相同。在芬兰，大多数俄罗斯移民是在苏联解体后作为返乡者或邻近芬兰地区的遣返者抵达的。他们目前的数量在 2.8 万人左右，第一代移民通常只会俄语。尽管他们有芬兰人的祖先，将他们自己视为芬兰人，但他们通常被认为是俄罗斯裔。就业是这个群体普通存在的问题。

在以色列，由于苏联在 20 世纪 80 年代出现政策转变，大批俄罗斯裔蜂涌而至。到 1990 年，超过 70 万的俄罗斯犹太人进入，他们现在的人数超过了 100 万（人口的 15%）。他们居住在全国各地，但在一些社区占到了居民人口的 90%。他们通常受过良好的教育，职业地位高。最近几年，俄罗斯裔成为以色列政治生活中的一支重要力量。

其他移民群体

葡萄牙的安哥拉裔

安哥拉人在葡萄牙是第三大移民群体（排在巴西人和佛得角人之后），有 1.7 万人，大多数人居住在里斯本地区，从事蓝领工作。安哥拉青少年比他们的葡萄牙同龄人在学校的表现要差。

荷兰的安迪列斯裔

约 12.5 万安迪列斯人居住在荷兰，占到全部安迪列斯人口的 1/3；其他 2/3 主要居住在加勒比。大部分移民来自库拉索和博内尔，是西非奴隶的后代，几乎所有人都拥有荷兰国籍。在定居方面，他们是不稳定的群体，不断有第一代安迪列斯人进入。因为经济衰退，最近几年进入荷兰的安迪列斯人的数量大幅增加。荷兰政府倾向于将这些新近抵达的、教育程度低的年轻安迪列斯人视为非荷兰人。其结果是，安迪列斯人感到受到不公正对待，愿意保留很强的族裔认同。在这个群体中，约 50% 有孩子的家庭都是单亲、以女性为主导的家庭。

美国的亚美尼亚裔

在20世纪初期，有少量亚美尼亚人进入美国，主要定居在纽约和加利福尼亚。大批进入出现在70年代和80年代，由于政治原因以及90年代苏联的解体。目前有38.5万亚美尼亚人生活在美国，其中20万人生活在加利福尼亚。他们建立了有凝聚力的社区组织。总体而言，他们的教育程度高，在经济上是成功的。但是，在老移民和教育程度低的新移民之间存在着差异。亚美尼亚文化是家长制家庭结构，强调紧密的家庭关系和对家庭的义务，期望年轻人在族内寻找伴侣。

返回德国的德裔

与芬兰和以色列的情况一样，生活在前苏联的德裔移民拥有返乡权。有些人自中世纪起就已居住在那里，但大多数人是在18世纪以后。从20世纪初期开始，德裔移民受邀返乡，已有超过400万人陆续回国。在1990年以前，他们都说德语，在德国获得安居。但是，以后的返乡者，尽管他们认为自己是德国人，但却不会说德语，因此被认为是俄罗斯裔。这部分群体存在着很多问题，例如失业率高、教育程度低。

瑞典和挪威的智利裔（和其他拉美裔）

在1973年的军事政变之后，许多智利人逃到瑞典和挪威。不久，来自其他拉美国家的移民抵达瑞典，建立异质的、西班牙语社区。尽管他们总体上教育程度高，许多人还是找不到与他们学历相当的工作。目前在瑞典约有2万拉美移民，挪威有8000人，他们中半数来自智利。入籍和与瑞典人通婚的比例高。第一批移民教育程度高，此后经济状况不一。

以色列的埃塞俄比亚裔

在过去的20年，几乎所有的埃塞俄比亚犹太人都来到了以色列。他们形成了两波移民潮："摩西行动"（1984—1985年）和"所罗门行动"（1991年5月）。相对于以色列的总人口，埃塞俄比亚的新来者和他们的子女只构成一个很小的移民群体（不到7.5万人，在20世纪90年代占到全部移民人数的5%）。除了他们鲜明的语言和文化，这个群体与其他移民和以色列人口的区别在于他们的非洲黑人祖先。尽管他们遵守以色列信仰，但埃塞俄比亚犹太人作为"真正"犹太人的真实性受到以色列当局的质疑，他们中的大多数不得不在抵达之后接受某种仪式性的皈依。移民的戏剧性和鲜明特点使他们成为以色列当局加强援助的对象。

但是，就业率、考试通过率和进入大学的比率与总体人口相比，以色列的埃塞俄比亚人还是处于相当低的水平。

澳大利亚的菲律宾裔

菲律宾人最早进入澳大利亚是在19世纪70年代，从事渔业和采珠业。近来（自20世纪60年代），他们的身份是学生和专业人士，以及根据家庭团聚计划陆续抵达的家庭成员。他们的经济地位低于移民人口平均水平，尽管教育程度相对较高。大多数菲律宾人信奉罗马天主教。

加拿大的韩国裔

第一批韩国裔人抵达是在20世纪初期，从60年代开始移民人数大幅增加。现在将近有5万韩国裔人生活在加拿大。他们中有的是专业人士，有的从事自由职业或小本生意。他们子女的学习成绩突出，专业人士的数量在不断增加。加拿大的韩国裔主要是基督徒，在教堂活动中表现积极。

法国的马格里布裔

这个分类包括大量来自阿尔及利亚、摩洛哥和突尼斯的移民，这些国家以前都在法国的殖民统治之下。移民以劳工身份进入主要工业城市，如今这些地区的失业率和歧视现象相当严重。就业的主要是蓝领工人。在青少年中，男孩与法国青少年的学习成绩相当，但女孩不如她们的同龄人。主要是穆斯林，尽管第二代较少信奉宗教。

美国的墨西哥裔

美国的墨西哥裔人大都是1848年美国吞并的墨西哥部分领土居民的后代。因此，不断有墨西哥移民流入，主要寻找工作，尤其在农业领域。现在有大规模的新移民社区，以及由移民第二代和后代组成的社区。拉丁裔目前占到加利福尼亚总人口的近32%；3/4是墨西哥裔人。在洛杉矶的公立学校，墨西哥人的子女是主要群体。在整个南加州地区，墨西哥影响无处不在，例如饮食、语言和音乐。墨西哥文化强调家庭独立性，以及与延伸家庭的紧密纽带。罗马天主教教堂在大多数墨西哥裔美国人日常生活中起到重要作用。

葡萄牙的莫桑比克裔

近5000莫桑比克人居住在葡萄牙，大多数在里斯本地区。他们主要从事蓝领工作，以及小企业的雇员。莫桑比克青少年要比来自非洲的其他移民群体表现更好。

新西兰的太平洋岛国裔

主要来自萨摩亚、斐济和库克群岛的太平洋岛国人在新西兰文化组成上占据了重要的地位。他们在20世纪90年代大批涌入，此后源源不断。目前，新西兰有超过20万的太平洋岛国人（人口的5.6%），与土著毛利人的联系使他们在移民时获得特别待遇，例如，萨摩亚人每年有1100个移民配额。他们主要集中在大城市，建立了教堂和社区中心。他们的教育程度和职业地位要低于全国平均水平。

葡萄牙的帝汶裔

在 1975 年印度尼西亚入侵东帝汶之前，没有帝汶人移民葡萄牙，尽管帝汶是葡萄牙的殖民地。由于东帝汶的内战和政治冲突，约 6500 名帝汶人在 1976 至 1995 年进入葡萄牙，之后他们中有 4500 人移民澳大利亚。尽管帝汶人不断进入葡萄牙，在葡萄牙定居的总人数（在 1500 ~ 2000 之间）由于这种中继模式还是相对稳定的。在葡萄牙的大部分帝汶人居住在里斯本和塞图巴尔。这是一个非常年轻和有活力的群体，帝汶学生比其他族裔群体拥有更高的学历（Viegas，1997）。

第三章　方法设计：13 国青少年研究

莱顿大学：保罗·维德
蒂尔堡大学：冯·范德维吉弗

本章首先介绍“族裔文化青少年的国际比较研究”（ICSEY）的研究方法，包括对样本、抽样程序、评估所用的变量与工具以及资料收集和分析方法的描述；然后介绍调查结果呈现的方式，侧重分析变量与变量群之间的相互关系，而不是国家或群体之间的比较；最后，介绍“标准化处理”（standard treatment），即我们遵循的统计程序，以确保工具测量到的是样本中所有国家和族裔群体的相同结构。

研究对象

本研究的参与者（即研究对象）是从 13 个国家抽取的 13～18 岁的青少年和他们的父母。在所有国家，对移民和非移民（国民）都进行了抽样，共有 13 个定居社会和 26 个移民群体。对分布在一个以上国家的若干移民群体也进行了抽样。鉴于有些族裔文化群体在人口比例上相对较低，抽样在这些群体人数集中的城市和城市群中进行。国民群体的样本多数与移民青少年来自相同的城市和社区。移民青少年样本来自学校时，同校的定居国青少年也受邀加入。在任何一个国家，我们都没有进行随机抽样。

青少年样本的获取或是采取个别方式，或是通过学校和社团。在加拿大和荷兰，由于有些群体在目标学校集中度低，我们只能通过社团和教堂首先接触家庭。在美国、挪威、瑞典和以色列四个国家，我们采用物质手段来吸引参与者。依据每个国家的不同规定，在进行问卷调查时，需要申请和获得有关部门和父母的许可以及青少年本人的同意。

青少年

参与这项课题的一共有7，997名青少年，人口的具体信息见表3.1。其中，在多国调查的群体包括：7个国家的越南裔移民、6个国家的土耳其裔移民、4个国家的南亚裔移民（主要是印度人）、2个国家的华裔移民、2个国家的俄罗斯裔移民。仅仅在一个国家调查的其他移民群体是：阿尔及利亚人、安哥拉人、安迪列斯人、亚美尼亚人、德裔移民、佛得角人、智利人、埃塞俄比亚人、菲律宾人、芬兰人、韩国裔人、库尔德人、墨西哥人、摩洛哥人、莫桑比克人、太平洋岛国人、葡萄牙裔、西班牙人和蒂汶人。这些群体的具体信息见第二章。

下面，我们将运用统计学中的 *t* 检验（*t tests*）和科恩的 *d* 效果规模值（Cohen's *d*）来描述统计结果。不太熟悉统计学的读者可只参看统计结果。

移民青少年的平均年龄是15.35岁（$SD = 1.56$），定居国青少年15.32岁（$SD = 1.53$），两者差异不大。国家方面的比较显示，加拿大、德国和以色列样本的平均年龄要大大高于总体平均年龄（所有 $ps < 0.05$），美国、葡萄牙和荷兰样本的平均年龄则大大低于总体平均年龄。除了两个例外，效果规模值（effect sizes）都小。我们发现两个中效果规模值，被抽样的德国和以色列青少年超过平均年龄（*ds* 分别为0.73和0.65）。美国和葡萄牙裔样本是接近负中效果规模值，分别是 −0.49 和 −0.46，表明低于平均年龄。

在有些国家中，移民样本和当地居民样本的年龄差别很大。在加拿大、芬兰、葡萄牙和新西兰，移民的年龄大于国民（所有 $ps < 0.05$），效果规模值分别是0.26、0.22、0.25和0.51。而在德国和瑞典，移民则比国民年轻得多（所有 $ps < 0.05$），效果规模值分别是 −0.19 和 −0.47。

在性别比例上样本也显示了差异。总体而言，参与本课题的女孩（52.1%）稍多于男孩。在以色列，参与的女孩较少，而美国超过60%的参与者是女孩。在葡萄牙和新西兰，国民群体的女孩比移民群体的参与数量要少。在国民或移民群体中，性别与青少年的年龄、上学年数或父母的教育水平无关。法国属于例外。在国民群体中，法国女孩比男孩大半岁左右（分别是15.77和15.35，*SD* 分别是1.49和1.52），她们的上学年数更长（分别是9.66年和9.26年，*SD* 分别是1.44和1.40）。

表3.1显示，多数移民青少年为第二代。我们将第二代定义为在定居国出生或在7岁之前移入。芬兰和以色列的第二代移民比例相对较低，这

些数字与其说是抽样结果（sampling artifact），不说如更反映了这些国家的移民政策。芬兰新近才成为移民国家；以色列对来自埃塞俄比亚和前苏联（大部分来自俄罗斯）的犹太人采取积极的移民政策，而这两个群体正是我们的研究对象。

在移民中，无论来自什么国家或群体，第一代青少年要比第二代年长。第一代青少年的平均年龄是 15.78 岁（$SD=1.40$），第二代青少年为 15.08 岁（$SD=1.55$），$t(3, 322)=15.04$，$p<0.001$，$d=0.47$。第一代青少年的平均上学年数是 9.70 年（$SD=1.58$），第二代青少年则为 9.32 年（$SD=1.59$）。这个差异是显著的，尽管效果规模值小，$t(3, 957)=7.34$，$p<0.001$，$d=0.24$。

正如预期的那样，平均上学年数在所有国家中是可比较的，这表明，教育系统与入学模式在所有国家和群体之间是可比较的。但是，我们也发现了一些显著的差异：相对于总体平均上学年数 9.41 年（$SD=1.70$），澳大利亚总体上超过平均年数，效果规模值却小（$d=0.32$）；加拿大（$d=0.59$）、德国（$d=0.59$）、以色列（$d=0.69$）和荷兰（$d=0.70$）则高于平均年数；挪威（$d=-0.32$）、瑞典（$d=-0.23$）、芬兰（$d=-0.54$）和葡萄牙（$d=-0.69$）则大大低于平均年数。挪威、瑞典和芬兰偏离总体模式的原因在于，这些国家的儿童可以比其他参与国家晚一年上小学。在有些国家，上学年数在移民和当地居民样本中差异显著，但效果规模值都小。

青少年样本还报告了其父母的职业地位。职业地位按父母中任何一方的最高分数界定：1（非技术型）、2（技术型）、3（白领）、4（专业人士）。总的来说，定居国青少年的父母比移民青少年父母的职业地位高出不少，$t(4, 618)=22.08$，$p<0.001$，属于中效果规模值（0.59）。各国情况都是如此。差异显著的包括挪威、荷兰、德国、瑞典、美国、澳大利亚、芬兰、以色列、葡萄牙和法国，其中前 5 个国家属于大效果规模值，法国、澳大利亚、芬兰和以色列属于中效果规模值；最小的是葡萄牙。第一代移民青少年父母的职业地位高于第二代：在第二代中，17.1% 的父母是专业人士，在第一代中，这个比例是 24.2%，$x^2(3, N=3, 592)=14.86$，$p<0.01$。

表 3.1 和表 3.2 是有关父母职业地位的信息，表 3.1 基于青少年的报告，表 3.2 基于父母的报告。两个分数之间的“皮尔逊积差相关”（Pearson product moment correlation）为 0.82（$p<0.01$），平均值大体相等，配对后的 $t(2, 045)=-0.57$，ns，表明在“相关”（correlation）和“水平”（level）方面，学生对父母职业地位的报告是有效的。我们在分析中采用的

是青少年对父母职业地位的报告，因为这在许多情况下是容易获得的。

总之，除了例外情况，我们可以得出这样的结论，多数相关的背景变量在族裔群体和国家中差异不大。例外情况有两种：（1）样本特点（sample particulars），例如德国和以色列青少年的平均年龄较高，美国女孩的比例高于平均水平，国家间与群体间的世代差异（第一代或第二代移民）。这些变量都可能对我们分析中的变量产生干扰作用，有时候我们就将它们作为分析中的协变量（covariate）。（2）样本差异（sample differences），它反映了族裔群体或国家差异的有效性，例如定居国青少年父母的职业地位高于移民青少年父母。我们在分析中也会考虑到这些差异。

表 3.1 不同国别移民青年和当地青年的样本特征

	样本数	年龄(岁)	女性比例	第二代比例	在该国居住时间比例	受教育年限	家长的职业地位
样本总数							
移民	5,366	15.35(1.56)	53.4	65.3	0.77(0.33)	9.43(1.73)	1.87(1.20)
当地居民	2,631	15.32(1.53)	49.4	–	0.99(0.07)	9.41(1.61)	2.71(1.10)
澳大利亚							
移民	456	15.22(1.60)	60.7	69.3	0.78(0.30)	10.02(1.60)	2.45(1.08)
当地居民	155	15.06(1.45)	59.4	–	0.99(0.06)	9.79(1.48)	3.19(1.74)
加拿大							
移民	257	15.87(1.58)	55.6	49.7	0.71(0.34)	10.61(1.56)	2.89(.99)
当地居民	139	15.49(1.31)	55.4	–	1.00	10.03(1.26)	2.99(0.98)
芬兰							
移民	442	15.30(1.58)	50.1	23.5	0.43(0.35)	8.41(1.55)	1.78(1.00)
当地居民	346	14.97(1.36)	43.4	–	1.00	8.60(1.34)	2.45(0.95)
法国							
移民	517	15.61(1.45)	57.5	94.5	0.95(0.16)	9.54(1.43)	1.73(1.17)
当地居民	151	15.52(1.72)	58.0	–	1.00	9.33(1.46)	2.56(1.11)
德国							
移民	295	16.36(1.36)	52.7	–	0.76(0.29)	10.14(1.97)	2.22(1.09)
当地居民	249	16.61(1.43)	56.5	–	1.00	10.76(1.97)	3.27(0.79)

续表

	样本数	年龄(岁)	女性比例	第二代比例	在该国居住时间比例	受教育年限	家长的职业地位
以色列							
移民	461	16.31(0.90)	41.0	13.2	0.40(0.28)	10.86(0.74)	2.31(1.27)
当地居民	214	16.41(0.90)	39.7	93.4	0.96(0.13)	10.0(0.00)	3.12(1.04)
荷兰							
移民	354	14.87(1.53)	49.7	88.9	0.93(0.20)	10.58(1.51)	2.34(0.98)
当地居民	101	14.74(1.62)	60.4	–	1.00	10.63(1.51)	3.48(0.73)
新英格兰							
移民	256	15.70(1.28)	54.2	67.6	1.00	–	–
当地居民	243	15.08(1.17)	33.7	–	1.00	–	–
挪威							
移民	484	15.24(1.53)	50.1	68.7	0.83(0.27)	8.87(1.40)	1.79(1.03)
当地居民	207	15.09(1.52)	47.8	–	1.00	8.84(1.41)	3.21(0.83)
葡萄牙							
移民	426	14.79(1.62)	62.6	–	0.45(0.27)	8.05(1.88)	1.13(0.65)
当地居民	355	14.44(1.07)	46.3	–	1.00	8.47(1.38)	1.39(0.69)
瑞典							
移民	829	15.11(1.60)	51.0	81.2	0.88(0.25)	8.87(1.49)	1.83(1.01)
当地居民	214	15.86(1.60)	51.9	–	1.00	9.55(1.61)	2.79(1.03)
英国							
移民	120	15.18(1.70)	45.0	95.8	0.97(0.15)	9.18(1.70)	2.23(1.03)
当地居民	120	15.49(1.57)	50.0	–	1.00	9.48(1.57)	2.35(0.84)
美国							
移民	472	14.60(1.33)	60.7	69.6	0.76(0.27)	9.29(1.28)	2.25(1.03)
当地居民	137	14.54(1.40)	65.0	–	1.00	9.19(1.32)	3.19(0.95)

注：如无说明，本表中数字指的是平均数和标准差。父母的职业地位指的是父母一方的最高学历（1 = 非技术型；2 = 技术型；3 = 白领；4 = 专业人士）

表 3.2 不同国家和群体的父母样本特点（样本至少包含 19 个以上被试）

	样本数	母亲年龄	父亲年龄	母亲在新国家的居住时间	父亲在新国家的居住时间	职业地位
样本总数						
移民	2302	41.61(5.77)	45.37(6.47)	15.02(8.22)	16.69(9.09)	2.37(1.06)
当地居民	863	43.17(4.97)	45.69(5.49)	–	–	3.19(0.92)
澳大利亚						
移民	349	43.75(5.23)	47.00(6.47)	14.77(6.97)	14.77(6.96)	2.54(1.06)
当地居民	124	43.22(4.56)	45.71(4.97)	–	–	3.16(1.05)
加拿大						
移民	189	42.89(4.68)	47.56(5.61)	15.76(8.51)	17.03(9.35)	2.86(1.03)
当地居民	105	–	45.25(4.99)	–	–	2.53(1.00)
芬兰						
移民	235	43.29(7.59)	46.04(8.09)	6.68(5.65)	9.25(6.66)	2.20(0.99)
当地居民	73	44.57(4.25)	46.54(5.31)	–	–	2.98(1.06)
法国						
移民	212	42.81(5.29)	47.41(5.95)	22.16(7.59)	24.59(8.05)	–
当地居民	36	43.28(3.79)	44.97(4.88)	–	–	–
德国						
移民	29	40.31(3.42)	43.69(4.32)	–	–	2.37(0.93)
当地居民	90	41.30(2.42)	44.48(4.02)	–	–	3.35(0.70)
挪威						
移民	124	42.82(5.68)	46.08(6.45)	–	–	1.73(1.02)
当地居民	122	42.20(4.86)	44.64(5.25)	–	–	3.37(0.86)
瑞典						
移民	412	41.19(5.64)	44.32(6.26)	16.88(7.52)	17.85(7.80)	2.04(1.07)
当地居民	133	46.50(5.92)	48.84(6.45)	–	–	2.95(0.90)
英国						
移民	60	36.85(1.89)	42.78(2.45)	22.75(3.85)	23.48(3.70)	2.35(1.03)

续表

	样本数	母亲年龄	父亲年龄	母亲在新国家的居住时间	父亲在新国家的居住时间	职业地位
当地居民	59	38.42(2.57)	42.32(3.28)	–	–	2.46(0.83)
美国						
移民	469	40.78(5.31)	45.03(6.34)	13.83(7.33)	14.29(7.43)	2.26(1.00)
当地居民	131	43.65(5.62)	46.32(6.03)	–	–	3.32(0.84)
荷兰						
移民	337	39.82(5.96)	43.40(6.58)	17.09(6.79)	21.23(6.21)	2.30(1.01)
当地居民	95	43.62(4.16)	46.09(4.64)	–	–	3.50(0.76)

注：这些值为平均数和标准差。

父　母

共有 3165 位父母参与本项目调查，人口的具体情况见表 3.2。在多数参与国家，我们要求青少年样本将参与研究的邀请信带给他们的父母。在澳大利亚、加拿大和荷兰，研究助理直接与一些父母取得联系。在以色列、葡萄牙和新西兰，没有收集到父母的数据。

各国中移民青少年父母的居住时间差异显著。相对于母亲的总体平均居住时间 15.20 年（$SD=8.22$）和父亲的 16.72 年（$SD=9.09$），芬兰大大低于总体水平（大概为 10 年，母亲和父亲分别为 $ds=-1.22$ 和 $ds=-1.04$）；澳大利亚和加拿大与总体水平相当；美国相对较短（母亲和父亲分别为 $ds=-0.16$ 和 $ds=-0.26$）；挪威和荷兰稍高于总体水平（$ds=0.17$ 到 0.49）；法国和英国大大高于总体水平（$ds=0.75$ 至 0.93）。差异的模式显示具体样本与移民率的混合作用（例如，芬兰移民父母短暂的居住时间）。

在移民群体中，父母年龄与居住时间成正比（父亲：0.16，$p<0.001$，$n=1595$；母亲：0.13，$p<0.001$，$n=1795$）。

27.3% 的父母提供了他们的职业地位信息，根据 1（非技术型）、2（技术型）、3（白领）、4（专业人士），采用父母中任何一方的最高分数。

数据是如何收集的

数据由所在国的研究人员或研究助理负责收集，研究人员从研究生或教师中挑选和培训研究助理，他们通常是族裔文化群体的成员。数据收集包括完成一个结构性的调查问卷，在开始之前向参与研究的群体提供规范指导，要求以自愿的方式参加，采用匿名回答。多数调查问卷是采取集体作答形式在教室里完成，个别情况下由青少年单独完成。无论在家中还是在教室，必须保持环境的安静。当整个班级参加的时候，数据有时候就由接受过特别指导的班级老师负责收集。在瑞典、芬兰和新西兰，在区域集中度低的小群体中，采用的是邮件调查。青少年获得有关课题的一些信息，尤其是该课题的国际背景。在多数国家，提供了运用移民本民族语言的调查问卷，尤其对象是父母的时候。不过，青少年和其父母通常愿意使用国民语言。

测　量

调查问卷由本课题合作者共同设计，主要用于评估第一章表 1.1 中的各种变量。问卷先在三个城市（洛杉矶、斯德哥尔摩和卑尔根）通过试测，然后进行措辞上的修改。测量题目有的是专为本课题而设计，有的则直接采用现有量表或对现有量表进行改编。对于多数量表，答案采用从 1（强烈反对）到 5（强烈赞同）的五点量表记分。我们首先制作了英文版本的调查问卷，供英语是主要语言的 ICSEY 国家（加拿大、美国、英国、新西兰和澳大利亚）使用，对于具体移民群体补充以其他语言的翻译。在其他参与国家，英语版本被翻译为成当地（定居国）语言。我们采用回译法（back - translations），确保每个项目的实际意义在不同语言中是可比较的。如果青少年或其父母要使用本民族语言版本，我们采用相同的翻译原则。不过，在多数国家，移民愿意使用国民语言版本。在多数情况下，研究助理有备用的移民本民族语言版本，以防青少年或其父母不能确定某个项目的意思。

我们使用了四个版本的调查问卷：移民青少年、定居国青少年、移民青少年父母和定居国青少年父母。移民青少年版本最为常用，其中测量的变量可分为三个模块：人口变量、文化互动关系和适应。该版本内容详见附录 A。

在本章，我们简要介绍包含在青少年和父母调查问卷中的变量和量表。后面的三章将做进一步的描述，包括每个变量的概念背景。本研究所确立了多数量表的心理测量属性（psychometric properties），具体参见表 3.3。

表 3.3　本研究所用的量表、题目数量、来源和数据信度

量表（问卷部分）	题目数量	题目来源	移民题目的克伦巴赫 α 系数（标准差）	国民题目的克伦巴赫 α 系数（标准差）
涵化态度		族裔文化青少年的国际比较研究；Berry，Kim，Power，Young，& Bujaki（1989）		
整合（E）	5		0.48(0.126)	–
同化（E）	5		0.58(0.109)	–
分离（E）	5		0.64(0.070)	–
边缘化（E）	5		0.55(0.107)	–
文化认同				
民族认同	8	Phinney（1992），Roberts et al.（1999）	0.82(0.095)	–
国家认同	4	Phinney & Devich – Navarro（1997）	0.84(0.053)	0.69(0.304)
涵化行为				
本族裔语言的流利程度	4	Kwak（1991）	0.85(0.068)	–
国民语言	4	Kwak（1991）	0.88(0.056)	–
流利程度（B）				
语言使用（B）	4	Kwak（1991）	0.71(0.163)	–
父母对民族语言的使用和流利程度（B）	4	族裔文化青少年的国际比较研究	0.73(0.135)	–
父母对国民语言的使用和流利程度（B）	4	族裔文化青少年的国际比较研究	0.74(0.090)	–
族裔同龄人交往（F）	4	族裔文化青少年的国际比较研究	0.79(0.056)	0.82(0.054)
定居国同龄人交往（F）	4	族裔文化青少年的国际比较研究	0.78(0.070)	0.70(0.102)

续表

量表（问卷部分）	题目数量	题目来源	移民题目的克伦巴赫α系数（标准差）	国民题目的克伦巴赫α系数（标准差）
家庭关系价值观		Nguyen & Williams（1989），Georgas（1989），Georgas，Berry，Chriskopoulou，& Mylonas（1996）		
家庭职责（学生）（G）	10		0.72(0.069)	0.72(0.056)
青少年权利（学生）（G）	4		0.78(0.112)	0.75(0.111)
家庭职责（家长）	10		0.73(0.085)	0.74(0.067)
儿童权利（家长）	4		0.73(0.090)	0.78(0.066)
感知到的歧视（H）	9	族裔文化青少年的国际比较研究	0.83(0.039)	-
心理适应				
生活满意度（J）	5	Diener，Emmos，Larsen，& Griffin（1995）	0.77(0.056)	0.81(0.049)
自尊（J）	10	Rosenberg（1965）	0.75(0.105)	0.83(0.051)
心理问题（K）	15	Beiser & Flemming（1986），Kinzie et al.（1982），Kovacs（1980/1981），Mollica，Wyshak，deMarneffe，Khuon，& Lavelle（1985），Robinson，Shaver，& Wrightsman（1991）	0.88(0.037)	0.89(0.030)
社会文化适应				
学校适应（C）	7	Anderson（1982），Moos（1989），Sam（1994），Samdal（1998），Wold（1995）	0.65(0.100)	0.68(0.061)
行为问题（L）	10	Olweus（1989，1994），Bendixen & Olweus（1999）	0.80(0.077)	0.82(0.058)

移民青少年调查问卷

人口变量

包括青少年的年龄、性别、宗教信仰、出生国、境外出生者抵达时的年龄及父母的职业地位，最后一个变量用来估计父母的社会经济地位（SES）。当父母的职业地位不同时，则采用地位最高中一方。

样本包括第一代（出生在祖籍国）和第二代（出生在接收国或抵达接收国时不到7岁）的青少年。有些群体中的青少年要么由第一代要么由第二代组成，这样世代和族裔群体的分析就混合在一起。有鉴于此，我们建立了一个新的变量："在新国家的在定居国生活时间比例"（简称"在定居国生活时间比例"）。对于出生在定居国的青少年，这个变量等于1；对于在境外出生的青少年，这个变量等于在定居国居住的时间除以他们的年龄。在定居国生活时间比例对于出生在定居国的青少年没有任何差异，因为年龄是分母。因此我们建立了另一个相关的变量，叫"居住时间"，基于在新国家的居住时间。居住时间表明了涵化的持续时间，它等于出生在新国家的那些人的年龄。

表3.3是所有量表的信息，包括每个量表的项目数量、来源以及移民和国民样本的数据信度（reliability）。完整的调查问卷见附录A。

文化间际关系量表包括涵化态度（整合、同化、分离和边缘化）、文化认同（族裔和东道认同）、语言的流利（族裔语言和国民语言）、语言的使用、族裔或定居国同龄人交往、家庭关系价值观和感知到的歧视。

涵化态度

该量表由20个项目组成，评估四种涵化态度：同化、整合、分离和边缘化，包括五大生活领域：文化传统、语言、婚姻、社会活动和朋友。例如，社会活动领域的项目包括4个问题："我喜欢包含当地居民和我所属的族裔群体的社会活动"（整合）；"我喜欢只包含当地居民的社会活动"（同化）；"我喜欢只包含我所属的族裔群体成员的社会活动"（分离）；"我不愿意参加当地居民或我所属族裔的社会活动"（边缘化）。

族群认同

由评估有关族裔肯定（例如，归属感、作为群体成员的良好感觉）的8个项目组成。该量表源于"多群体的族裔认同测量"（MEIM；Phinney，1992），但做了一些修改。例如："我感觉我是本族群文化的一部分"。

国民认同

过去对移民青少年的研究采用一个由8个题目构成的量表，用来评估对定居国的肯定和对美国的归属（“美国认同”；Phinney & Devich - Navarro，1997）。ICSEY 调查问卷采用了其中的 3 个题目，以及另一个评估国民认同重要性的补充题目。例如：“我为我是 × × 国的一员而感到幸福。”

本族群语言的流利程度

本族群语言流利程度的测量采用自我报告的方式，询问被试对本族群语言的理解、言说、阅读和写作能力。例如：“你（本族群语言）说得如何?” 回答采用 5 分制量表，从 1（一点也不）到 5（非常好）。

国民语言的流利

国民语言的流利同样采用自我报告，但评估的是定居国所使用的语言。

语言的使用

语言的使用源于改编后的库瓦克量表（Kwak，1991），指年轻人在与父母或兄弟姐妹交谈时使用本族群语言或国民语言的频率，回答采用 5 分制，从 1（一点不）到 5（始终）。分数越高，越倾向于使用国民语言；分数越低，越倾向于使用本族群语言。

与本族群同龄人的交往和与定居国同龄人的交往

每个量表各有 4 个题目，评估的是与自己所属族裔群体或定居国群体同龄人互动的频率。例如：“在业余时间你多久与本族群的同龄人在一起?” 回答采用 5 分制，从 1（从不）到 5（经常）。

家庭关系价值观

由两个分量表组成。其中，有 10 个题目评估的是对父母权威（后面称“家庭义务”）的态度，即对等级制家庭结构的遵从程度。例如：“孩子应该服从父母”。有 4 个题目评估的是对儿童自主性和选择自由的接受程度，我们称之为“青少年的权利”。例如，“当一个女孩达到 16 岁时，她有权选择约会的对象。”该量表源于 Georgas、Berry、Shaw、Chrisakopoulou 和 Mylonas 所编制的题目（1996）。

感知到的歧视

这仅在移民青少年中评估。包括 9 个题目：4 个题目评估的是个体对其族裔背景遭到其他学生、校外孩子、老师或其他成人不公平或恶劣对待的感知程度；5 个题目评估的是受到捉弄、威胁以及不被接受的感觉。例如：“由于我的族裔背景我受到捉弄或侮辱”。被试在 1（从不）到 5（经常）之间进行选择。由于该量表由 ICSEY 建构，其心理测量属性有待验证。

正如第一章所述，我们区分了两种适应：心理适应和社会文化适应。

对心理适应的测量采用生活满意度（life satisfaction）、自尊（self – esteem）和心理问题（psychological problems）量表；对社会文化适应的测量采用学校适应（school adjustment）和行为问题（behavior problems）量表。

生活满意度

对总体生活满意度的测量采用的是 5 个题目构成的量表。例如：“我对我的生活感觉满意”。该量表曾在青少年和大学生中进行过测试，显示了良好的心理测量属性，包括良好的重测信度（test – retest reliability）、高度的内在一致性以及与其他主观幸福感量表呈正相关（参见 Diener，Emmons，Larsen，& Griffin，1985）。

自　尊

对自尊的测量，通常采用罗森伯格（Rosenberg，1965）的 10 个题目构成的量表。例如：“总体上我对自己感觉满意。”该量表最初是用来研究单维因子结构（Hensley，1977；Simpson & Boyal，1975）。

心理问题

这包括 15 个题目，旨在测量抑郁、焦虑和身心失调。这些题目有不同来源（例如，Beiser & Flemming，1986；Reynolds & Richmond，1985）。例如：“我感觉疲惫”和“我心里很乱”。

学业适应

这包括 7 个题目，来源于 And erson（1982）、Moos（1989）、Sam（1994）、Samdal（1998），Wold（1995）。例如：“我早上去上学时感到不安。”

行为问题

该 10 项量表改编自奥尔沃斯（D. Olweus）编制的的“反社会行为量表”（Olweus，1989，1994）。例如：“诅咒老师”和“在公车或影院故意毁坏座位”。回答采用 5 点记分，从 1（从不）到 5（过去的一年中发生过多次）。

定居国青少年的调查问卷较为简短，删去了语言的流利、语言的使用、族裔认同和感知到的歧视等内容。涵化态度量表的内容也进行了简化，主要测量定居国青少年的涵化预期。例如：“我认为移民应适应我们国家的文化传统，而不是保留他们自身的文化传统。”

在表 3.3 中，多数量表的信度令人满意，涵化态度分量表存在一定的信度问题。移民的克隆巴赫 α 值是由不同国家和族裔文化群体样本的数据聚合而成，国民（当地居民）的 α 值是由不同国家样本的数据聚合而成。

父母的调查问卷

我们要求父母样本报告他们的出生地、国籍、民族、宗教、职业、就业状况、教育水平和婚姻状况，并完成家庭关系价值观量表。移民父母还要提供抵达定居国年份、移民身份状况和移民之前职业的信息，以及各自的族群语言和国民语言的流利与使用情况。例如："母亲的荷兰语说得怎样?"和"父亲经常会说土耳其语吗?"，简化后的涵化态度量表（12 个题目）只包括三个领域的项目。

关于移民青少年父母，各量表的信度（α 值）是令人满意的，除了父母的涵化态度（见表 3.3），但其心理测量属性仍然令人满意。

定居国青少年父母的调查问卷只包含与该群体相关的人口统计问题和家庭关系价值观量表。"家庭义务"和"青少年的权利"的 α 值令人满意（见表 3.3）。

评估跨文化数据的可比性：标准化处理

跨文化数据分析的第一个必要步骤包含这样一个问题：对所有文化群体来说，测量工具在相同结构（或结构群）方面的可测量度如何？从技术上讲，它被称为"结构对等"（structural equivalence）（Van de Vijver 和 Leung，1997）。我们运用探索性因子分析方法来讨论"结构对等"这个问题。

在 13 个国家和 41 个移民群体（不同国家中的同一群体作为不同群体进行计算）的数据中，如何建立"结构对等"？从原则上说，可以设想两种方法。第一种是把不同群体的因子进行配对比较，由此产生 1，431 对比较，但在如此海量的比较中找到一种模式无疑是种笨办法。因此，我们采用另一种方法，在 ICSEY 成员中它被称为"标准化处理"，即基于同一个样本类别（如所有移民青少年）的数据库，首先计算每个文化群体量表项目的协方差矩阵（例如，定居国群体比较的 13 个协方差分析），然后再除以样本规模，总体协方差矩阵便为我们提供一个全球平均值。这就是我们对平均协方差矩阵的最佳计算法。

3.4 标准化处理结果

量表	M	SD	Prop < 0.90 *
移民青少年			
涵化和文化认同			
同化	0.96	0.11	0.07 [c]
整合	0.91	0.16	0.18 [d]
边缘化	0.96	0.10	0.07 [e]

续表

量表	M	SD	Prop < 0.90 *
分离	0.99	0.02	0.00
族裔认同	0.98	0.06	0.04[b]
国民认同	1.00	0.00	0.00
语言			
国民语言的使用	0.99	0.04	0.02[a]
族裔语言的流利（自我报告）	1.00	0.00	0.00
国民语言的流利（自我报告）	1.00	0.00	0.00
同龄人交往			
定居国同龄人交往	1.00	0.00	0.00
族裔同龄人交往	1.00	0.00	0.00
价值观			
青少年的权利	0.98	0.09	0.04[f]
家庭义务	0.94	0.25	0.04[g]
歧视			
感知到的歧视	0.98	0.11	0.02[h]
结果			
生活满意度	1.00	0.00	0.00
自尊	0.89	0.27	0.13[i]
心理问题	0.99	0.01	0.00
学校适应	0.94	0.06	0.07[j]
行为问题	0.96	0.11	0.04[k]
定居国青少年			
认同和涵化			
国家认同	0.95	0.17	0.08[l]
涵化态度	0.49	0.20	1.00[m]
同龄人交往			
定居国同龄人交往	0.99	0.02	0.00

续表

量表	M	SD	Prop < 0.90*
族裔同龄人交往	0.99	0.00	0.00
价值观			
青少年的权利	0.95	0.14	0.15[n]
家庭义务	0.90	0.26	0.15[o]
结果			
生活满意度	1.00	0.00	0.00
自尊	0.99	0.00	0.00
心理问题	0.99	0.00	0.00
学业适应	0.95	0.02	0.08[p]
行为问题	0.99	0.00	0.00

注：* Prop < 0.90 = “塔克 phi 值”低于 0.90 的族裔群体的比例。注脚说明因子一致性低于 0.90 的族裔群体（或国家）。圆括号里的数字是该组的 phi 值（数字越小表明越背离总体平均值）。

[a]法国的土耳其裔（0.76），挪威的智利裔（0.89）

[b]美国的越南裔（0.71），美国的亚美尼亚裔（0.65）

[c]挪威的智利裔（0.80），美国的越南裔（0.88），荷兰的苏里南裔（0.29）

[d]法国的土耳其裔（0.20），德国的土耳其裔（0.84），德国的德裔（0.84），美国的越南裔（0.79），以色列的俄罗斯裔（0.32），荷兰的土耳其裔（0.83），荷兰的安迪列斯裔（0.80），荷兰的苏里南裔（0.76）

[e]德国的土耳其裔（0.82），德国的德裔（0.73），美国的墨西哥裔（0.40）

[f]以色列的俄罗斯裔（0.59），以色列的埃塞俄比亚裔（0.48）

[g]法国的土耳其裔（0.21），德国的德裔（0.04）

[h]法国的西非裔（0.27）

[i]澳大利亚的越南裔（0.14），法国的西非裔（0.46），美国的越南裔（0.02），美国的亚美尼亚裔（0.04），葡萄牙的佛得角裔（0.03），葡萄牙的帝汶裔（0.69）

[j]德国的德裔（0.85），以色列的俄罗斯裔（0.83），葡萄牙的佛得角裔（0.87）

[k]芬兰的越南裔（0.89），荷兰的苏里南裔（0.26）

[l]以色列（0.41）

[m]芬兰，法国，德国，以色列，新西兰，挪威，葡萄牙，瑞典，荷兰，美国

[n]英国（0.78），以色列（0.54）

[o]葡萄牙（0.06），荷兰（0.89）

[p]荷兰（0.89）

这种方法避免了两个问题：第一，通过从数据矩阵中去掉族裔文化群体的平均值差异，它并没有混淆个体和国家层面的差异（Van de Vijver 和 Poortinga，2002），而基于被试原始数据进行的因子分析则会混淆了这两个层面的差异；第二，通过非标准化数据，不同群体测量项目的信息在计算总体协方差矩阵中得以保留。

第二个步骤是确定每个样本的因子结构（factor structure）与数据库的因子结构的相似程度。因此，需要将每个样本与总的数据库进行比较。如果每个群体显示与数据库高度的一致性，表明“结构对等”是受支持的，量表测量了每个群体的相同结构。如果“结构对等”没有得到支持，则需要进行其他的分析来探讨偏离因子结构的原因（例如，心理结构可能不一致，有一个或多个题目在特定文化群体中可能不适用）。这个程序只在青少年数据中进行，因为多数群体的父母样本数量太小不能保证有效的比较。

因子分析

表 B. 1 至表 B. 19（见附录 B）是移民青少年数据库的因子载荷。虽然四个涵化量表中因子在解释总变量方差中的比例不高，但每个涵化态度下的所有题目都按我们的预期发挥作用。分数越高意味着更强烈的态度（表 B. 1 到 B. 4）。

族裔认同的载荷相对同质（表 B. 5）。国民认同的 4 个题目明确定义了单一因子，它解释了 69. 2% 的方差（表 B. 6）。

在表 B. 7 到表 B. 9 中，三个语言量表（使用，国民语言的流利，本民族语言的流利）显示第一因子很高的特征值，在每个量表中解释了超过 60% 的方差。语言使用的分数越高，使用国民语言的频率越高；语言流利的分数越高，流利的程度越高。而且，载荷的绝对值基本相同，表明所有题目以一种相似的方式作用于量表中的潜在变量（latent variable）。

两个同龄人交往量表（本民族同龄人交往和定居国同龄人交往；表 B. 10 和 B. 11）显示，第一因子能较好地解释总变量方差（超过 60%）以及同质的因子载荷。

家庭关系价值观有两个量表。关于“青少年的权利”，发现了相似的同质载荷模式和很强的第一因子（表 B. 12）。“家庭义务”显示更为异质的因子载荷和较弱的第一因子，但所有题目都支持对家庭义务结构的测量（表 B. 13）。

感知到的歧视量表（表 B. 14）和多数有关结果变量的量表（表 B. 15

至表 B. 19）也显示了这个模式，即明显的第一因子和基本同质的因子载荷。与其他量表一样，所有题目的载荷符合我们的预期。

表 B. 20 至表 B. 30 显示定居国青少年数据库的因子分析结果。在移民青少年中发现的模式在这里得到了复制。所有量表都是单一因子，通常第一因子解释了大量的方差，其他题目的载荷基本同质。

表 B. 20 显示定居国青少年涵化态度量表的结果。相较于其他量表，特征值的分布不太支持量表单一因子的性质。其他因子的检查（在这里不一一展开）也不能显示明确的可解读结果。因此，单一因子被保留，它呈现的是两极化的特征，即整合题目载荷为正，所有其他题目载荷为负。这种两极化的模式以前也出现过（例如，Berry et al，1977；Van de Vijver，Helms - Lorenz，& Feltzer，1999）。

总之，在两个青少年群体中，所有量表都是单一因子；量表的题目按照预期方向载荷；在多数情况下，第一因子解释了大量的方差。

对各群体和各国青少年有意义的测量：结构等效性

这个部分将描述“标准化处理”的结果。我们的分析是在移民青少年和定居国青少年中分开进行的。当合并各国数据并进行等效性考察时，即可获得量表“结构等效性”的证据。但是，鉴于每个国家的文化多样性，这个结果应谨慎加以解读。

合并样本因子载荷模式的分析可复制到每个族裔文化群体（见表 B. 1 至表 B. 19；附录 B）或每个定居国群体（见表 B. 20 至表 B. 30）。

移民和定居国青少年的分析结果见表 3. 4。如果族裔群体的因子结构与总体数据的因子结构比较而产生的 phi 值为 0. 90 或更高，那么量表的“结构等效性”是成立的。

在所有比较中发现了很高的一致性指数，包括诸如同化、分离、边缘化、族群认同和国民认同、族裔语言的流利、国民语言的流利、语言的使用、同龄人交往（与定居国和与族裔同龄人交往）、青少年的权利、家庭义务、感知到的歧视、生活满意度、心理问题、学校适应和行为问题等方面。这些结果有力地证明，量表测量了每个族裔群体相同的心理结构。只有整合（18% 的因子一致性指数低于 0. 90）和自尊（15%）量表存在问题。进一步地检查这些异常载荷（deviant loadings）也不能提供一个明确的模式，它们通常发生在特定的族裔群体，例如德国的德裔移民和美国的越南裔。但是，即使在这些群体中，多数的因子比较还是支持了量表的

“结构对等”。例如，在德裔移民中，21 个量表中只有 4 个显示 phi 值低于 0.90。总体而言，这种概率很小：在 967 对比较中（所有量表），43 对（4.4%）显示一致性指数低于 0.90，而 phi 的中值是 0.994。在所有量表中，因子一致性低的原因在于偏常群体中的一个或多个题目的载荷低于合并样本的载荷。

在定居国青少年群体中，涵化态度出现了一个极端模式，即没有一个国家的 phi 值超过 0.90。显然，涵化态度量表并不支持“结构对等”，因此不能用于定居国样本的跨文化比较。两个同龄人交往量表（定居国和族裔同龄人交往）和所有的结果量表显示，所有的因子一致性指数都超过 0.90。关于国民认同和学校适应量表，8% 的因子一致性指数低于 0.90。两个价值观量表（青少年的权利和家庭义务）显示 15% 的因子一致性指数低于 0.90。相对于移民群体，这些调查结果显示了较低的一致性，尽管总体一致性（除了涵化态度）仍然非常明确。

因此，除了国民样本的涵化态度外，我们的分析支持了移民和定居国国民群体量表的“结构对等”。我们的测量工具对于所有群体和社会的青少年是相关的，也是有意义的。它表明，移民青少年所面对的问题以及我们为他们提供的选择方案，具有足够的普遍性，我们的涵化研究比较方法或者说客位（etic）方法是成立的。

分析和结果的呈现

综上所述，我们的分析支持了量表的“结构对等”。不过，“结构对等”在解读国家和群体的数据中虽然重要，但它不能排除国家和群体样本的具体因素（例如，年龄、性别构成和移民世代状况等差异）可能产生的干扰作用。后两章将分别报告文化互动变量（第四章）和适应变量（第五章）的平均值，包括所有移民、各国的移民和国民的样本。这些结果以条形统计图的形式呈现，其中的数值考虑到了性别、年龄和在定居国生活时间比例上的样本差异。纳入这些控制变量，意味着条形统计图中的分数并不是原始分数，而是估值（即考虑到样本差异后的平均值）。这些条形统计图就移民青少年与定居国青少年如何比较以及移民群体如何进行跨国比较提供了一个总体思路。我们测试了群体间和国家间比较的统计意义，但没有做具体的报告。相反，我们报告的是效果规模值。当群体间的差异具有统计意义时，我们才报告效果规模值。在这一章，我们用科恩的 d 值指代平均值间的差异，在后面我们还将继续使用这个效果规模值。除了科恩

的 d 值，在报告方差分析时我们使用 eta^2（后面是 η^2），在报告回归分析时我们使用 R^2。后两种测量估计的是因子或变量可解释方差的总体比例（例如，在生活满意度国家差异的方差分析中，$\eta^2 = 0.10$ 表明 10% 的方差是由于国家差异造成的，90% 是由于个体差异和测量的不可靠性造成的）。

在本章的开头，我们为不太熟悉统计学的读者描述了调查结果。

我们还提到除年龄和性别的干扰作用外，我们预期样本会显示族裔群体和国民群体在背景特点上的有效差异，这些特点与我们的心理测量是相关的。定居国青少年父母的职业地位高于移民父母就是这样的例子。基于早期的研究和理论分析，许多差异是可预期的。这些预期将指导我们下一步的统计分析，其中大部分涉及变量间的关系。当不进行国家或群体的比较时，我们采用标准化分数（在国家和群体内部标准化后的分数）作为分析依据，因为它们排除了影响国家间和群体间差异（人为抽样结果和反应定势）的干扰作用。当国家和群体是分析的变量时，我们进行基于原始分数的协方差分析，对性别、年龄和在定居国生活时间比例加以控制。

为压缩个体变量的信息，我们采用了聚类分析和探索性因子分析。聚类分析依据文化间特点而不是国家和族裔群体来区分青少年，采用标准化分数。我们使用的是 k 均值法（the k - means method），由于这个方法对倾向的集群数量和初始类中心值（the values for the initial cluster centers）较为敏感，我们首先对随机挑选的 20% 的数据进行了几次探索性分析。考虑到与主体理论框架的匹配性和聚类的可解读性，我们决定使用四种聚类，然后使用所有数据复制这四种聚类。我们将这些聚类称为“涵化总貌”（acculturation profiles），详见第四章。在第五章，我们探讨了涵化各模式与适应结果间的关系

探索性因子分析用于集合变量。变量的选择由测试第六章总模型的探索性因子分析来决定（通过方差极大旋转进行主成分分析）（principal component analyses with varimax rotation）。除了统计学标准，例如特征值、可解释方差的比例和因子载荷，我们还通过理论论据选择变量。第四章和第五章呈现的是因子结构的分析结果，侧重于变量间的相互关系，并为第六章的模型测试做准备。

在第六、第七和第八章，我们将因子分析产生的因子分数作为分析依据。由于是因子分数，它们在群体内部被标准化。

第六章呈现的是“结构等效性”模型，它集合了本课题所有相关的心理结构，是对文化互动变量和适应变量间关系的总结。个体层面的模型测试旨在呈现在移民个体中发现的关系图景，这是我们观察到的无数关系中的

很小一部分。在同一章，我们还分析了人口和背景变量对这些相互关系的影响，例如年龄、世代、性别、父母的职业地位、社区、文化多样性和多样性政策。为此，我们使用了多重回归分析和多元方差分析（MANOVA）。

在第七章，我们比较了青少年和父母对家庭关系价值观的态度，探讨了家庭关系价值观代际差异对青少年适应的影响，以及涵化模式和代际差异间的关系。除了第四和第五章的分析方法，我们还运用了多重回归分析，这样在解释移民青少年适应差异时，便于我们确定特定变量聚类的附加值和代际价值观差异。

第八章的分析方法大体与第四至七章相似。例如，通过越南裔和土耳其裔青少年，测试第六章“结构等效性”模型的有效性和启示。

第四章　涵化经历：移民青少年的态度、认同和行为

加州洛杉矶大学：简·菲妮
女王大学：约翰·贝理
莱顿大学：保罗·维德尔
赫尔辛基大学：卡米拉·利伯坎

本章将考察不同社会中移民青少年的体验、态度和行为，因为他们正好处于在两个（或更多）文化框架背景内步入成年的阶段。为此，我们侧重于两项传统研究，第一是“涵化”研究，这个宽泛的概念指在文化间交往中发生的变化（Berry，1997；Graves，1967；Redfield，Linton，& Herskovits，1936）。第二是移民的“文化认同”研究（例如，DeVos & Romanucci – Ross，1982；Liebkind，1992a；Phinney，1990；Rumbaut，1994；Waters，2000），它被认为是涵化的一个方面，侧重于移民的自我意识而不是移民后他们的行为和态度。从概念上讲，它包括“族裔认同”和“国民认同”。尽管“涵化”和“文化认同”从不同的视角讨论移民问题，但它们为移民青少年研究提供了有价值的背景。结合在一起，我们不仅可以考察它们在移民青少年体验中的独立和互动作用，而且还可以考察移民青少年文化取向的方式。

青少年的涵化过程是我们研究的重点。以往的涵化研究关注的是成人（例如，Berry，1997），尽管目前对移民青少年的关注开始增多（例如，Fuligni，2001；Portes & Rumbaut，2001）。术语“涵化”源自人类学，是以群体过程加以定义的：

涵化是不同文化群体间进行持续的直接接触而导致一方或双方原初文化模式改变的现象。（Redfield et al. ，1936，pp. 149 – 152）。

与强调群体发生变化的定义不同的是，“心理涵化”概念由格雷夫斯（Graves，1967）引入，指在文化交往中个体所发生的变化。个体变化受到整个社会文化和本群体文化（移民的祖籍国文化；Berry，1997；Berry &

Sam，1997；Liebkind，2001；Ward，1996）的直接影响。

涵化过程包括广泛的现象。在本章，我们考察的是在移民青少年中极为显著的心理涵化领域。首先是他们应对新文化的态度，具体而言，即他们希望保留自身族裔文化的程度，以及希望参与整个社会的程度；其次是他们与同龄人的社会交往、语言的流利度和使用以及家庭关系价值观；最后是他们对歧视的感知。

“文化认同”指移民认同自身族裔群体和整个社会的程度。在美国的早期研究中，移民不得不在两者中任选其一（例如，Child，1943），否则就会面临被边缘化的风险。后续的研究探讨了可供移民青少年选择的其他认同（Matute - Bianchi，1986），移民青少年采用的自我标签及其隐含的意义成为移民研究的中心问题（Rumbaut，1994）。在这些自我标签之下依稀可见群体认同形成的端倪，包含了归属于某个群体（族裔认同）和整个社会（国民认同；Phinney，1990；Phinney & Devich - Navarro，1997）的意义和结果。

在本章，我们首先呈现涵化经历的概念和实证背景，侧重于“文化互动变量”，即涵化态度、文化认同、语言的流利和使用、同龄人交往、家庭关系价值观和感知到的歧视。然后，我们提供“移民青少年如何经历涵化过程?”这个总问题的研究结果，包括两个方面：具体的涵化变量、变量间关系以及相互关系；第二，在聚类分析的基础上面向个人，确定反映青少年涵化方式个体差异的“涵化模式”。最后是主要调查结果的总结和讨论。

涵化经历：背景和测量

涵化态度

“涵化态度”这一术语指人们在文化间交往中倾向的生活方式。早期的研究认为，正在涵化的个人或倾向于一个群体或倾向于另一个，即在两者之间进行选择。这种观点是在单一模式上对个体涵化的评估（例如，Gordon，1964；Suinn，Ahuna，& Khoo，1992）。但是，贝理（Berry，1974，1980）提出了另一种观点，他认为个体是在两个模式上进行倾向性选择。根据他的观点，在跨文化背景下实际上每个人对“文化间接触”（intercultural contact）和“文化传承”（cultural maitenance）这两个涵化领域持有自己的态度。这种二维方法得到其他相关研究的支持（例如，Ryder，Alden，& Paulhus，2000）。

在移民或其他非主流群体中，涵化态度基于两个问题：移民或其他非主流群体希望（或避免）与群体外的人交往的程度，他们希望传承（或放弃）自身文化传统的程度。在考察更大范围的人口时（例如，主流或定居国群体），关于移民和其他非主流群体应如何涵化的态度被称为“涵化预期”（acculturation expectation）（Berry，2003）或“多元文化理念”（multicultural ideology）（Berry et al.，1977）。

说明“文化间接触”和“文化传承”之间的差异以及主流和非主流群体观点之间的差异之方式见图 4.1（Berry，2003）。两个模式各自分离：左边是非主流群体，右边是主流群体或国民社会。每个问题的态度以一维方式显示，其中一端是正取向，另一端是负取向。

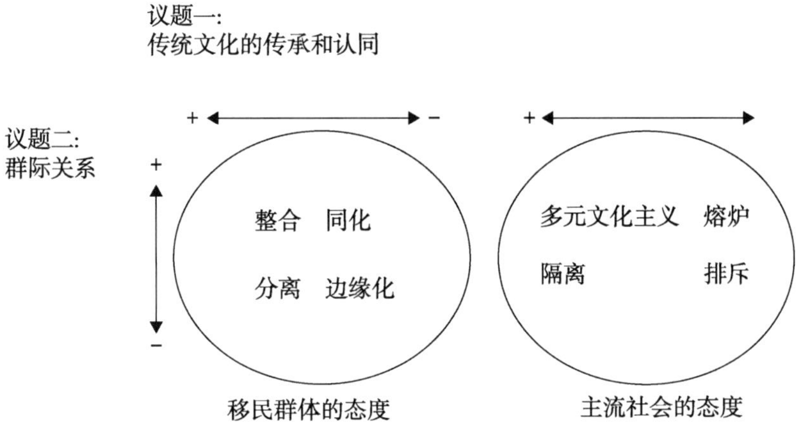

图 4.1 移民群体和更大社会的涵化态度

对于非主流群体的成员，主要的问题是：“我们将如何应对这两个问题?”而对于定居国成员，问题是：“他们（例如，移民）应如何处理这两个问题?”这两个问题定义了文化接触的空间（即圆圈部分），个人倾向的态度在其中占据一定的空间，每个态度的名称为常用涵化术语。从非主流群体的视角看（图 4.1 左半部分），当个体不希望传承自身文化传统而寻求参与整个社会的文化时，即为“同化”态度；反之，当族裔文化群体成员坚持原初文化同时希望避免与其他人的互动时，即为“分离”态度；当同时愿意传承原初文化并与其他群体互动时，即为“整合”态度（个体保留一定程度的文化完整性，同时寻求参与整个社会）；最后，当文化传承既无可能（鉴于强制性的文化丧失）同时也不愿意与其他群体交往时

（鉴于排外或歧视），即为“边缘化”态度。

移民和非主流群体并不一定能自由地选择如何涵化（Berry，1974），因为这在很大程度上取决于整个社会。定居国的一些限制措施可能会导致移民的选择受到制约。例如，只有在一个开放的、鼓励文化多样性的社会，整合才会被移民所选择和追求（Berry，1990）。整合的产生需要相互的包容，包括主流和非主流群体承认所有群体作为不同文化群体在同一社会互动的生活权利。只有这样，移民才可能接纳定居国的基本价值观，定居国的相关制度（例如教育、卫生、司法、劳动）才能顺应一个多元文化社会的需求。并非本课题中的所有社会都能满足这些条件。

族裔文化群体的涵化态度并没有考虑到整个社会的态度，而这些态度对涵化方式有着极大的影响（Berry，1974）。主流群体对“文化传承”和“文化接触”的态度见图 4.1 的右半部分。当主流群体倾向文化多样性和整合，即为“多元文化主义”（Berry，1984a）；当主流群体倾向或寻求同化，即为“熔炉”（当被强力执行时，就成为了“高压锅”）；当主流群体倾向分离，即为“隔离”（segregation）。当主流群体倾向边缘化，即为“排斥”（exclusion）（Bourhis et al.，1997）。评估涵化取向的方式多种多样（由 Berry，1997；Berry，Kim，Power，Young，& Bujaki，1989 评估），最常用的程序是挑选与文化接触相关的几个领域（例如，语言使用、食物偏好、父母/子女关系），然后针对不同的领域建立四个题目，四种涵化（即同化、整合、分离和边缘化—译者注）态度各一个（例如，Van de Vijver et al.，1999）；另一种是针对某个领域建立两个题目，两个基础性模式（即“文化传承”和“文化接触”——译者注）各一个（例如，Dona & Berry，1994；Ryder et al.，2000）。

涵化取向概念一直是基于成人的研究。对于移民青少年，涵化态度主要受到家庭和社区的影响，他们从家庭、同龄人、学校和其他成人那里吸收有关自身和其他文化的态度。在喜欢的朋友类型、新语言的学习或族裔语言的传承以及对家庭文化价值观的遵从程度上，青少年显示出很大的差异。这些取向既有背景因素的影响，例如他们生活的社区和遭遇到的歧视，也有性别等人口因素的影响。但是，随着青少年社会经验的扩展，这些取向也会发生变化。在本章，我们考察了与背景和人口因素相关的涵化态度，包括居住时间以及与其他涵化变量的关系。

涵化态度的测量采用一个 20 项量表，由研究人员根据贝理（Berry et al.，1989）的模型设计。该量表评估了四种涵化态度：同化、整合、分离和边缘化，涵盖了年轻人在文化接触中可能有不同喜好倾向的五个领域：

文化传统、语言、婚姻、社会活动和朋友。在每个领域，每种态度各有一个题项。回答采用5点记分（1 = 强烈反对，5 = 强烈赞同）：“我喜欢同时有（定居国群体）的朋友和（族裔群体）的朋友”（整合）；“我喜欢只有（族裔群体）的朋友”（分离）；“我喜欢只有（定居国群体）的朋友”（同化）；以及“我不想有（族裔群体）或（定居国群体）的朋友”（边缘化）。

文化认同：族裔方面和国民方面

“文化认同”是个宽泛的术语，在这里包含族裔认同和国民认同及其相互作用。过去对移民认同的研究主要考察的是“族裔认同”。大部分的研究侧重于移民的自我标签（Rumbaut，1994）。波特和朗博（Portes & Rumbaut，2001）的研究显示，青少年移民体验的差异主要取决于他们使用的何种标签：祖籍国标签（例如，墨西哥人）、连字符标签（例如，墨西哥裔—美国人）、泛族裔标签（例如，拉丁裔人或西班牙裔人）或者国家标签（例如，美国人）。

但是，这些标签并不一定显示着认同的强度。文化多样性不仅仅是群体分类或一个人选择的标签，而是包含了对一个或更多文化群体的归属感及与群体成员资格相关的情感（Phinney，1990）。塔吉菲尔和特纳（Tajfel & Turner，1986）指出，对一个文化群体的归属感是社会认同的一个方面。对于移民来说，社会认同可以包括对族裔群体或祖籍国文化的认同（族裔认同）和对整个社会的认同（国民认同），族裔和国民认同会随着时间、背景和移民世代而改变（Phinney，2003）。

“族裔认同”和“国民认同”可被视为“群体认同”的两个模式，每个认同可以是稳固的、强大的，也可以是不成熟的、脆弱的（例如，Bourhis et al.，1997），因此每个模式对涵化过程的作用应分开加以考虑。不过，它们也会相互作用，认同的强度不同，意义也会不同。我们首先分开讨论这两个认同，然后考察它们的相互关系，最后是文化认同与其他文化互动变量的关系，包括语言、社会关系和感知到的歧视。

认同的形成是青少年成长中的一件重要任务，尤其在复杂的现代社会中，族裔认同对于移民青少年更是重中之重。族裔认同是一个动态的建构过程，在回应个体发展因素和社会情景因素过程中演进和变化（Liebkind，1992a，2001；Phinney，1990）。随着年龄的增长和认知能力的成熟，青少年自我意识的建构能力也在加强。但是，这个过程很大程度上取决他们所处的家庭、社区和国家背景。对于移民青少年，族裔认同的形成包括审视从父母那里学习来的族裔态度、价值观和实践，思考它们与同龄人和整个社会的关系（Phinney，1989）。这个过程可以导致建构性的行动，从而肯定本群体成员资格的价值和合法性；也可能导致不稳定和困惑的情感，或者不满本群体受到的待遇。由于个体和背景差异，个体在建构族裔行为、信仰、价值观和惯例上存在着极大的变数，同样存在变数的还有他们如何理解这些族裔特点在其身上的反映（Ferdman & Horenczyk，2000）。

族裔认同评估的是对本群体的归属和依附程度（Phinney，1992）。认同程度低，指示着兴趣、参与和依附感的缺失；认同程度强烈，伴随的是骄傲和积极的情感。在美国所有的少数民族研究中，族裔认同的分数都很高，尽管在个体层面存在着差异。移民群体成员的族裔认同得分始终高于主流文化群体成员（即欧裔美国人）。大量的研究表明，强烈的族裔认同与自尊和主观幸福感有着肯定的联系（例如，Phinney，Cantu，& Kurtz，1997；Roberts et al.，1999）。

与族裔认同相比，移民对定居国的认同较少受到关注，一些研究者关注的仅仅是标签。在美国，“美国人”这个标签用来指代国家认同，移民群体通常随时间而变化着不同的标签，从祖籍国标签（例如，中国人）到连字符标签（例如，华裔—美国人），在有些情况下，再到国家标签（例如，美国人；Rumbaut，1994）。但是，与族裔认同一样，国民认同是个更为复杂的建构过程，远远超过一个标签所能传递的意义，它包含着对整个社会的归属感或态度。青少年的国民认同程度也不一样，从对整个社会的强烈归属感，到感觉受到整个社会的排斥或抛弃（Phinney & Devich－Navarro，1997）。

族裔认同和国民认同关系的重要性体现在涵化过程中。在早期的涵化研究中，线性或一维模型显示两种认同之间的负性关系，因此，当族裔认同强烈的时候，国民认同势必就会减弱，反之亦然。因此，移民不得不在两种认同之间任选其一，但不能对两者都认同。而最新的二维模型则显示，两种认同可以独立地变化，由此产生“双文化认同”。这种从一维到二维模型的变化与涵化态度概念的变化是对应的。涵化态度研究总体上支持族裔和国民认同的二维模型，而一维模型通常不具有统计意义。但是，考虑到样本和背景差异，两种认同的关系可以是正比、反比或无关，再根据每个认同的平均分数，这就显示了特定背景下文化认同的性质：正比关系和两个认同高分显示了双文化或整合认同；两个认同低分和正比关系显示了疏远；反比关系显示了对其中一种文化的认同；其平均分数显示了哪个认同更为强烈。在移民群体（Hutnik，1991；Phinney，Cantu，el al.，

1997）和国民中，这种关系也是会变化的，我们感兴趣的正是在群体和国家或地区背景下的这种关系（Phinney，Horenczyk，et al.，2001）。此外，我们还探讨了族裔认同和国民认同的人口统计性关联及其与其他涵化领域的关系。

由于两种认同的评估是对强度的评估，因此，这里的认同指认同的程度，并不是归属（或不归属）的类别。

族裔认同的测量采用评估族裔肯定的8个题目（例如，归属感、作为群体成员的积极情感）。该量表源于“多群体的族裔认同测量”（MEIM）（Phinney，1992；Roberts et al.，1999）。例如：“我感觉我是（族裔）文化的一部分。”评估族裔认同探索性领域的题目没有被包括在内。MEIM广泛运用于大量的族裔群体青少年，一致显示良好甚至极佳的信度（a = 0.75～0.90）。

国民认同的测量采用评估国民肯定和对美国归属的8项量表中的3个题目（美国认同；Phinney & Devich – Navarro，1997），以及另一个评估国民认同重要性的项目。例如：“我对我是（荷兰人）感觉幸福。”在菲妮和德维奇—纳瓦罗（Phinney和Devich – Navarro，1997）的研究中，该量表显示与族裔认同没有显著的关系。这表明，在美国这是一个独立因素，从而支持了文化认同的二维模型；而在线性或一维模型中，它与族裔认同并不是负相关。

语言的流利度与使用

族裔语言和国民语言的流利与使用是涵化的关键性指标（Birman & Tricket，2001；van de Vijver et al.，1999），在涵化测量中有着广泛的运用。确定涵化组成的因子分析研究发现，语言是主要的构成因子。例如，苏因等人（Suinn et al.，1992）发现，语言（以及音乐和电影偏好）占到41.5%的方差。库勒等人（Cuellar，Arnold，& Maldonado，1995）发现，语言项目占到38.4%的方差。

学习定居国的语言或国民语言是移民的一大任务，而完成这个任务的速度取决于许多因素，包括移民的需要和动机以及他们定居的背景。族裔语言在第一代中可能会保留下来，但不使用的话也会退化。移民儿童通常在学校学习国民语言。国民语言的学习在移民群体中差异很大：在有些群体和国家，学习国民语言伴随着族裔语言的退化，尤其对于在混合族裔社区长大的学习者，在那里国民语言有着广泛的使用。

在第一代学习国民语言的同时，第二代青少年丧失的是说族裔语言的能力。如果选择学习族裔语言，那么他们面对的将是截然不同的任务。加拿大一项比较两组韩裔青少年（第一代学习英语和第二代学习韩语）的研究（Kwak，1991）显示，整个社会影响语言学习的效果。对于第一代，学习英语是必须，他们的进展要优于第二代的韩语学习，并且不受个人特点的影响；对于第二代，学习韩语是自愿，主要受到学习者对韩国文化肯定态度的影响。这个结果表明，尽管语言学习受到家庭背景等个体因素的鼓励，如果目标语言在整个社会中没有持续和系统地应用，语言学习的效果是有限的。

语言和族裔认同的关系是个极富争议的话题。一个明确但又极端的立场就是族性（ethnicity）在很大程度上由文化所定义，其中包括语言，更具体地说，文化通过语言在代际之间传递。这种立场与语言传承或语言复兴的主张是一致的（Chiang & Schmida，1999；Fishman，1996；Henze & Davis，1999）。其他学者对语言在族裔认同上的显著作用持犹豫态度。他们提出具体文化知识、技能和情感也可以通过新获得的语言进行传递（Genesee，1987；Glenn & De Jong，1996）。

事实上，许多研究显示语言丧失并不等同于群体成员资格、凝聚力和归属感的丧失，族裔语言丧失即使在族裔认同没有减弱的情况下也会发生（Bentahila & Davies，1992；P&harip&e，1992）。不过，研究显示，族裔语言与族裔认同有着很强的联系（Gudykunst & Ting - Toomey，1990；Hurtado & Gurin，1995）。也有研究（参见 Cameron & Lalonde，1994）指出，族裔语言的传承对第二及后代移民是重要的，但不包括第一代。菲妮等人（Phinney，Romero，Nava，& Huang，2001）对有关研究进行了回顾，发现有关语言传承和族裔认同关系的研究结果间存在对立的结论。不过，在美国，族裔语言的流利与使用水平较高的三个族裔群体青少年，他们的族裔认同水平也相对较高（Phinney，Romero，et al.，2001）。

族裔语言和国民语言的流利与使用也包含在当前的研究中。我们考察了移民青少年两种语言的流利程度、使用频率以及移民时间长度对语言的影响。其他的问题还包括语言与其他文化互动变量的关系，尤其与涵化态度、族裔和国民认同的关系。

族裔语言的流利采用自我报告的测量方式，基于库瓦克（Kwak，1991）的量表，评估理解、说、读、写族裔语言的能力。回答采用 5 点记分：从 1（一点不）到 5（非常好）。国民语言的流利采用相同的自我报告方式。

语言使用的测量采用改编后的库瓦克（Kwak，1991）量表，指青少年与父母及兄弟姐妹对话时使用族裔语言和国民语言的频率。回答采用5分制：从1（一点不）到5（始终），然后再转成一个线性量表，低分显示了族裔语言的使用，高分显示着国民语言的使用。

同辈人的社会交往

与本群体成员和整个社会成员的社会互动是涵化的另一个基本方面，通常被用来验证一个人的涵化态度（Berry et al.，1989）。在涵化测量上，社交网络占到3%到10%的总体方差（Cuelar et al.，1995；Suinn et al.，1992）；作为涵化过程的一部分，随着移民扩大与整个社会的交往，社交网络也是在变化的。不过，族裔联系仍然保持强大，在所有群体中都显示了“内群体偏好”（in－group preference），或曰“族裔偏爱”（ethnic bias），即倾向于与本群体的同龄人交往（Hamm，2000；Schofield & Whitley，1983；Vedder & O'Dowd，1999）。

在社交网络方面，青少年的选择受到背景因素的制约。移民父母鼓励甚至坚持子女与内群体成员的交往，尤其在恋爱关系上；同龄人之间的内群体和外群体互动也受到学校和社区人口的制约。对多族裔学校的研究显示，学生与本群体的人相处（即“族裔偏见”）或与其他群体的人相处的程度是不同的（DuBois & Hirsch，1990；Sermons，1991）。其他研究（参见Schnittker，2002）显示，具体的活动背景或社区的族裔组成影响涵化经历。

本课题最初的一个关注问题是，移民青少年与本群体或其他群体同龄人互动的程度。由于掌握了参与者所在社区的族裔组成信息，我们可以考察社区（族群）构成在族裔群体内和跨族裔群体社会交往上的作用。社交网络与族裔认同相关。阿尔巴（Alba，1990）认为，社会互动提供了体验和表达族性的一种方式。美国的青少年研究显示，与本群体同龄人的互动与族裔认同有着很强的联系（Phinney，Romerro，et al.，2001）。本章探讨了社会互动与族裔认同和国民认同以及其他涵化变量之间的关系。

同龄人交往在社会互动和文化实践上是可操作的。每个量表有4个题目，评估与本群体和国民群体同龄人互动的频率：（1）朋友的数量；（2）在学校课余时间与同龄人在一起；（3）在校外业余时间与同龄人在一起；（4）与同龄人一起运动的频率。例如：“在学校课余时间你多久与本群体同龄人在一起？”此外，还有两个项目评估参与族裔和国民风俗和活动的情况。回答采用5点记分，从1（从不）到5（非常频繁）。

家庭关系价值观

原初的族裔文化价值观的保留程度是涵化的一个指标，尽管对它的研究要少于涵化其他领域。家庭关系价值观是族裔文化的一个重要方面，并随着涵化过程而改变（Georgas et al.，1996；Phinney et al.，2000；Sabogal，Marin，Otero－Sabogal，Marin，& Perez－Stable，1987）。移民青少年成长在以父母祖籍国文化为统领的家中，这些来自非西方文化背景的移民比西方国家的居民更看重紧密的家庭关系，包括对家庭的义务（Fuligni，1998a；Phinney et al.，2000）。例如，对荷兰的土耳其移民青少年来说，家庭是他们认同和自我意识建构的重要组成部分，而对他们的荷兰同龄人来说却不是（Verkuyten，2001）。鲍厄斯等（Bowes，Flanagan，& Taylor，2001）认为，青少年对家务劳动的看法与他所在国家的社会政治特点有关系：来自保加利亚、捷克和匈牙利的青少年与来自澳大利亚、美国和瑞典的青少年相比，他们并不期望从家务劳动中获取报酬，这说明家庭成员间是公共的关系。

在本章，我们从人口变量、居住时间和其他涵化变量来探讨家庭关系价值观的差异。另一个相关的问题是移民青少年和父母之间价值观差异的程度，这个问题将在第七章展开，采用青少年及其父母的数据。

家庭关系价值观量表参照 Nguyen 和 William（1989）、Georgas（1989）和 Georgaset 等人（1996）研发的量表，并结合来自不同文化背景研究人员的经验。由 14 个题目组成，其中又包含两个次量表。10 个项目用来评估对家庭义务的态度，指示着对等级制家庭结构的遵从。例如："孩子应该服从他们的父母。" 4 个项目用来评估青少年的权利，对青少年自主和选择自由的接受程度。例如："当一个女孩达到 16 岁时，她可以决定与谁约会。" 回答采用 5 点记分，从 1（强烈反对）到 5（强烈赞同）。

感知到的歧视

移民在定居国通常要面对不同程度的偏见和歧视，这主要源于与主流群体的文化和行为差异、群际交往的历史以及对移民普遍否定的态度，以及这样一种认识，即移民对国民的就业构成威胁、对社会服务造成负担。偏见和歧视导致涵化过程充满了压力（Berry，1997）。但是，这方面的体验在涵化研究中却少有涉及（例外情况参见 Lalonde，Taylor 和 Moghaddam，1992；Liebkind 和 Jasinskaja－Lahti，2000b）。我们还不太了解移民青少年感知到歧视的普遍程度，这种感知与他们的涵化经历和总体适应如何关联。之前，我们考察了感知到的歧视作为群体层面的一个变量在定居国的差异（参见第二章）。在本章，我们考察在个体层面它如何与涵化经历相关联，包括涵化态度、文化认同、居住时间、性别和父母的职业地位。

有关研究指出，感知到的歧视与涵化态度的关系是相互的，即整个社会对移民的态度也反映在移民对社会的态度中（Berry 和 Kalin，1979；Heider，1958；Kalin 和 Berry，1996）。因此，我们预期，当移民青少年受到否定对待时，他们对社会的态度也是否定的，反对成为整个社会的一分子，即他们会倾向于分离或边缘化而不是整合或同化。

感知到的歧视与文化认同的关系也是相互的。美国一项关于族裔群体青少年的大型研究（Romerro & Roberts，1998）发现，族裔肯定，即对自身族裔群体肯定的归属感，预示着对其他群体更肯定的态度，相应地，这又预示着更低感知到的歧视。这些结果支持了多元文化的假设，即只有在自身认同安全的时候，人们才会接受不同于他们的那些人。加拿大的一项全国调查显示（Berry 和 Kalin，1995；Berry et al.，1977），当人们感觉安全时，他们对其他人的偏见就会更少一些；当他们感受到威胁时，他们的偏见就会更多一些。莱比德娃和塔塔科（Lebedeva & Tatarko，2004）在研究俄联邦族裔群体时报告了相同的结果。美国少数民族青少年的研究同样显示，对本群体更肯定的态度有利于肯定的外群体（out - group）态度（Phinney，Ferguson，& Tate，1997）。

反之，对歧视的感知可能会加强族裔认同，削弱与国民群体的联系。布兰斯科姆和她的同事（Branscombe，Schmit，& Harvey，1999；Schmitt & Branscombe，2002）曾经强调，在弱势群体中，对偏见和歧视的感知可以导致对本群体更强的认同。有充分的证据表明感知到的偏见与族裔认同有着直接的联系（例如，Cozzarelli & Karafa，1998；Schmitt & Branscombe，2002；Ward & Leong，2004），但是，偏见和歧视对移民认同的影响将最终取决于影响涵化过程的背景因素（Phinney，Horenczyk，et al.，2001）。

感知到的歧视采用 ICSEY 成员自己建构的量表，由 7 个题目组成，部分源于霍考（Hocoy，1993）的量表。其中，3 个题目用来评估由于族裔背景受到同龄人、老师和其他成年人不公正或否定对待的频率，4 个题目用来评估由于族裔背景受到捉弄、威胁或不被接受的频率。回答采用 5 点记分，从 1（从不）到 5（非常频繁）。

文化、宗教和可见差异[①]

有关研究显示，文化差异越大，文化间接触的问题越多（Ward，1996）。因此，我们预期，移民群体和定居社会的差异越大，感知到的歧视越多，对整个社会的取向越微弱。为此，我们考察了三个模式：文化价值观、宗教和可见度，因为我们研究的移民样本在这三个模式上与定居社会的主体人口存在着差异。

我们采用了不同的方式来评估这三个模式。对于文化价值观，我们没有从调查问卷中提取差异分数，而是从霍夫斯特德（Hofstede，2001）三种价值观（权力距离、不确定性规避和个人主义）的研究中提取国家分数，在计算了13个定居社会分数与移民祖籍国分数的差异后，考察了它们与文化互动变量的关系。

关于宗教，我们根据调查问卷中的自我报告建立了四大类别：无宗教信仰、犹太—基督教、穆斯林和东方宗教，主要是佛教和印度教。所有定居社会主要是犹太—基督教。

在可见差异的评估上（移民和13个定居社会的主体人口，主要是欧裔），我们建立了三个类别：高可见度（例如，安哥拉人、越南裔），中可见度（例如，摩洛哥人、土耳其裔）和低可见度（例如芬兰人、俄罗斯裔）。所有定居社会主要是欧裔人口。

然后我们考察这三个模式在文化互动变量上的差异。我们预期，差异越大，感知到的歧视越多，对整个社会的取向越微弱。

总　结

移民青少年的涵化经历是一个包含了多种因素的复杂过程，我们确定了涵化态度、文化认同、语言、同龄人交往、家庭关系价值观和感知到的歧视这几个重要的领域。为理解涵化，有必要对这些变量进行单独或总体的考察。在下面，我们将利用13个国家移民青少年的数据，提供青少年与祖籍国文化和定居国文化联系的具体图景。我们的目标是为了呈现不同背景下移民青少年的大图景，而不是考察具体群体和背景的差异。不过，在这里我们会报告一些突出的国家和族裔群体数据。国民和移民群体完整的平均分数和标准差数据见附录C。

---

① 可见差异是肤色等外表差异，也包括移民在这个国家的人数比例，公开露面的频率，能否经常被见到。——译者注

我们首先呈现的是文化互动变量及它们与相关人口和背景变量的关系，以及它们之间的相互关系。我们讨论了以下问题：这些变量在定居社会的移民和定居国青少年中是如何分布的？涵化领域如何随人口和背景因素而变化？这些变量如何相关？

此外，基于面向个人的集群分析，我们还讨论了以下问题：青少年涵化方式中显著的个体模式是什么？这些模式如何与人口和背景变量相关？

文化互动变量：描述和预测

在这个部分，我们呈现主要的文化互动变量结果（涵化态度、族裔认同和国民认同、语言、同龄人社会交往、家庭关系价值观和感知到的歧视）及它们与人口和背景变量间的关系。所有文化互动变量的平均值见各图，包括了所有的移民青少年、每个国家中的移民青少年和所有定居国青少年的数据。这些结果基于第三章描述的样本，包括青少年的年龄、性别、父母职业以及在定居国生活时间比例。此外，我们还运用居住时间和社区（族群）构成这两个变量来描述涵化经历。

居住时间

建立这个变量是便于对居住时间不一的青少年群体进行比较。基于他们的居住时间，我们将移民青少年分成三个数量近乎相等的小组：（1）1，098个青少年，境外出生或在6岁以前抵达新国家；（2）1，177个青少年，境外出生，居住时间在6～12年间；（3）1，122个青少年，定居国出生或居住时间至少超过12年。

社区（族群）构成

社区（族群）构成变量基于青少年报告的社区族裔组成情况。以此将青少年共分为五个类，每个分类中青少年样本所占的比例是：社区人口几乎全部是与本族裔不同的群体（22.8%）；社区人口中，大多数是与本族裔不同的群体（25.4%）；社区人口中族裔组成平衡，即本族裔和其他族裔群体的人数相当（30%）；社区人口中本族裔群体为大多数（14%）；社区人口中几乎全部是本族裔群体（7.8%）。值得注意的是，超过78%的青少年居住在本族裔和其他族裔群体的人数相当或其他族裔群体占多数的社区。

移民和定居国青少年的涵化态度

移民青少年的评分是基于他们对整合、分离、同化和边缘化四种涵化策略的态度程度。对于定居国青少年，涵化态度指他们对移民如何适应新社会的观点。这些态度的平均值见图4.2至图4.5，其中对年龄、性别、在定居国生活时间比例进行了控制。

整　合

在四种涵化态度中，移民青少年表达了对整合最强烈的偏好，在5点记分的量表上得分为3.9。在所有国家和族裔群体中，整合是首选的态度（见图4.2）。定居国青少年与移民青少年一样，最赞同整合，这意味着他们认为移民应融入新社会。但是，定居国青少年对整合的赞同程度略低于移民青少年（分别为3.7和3.9）。这个模式存在于所有国家。

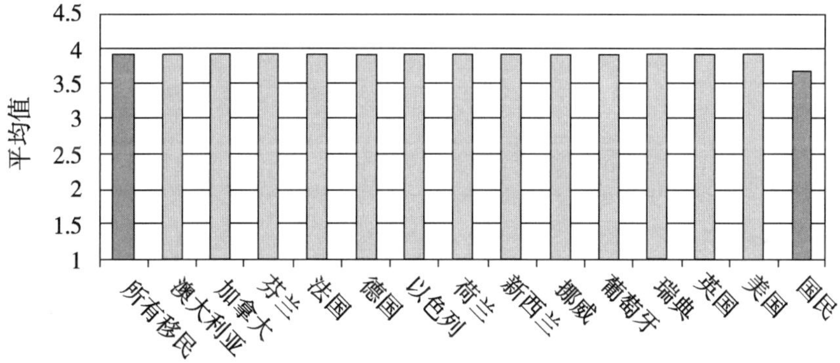

图4.2　整合态度平均值：年龄、性别、在定居国生活时间受控制条件下

分　离

在移民中，分离是第二个最受赞同的态度，但总体平均值仅为2.6，低于量表的理论中间值3.0（见图4.3）。因此，对分离的赞同度大大低于对整合的赞同度。但是，分离在所有群体中并不总是位列第二，在有些群体中它得分位列第三，低于同化，显著的是四个国家（法国、挪威、瑞典和美国）中的越南裔，芬兰的土耳其裔，以及葡萄牙的几个族群。男孩的分离分数普遍高于女孩（$\eta^2=0.01$）。

与移民青少年相比，定居国青少年对隔离不太赞同（2.4vs2.6），还不及他们对同化的赞同程度。

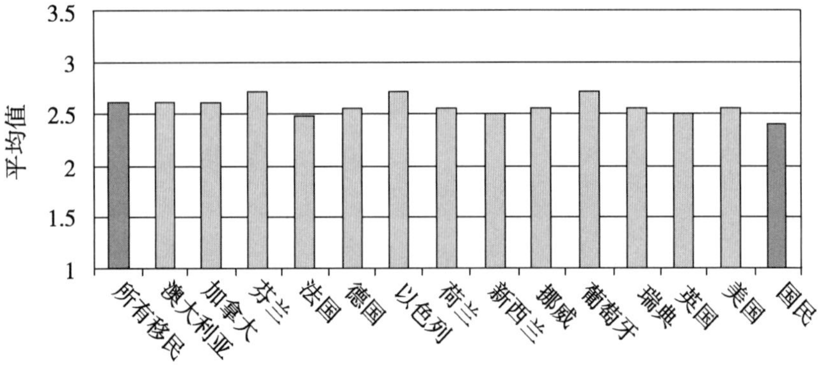

图 4.3　分离态度平均值：年龄、性别、在定居国生活时间受控制条件下

同　化

在移民中，同化被排在第三，平均值为 2.2，除了之前提到的个别情况，它被排在第二（见图 4.4）。男孩的分数普遍高于女孩（$\eta^2=0.01$）。与年龄无关。

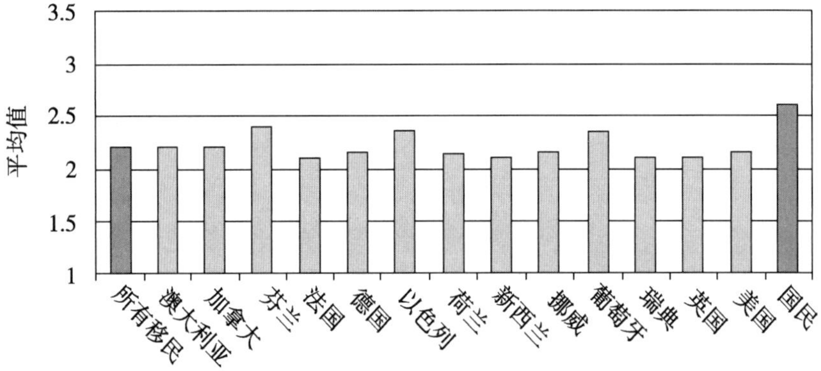

图 4.4　同化态度平均值：年龄、性别、在定居国生活时间受控制条件下

与移民青少年相反，定居国青少年更赞同同化，分数大大高于移民青少年（分别为 2.6 和 2.2）。

边缘化

在移民青少年和定居国青少年中，边缘化是最不受赞同的态度，但在各群体中也有差异。定居国青少年（2.3）比移民青少年（1.8；见图 4.5）更倾向边缘化。在移民中，男孩的分数要高于女孩（$\eta^2=0.01$），17 岁至 18 岁青少年组的分数要低于比他们年龄更小的（$\eta^2=0.01$）。

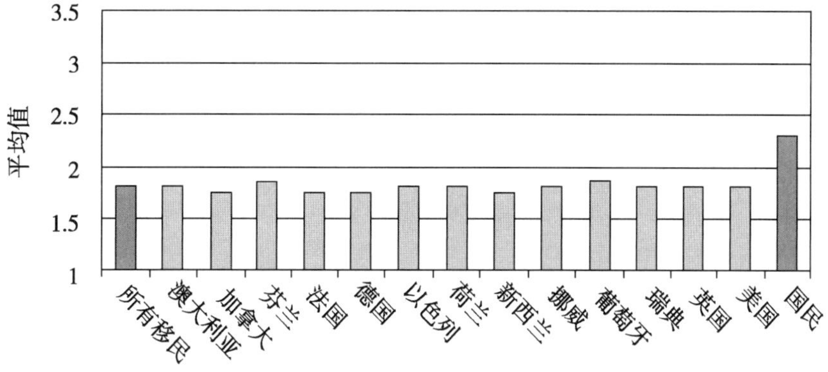

图 4.5　边缘化态度平均值：年龄、性别、在定居国生活时间受控制条件下

人口统计变量角度对涵化态度的预测

居住时间

考察移民青少年涵化态度的变化基于居住时间的三个分类，采用在国家和群体内标准化后的涵化态度分数。只有分离态度在居住时间上存在显著差异（$\eta^2=0.01$；见图 4.6），新近的抵达者比居住时间长的移民更倾向于分离；居住时间越长，整合分数越高，但差异并不显著；其他态度与居住时间无关。

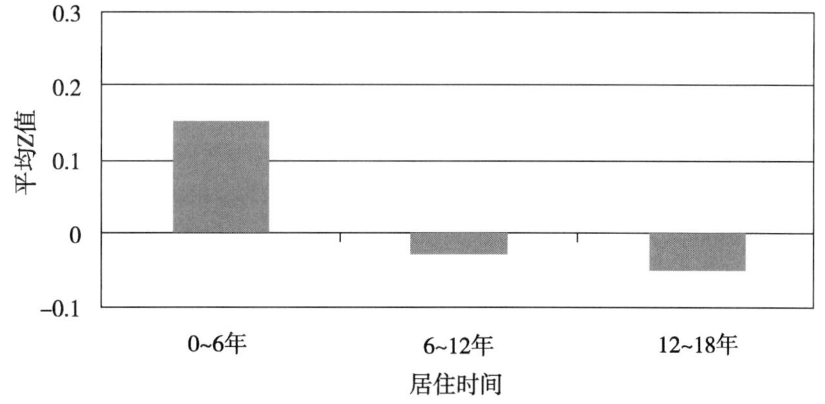

图 4.6　从居住时间角度看分离态度平均水平

社区（族群）构成

移民青少年所住社区的族裔组成与涵化态度有关。与居住在其他族群人数和本族裔人数至少相当社区的青少年相比，居住在差不多都属于本族裔群体社区的青少年更不赞同整合（$\eta^2=0.01$），其分离得分则更高（$\eta^2=0.01$）。

父母的职业

从父母的职业方面看，移民青少年涵化态度的差异相对较小。如果有的话，父母社会经济地位高的青少年的分离分数普遍低于父母社会经济地位低的青少年（$\eta^2=0.01$）。其他三个态度分数的差异没有显示任何有意义的模式。

族裔认同和国民认同

族裔认同和国民认同的强度显示了移民青少年归属于自身族裔群体和成为整个社会成员的倾向程度。由于这两种认同是在连续性量表中分开测量，移民青少年无需在两种认同中进行二选一，而是在各量表中表达对每个群体的归属感。定居国青少年只报告国家认同。族裔认同和国民认同的平均值见图 4.7。

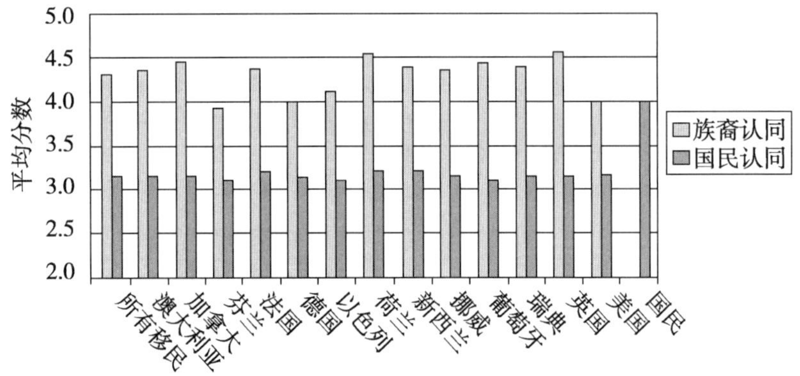

图 4.7 族裔认同和国民认同平均值：年龄、性别、在定居国生活时间受控制条件下

在所有移民青少年中，族裔认同和国民认同都是肯定的，超过了中间值水平。但是，族裔认同显然非常强烈，在 5 点记分的量表上平均为 4.3，远远强于国民认同，后者的平均值为 3.3。在所有国家和大部分族裔文化群体中，族裔认同都要强于国民认同。正如预期的那样，当地居民的国民认同（4.0）要大大强于移民的国民认同（3.2）。

族裔认同和国民认同的关系

族裔认同和国民认同的相关程度是一个概念性问题。两种认同的高分及正相关表明的是双文化的可能性；负相关则意味着当一种认同强烈时，另一种认同则变弱。各国文化认同的平均值及相关系数见表 4.1。我们发现了一个明确的模式，在早期定居者建立社会即那些有着移民传统的国家，两者呈正比关系：新西兰为 0.32，澳大利亚 0.18，美国 0.15，加拿大 0.09。英国也是正相关（0.10），其中的样本全部是南亚人（印度人）。在其他所有国家，都呈负相关，从德国的 -0.28 到以色列的 -0.04。在各国，两种认同的关系在各族裔群体中也是遵从同一个模式：在四个早期定居者建立社会和英国，都呈正比关系；在非定居者国家，大部分呈负相关。有些例外相当有趣：对于芬兰、法国、瑞典和美国的越南裔，两种认同呈正相关，但对于挪威的越南裔，却呈负相关；对于土耳其裔，除了在芬兰和德国呈正相关，在所有其他国家都呈负相关。因此，在一些国家，主要是早期定居者建立社会，对于某些群体，尤其是越南裔，这两个认同是兼容的，表明青少年倾向“双文化认同”；而在其他国家，它们是不兼容的，因此青少年要么强调族裔认同，要么强调国民认同。

表 4.1　族裔认同和国民认同的平均值及相互关系（皮尔逊 r 值基于原始分数）

		族裔认同		国家认同		族裔/国家认同	
		N	M	SD	M	SD	r
澳大利亚	所有族裔	304	4.34	0.08	3.16	0.06	0.18***
	越南裔	112	4.35	0.08	3.16	0.05	0.27***
	华裔	83	4.33	0.09	3.15	0.06	0.21
	菲律宾裔	109	4.35	0.08	3.16	0.06	0.07
加拿大	所有族裔	256	4.45	0.10	3.15	0.07	0.09
	越南裔	84	4.42	0.10	3.13	0.07	0.17
	韩国裔	81	4.43	0.10	3.13	0.07	-0.01
	印加裔	91	4.49	0.07	3.18	0.05	0.02
芬兰	所有族裔	419	3.91	0.09	3.10	0.06	-0.06
	越南裔	203	3.93	0.09	3.11	0.06	0.18*
	土耳其裔	57	3.97	0.09	3.15	0.07	0.04
	俄罗斯裔	159	3.85	0.05	3.05	0.02	-0.37***
法国	所有族裔	505	4.35	0.05	3.19	0.03	-0.13***
	越南裔	82	4.31	0.07	3.17	0.05	0.2

续表

		族裔认同		国家认同		族裔/国家认同	
		N	M	SD	M	SD	r
法国	土耳其裔	61	4.36	0.04	3.20	0.01	-0.14
	阿尔及利亚裔	110	4.35	0.05	3.19	0.03	-0.03
	摩洛哥裔	133	4.36	0.04	3.19	0.01	-0.2
	葡萄牙裔	119	4.34	0.06	3.19	0.03	-0.19
德国	所有族裔	250	4.01	0.07	3.15	0.05	-0.28***
	土耳其裔	95	4.04	0.06	3.17	0.04	0.07
	葡萄牙裔/西班牙裔	70	4.03	0.06	3.16	0.05	-0.25*
	德裔	85	3.96	0.07	3.11	0.05	-0.39***
以色列	所有族裔	454	4.14	0.07	3.08	0.05	-0.04
	俄罗斯裔	296	4.11	0.05	3.06	0.03	-0.28***
	埃塞俄比亚裔	158	4.19	0.07	3.12	0.05	0.00
荷兰	所有族裔	348	4.54	0.06	3.19	0.04	-0.27***
	土耳其裔	165	4.56	0.04	3.20	0.01	-0.22***
	安迪列斯裔/荷兰裔	87	4.50	0.08	3.15	0.06	-0.43***
	苏里南裔/印度裔	96	4.55	0.04	3.20	0.02	-0.08
新西兰	所有族裔	159	4.33	0.03	3.20	0.01	0.32***
	华裔	37	4.32	0.04	3.19	0.01	0.28***
	太平洋岛国裔	122	4.33	0.03	3.20	0.01	0.31***
挪威	所有族裔	462	4.28	0.07	3.17	0.05	-0.19***
	越南裔	137	4.28	0.08	3.16	0.05	-0.14
	土耳其裔	103	4.28	0.08	3.16	0.05	-0.12
	巴基斯坦裔	175	4.29	0.07	3.18	0.04	-0.14
	智利裔	47	4.27	0.09	3.15	0.06	-0.25
葡萄牙	所有族裔	190	4.46	0.07	3.10	0.05	-0.19***
	佛得角裔	20	4.49	0.07	3.40	1.08	-0.15

续表

		族裔认同		国家认同		族裔/国家认同	
		N	M	SD	M	SD	r
葡萄牙	安哥拉裔	44	4.45	0.07	3.47	1.18	−0.51***
	葡萄牙的印度裔	30	4.51	0.07	3.40	1.11	0.07
	莫桑比克裔	11	4.50	0.07	3.70	1.10	−0.39***
	蒂汶裔	85	4.43	0.06	3.72	1.06	0.15
瑞典	所有族裔	815	4.42	0.07	3.18	0.05	−0.19***
	越南裔	100	4.37	0.08	3.14	0.06	0.20*
	土耳其裔	277	4.43	0.07	3.18	0.04	−0.24***
	库尔德裔	64	4.39	0.09	3.15		
	芬兰裔	195	4.44	0.05	3.19	0.03	−0.26***
英国	印度裔	120	4.58	0.05	3.19	0.03	0.10
美国	所有族裔	466	3.99	0.07	3.17	0.05	0.15***
	越南裔	103	3.99	0.07	3.17	0.05	0.21
	亚美尼亚裔	193	3.97	0.08	3.15	0.06	0.02
	墨西哥裔	170	4.00	0.06	3.18	0.04	0.51***

$^{*}p < 0.05.$ $^{***}p < 0.001$

人口统计变量角度对族裔认同和国民认同的预测

与在新定居国家的居住时间相关的是国民认同，而不是族裔认同。在大部分国家，国民认同随时间而有很大的改变（$\eta^2 = 0.01$），居住时间越长，青少年对定居国的认同就越强烈（见图4.8）。与之相反，族裔认同并不随居住时间而改变，因此，居住时间越长，对定居国的依恋越强，但也不会失去对自身文化群体的依恋。

17至18岁青少年组的族裔认同分数要低于比他们年龄更小的（$\eta^2 = 0.02$）。我们没有发现年龄和国民认同之间有着明确的相关，国民认同与年龄和性别也没有交互关系。族裔认同并不随父母的职业地位而改变，而国民认同却随父母的职业地位而改变（$\eta^2 = 0.02$）。父母没有技术的样本的国民认同分数最低，其次是父母有技术的样本。父母是白领或专

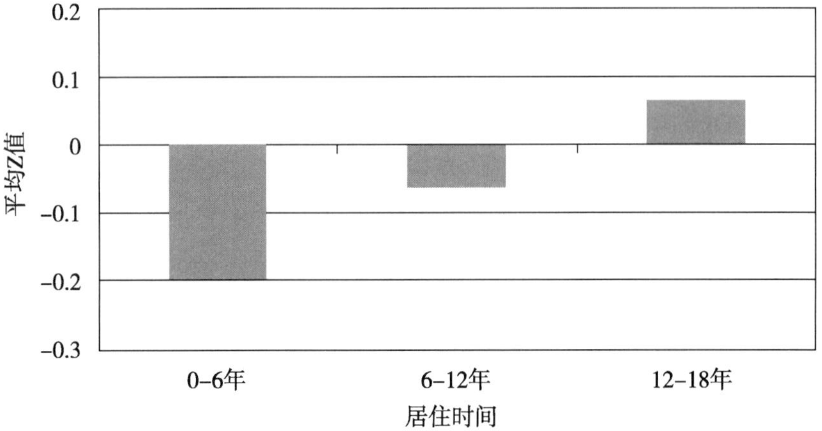

图 4.8 从居住时间看国民认同平均水平

业人士的样本拥有最高的国民认同分数。在社区（族群）构成方面，族裔认同和国民认同没有显著的差异，差异即使存在，也无可解释的意义。

语言的流利和使用

移民青少年报告了其在族裔语言和国民语言上的流利程度，以及使用每种语言的频率。各国语言流利和使用的平均值见图 4.9。定居国青少年没有报告语言的流利程度。移民青少年总体上有着更流利的国民语言（4.5），但在族裔语言上较不流利（3.6）。这在国民群体和族裔群体中是普遍现象，只有一个例外，芬兰和以色列的俄罗斯裔，他们族裔语言的流利程度更高。总体而言，青少年在两种语言的使用上几乎相当。

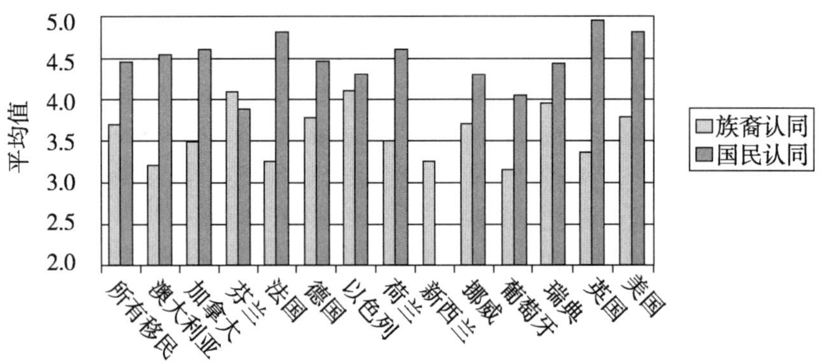

图 4.9 移民青少年族裔语言和国民语言流利程度：年龄、性别、在定居国生活时间受控制条件下（缺新西兰国民语言的数据）

女孩的国民语言使用要高于男孩（$\eta^2=0.01$），但在流利程度上并没有性别差异。父母职业地位与国民语言的流利程度（$\eta^2=0.03$）和语言使用（$\eta^2=0.02$）是相关的，父母从事白领或专业工作的样本比父母没有技术或是技术性工人的样本，具有更高的国民语言流利和使用水平。

正如预期的那样，在新社会的居住时间不同，族裔语言和国民语言的流利和使用水平也不一样。居住时间越长，国民语言的流利（$\eta^2=0.07$）和使用水平（$\eta^2=0.05$）越高，族裔语言的流利（$\eta^2=0.05$）和使用水平（$\eta^2=0.05$）越低。

社区（族群）构成对语言的使用有着重要的影响。正如预期的那样，在族裔更多样化的社区，国民语言的使用要高于主体为青少年本群体的社区（$\eta^2=0.01$）。

同龄人社会交往

移民青少年与本裔群体同龄人（3.6）的社会交往要多于与国民群体同龄人（3.3）。同样，定居国青少年与本群体同龄人的社会交往要多于与移民同龄人，但差异更为显著（见图4.10）。

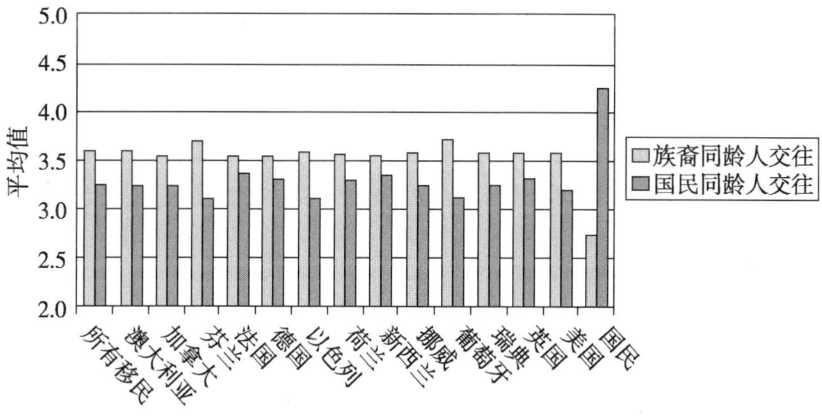

图4.10　族裔青少年和定居国同辈人社会交往平均值

父母职业地位较低的青少年与本群体同龄人的交往更为频繁（$\eta^2=0.02$），与整个社会同龄人交往更少（$\eta^2=0.01$）。与定居国同龄人交往的频率随居住时间而变化（见图4.11；$\eta^2=0.01$），在新国家居住的时间越长，青少年与定居国群体同龄人的交往越多，与族裔同龄人的交往越少，但效果规模值小。社区与社交网络的相关也如预期的那样，在族裔更多样化的社区，青少年与定居国同龄人的交往要多于居住在主体为本群体的社区（$\eta^2=0.01$），与本群体同龄人的交往也要更少（$\eta^2=0.06$）。

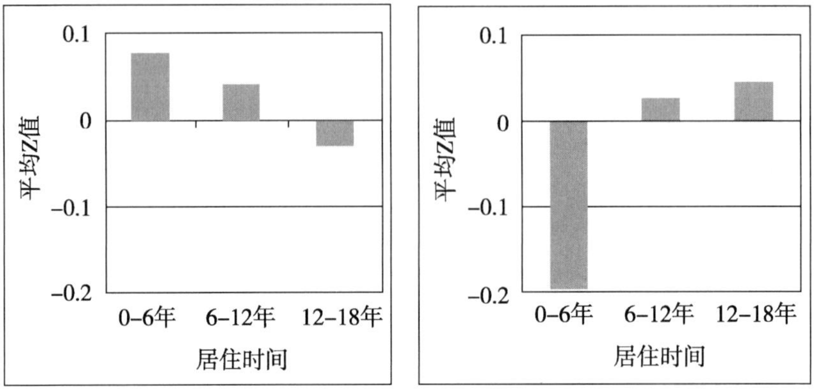

图 4.11　从居住时间看移民青少年与本族裔同龄人交往（左图）和与定居国同龄人交往（右图）

家庭关系价值观

移民青少年和定居国青少年的家庭关系价值观采用两个量表：家庭义务和青少年的权利。更高的分数指示着对这些价值观更强的赞同，移民青少年（3.6）比定居国青少年（3.1）更赞同家庭义务，但对青少年权利的赞同程度（3.2）不如定居国青少年（3.4；见图 4.12）。在总体移民青少年中，义务分数要高于权利分数；在定居国青少年中，权利分数要高于义务分数。

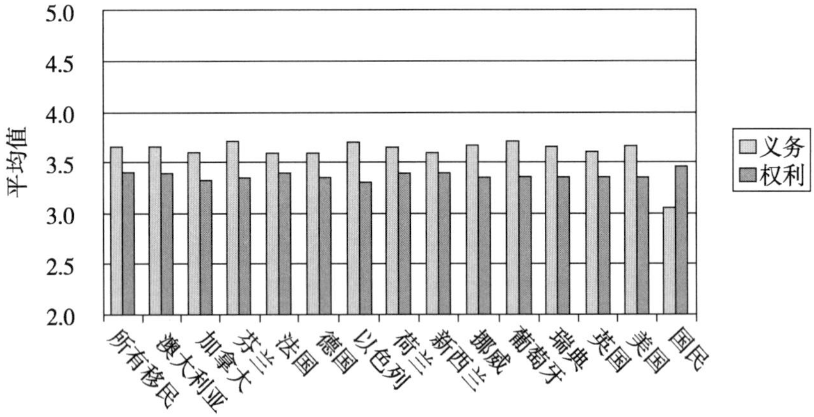

图 4.12　赞同家庭义务和青少年权利的均值：年龄、性别、在定居国生活时间受控制条件下

在所有国家以及国家内部，移民对义务的赞同不存在性别差异；在权利方面，总体上也不存在性别差异；国家内部少量的性别差异也是由于性别不平衡造成的。对义务和权利的赞同程度与年龄的关系不大，但与父母的职业关系很大。父母职业地位最低的青少年最赞同家庭义务，其次是父母是技术型和白领的青少年，父母是专业人士的青少年最不赞同家庭义务（η^2 =0.02）。家庭义务和青少年权利的分数与社区族群构成不相关。

在新国家居住时间越长，移民青少年对家庭义务和青少年权利的赞同程度也会改变，更接近于定居国青少年的水平。居住时间越长，义务分数越低，权利分数越高，但总体效果规模值小，因此没有包括在本书中。由于在其他研究中也发现了类似差异，我们探讨了可能的调节作用（moderating effect）。在家庭义务和居住时间的关系上，性别、社区（族群）构成和定居国确实造成了差异。对于女孩而不是男孩，居住时间越长，义务分数越低（η^2 =01；<6 =0.08，6 -12 =0.00，& >12 = -0.11）。当青少年居住在主要由其他族裔群体组成的社区时，居住时间越长，义务分数越低（η^2 =0.01；<6 =0.10，6 -12 =0.03，& >12 = -0.16）；其他类型的社区则没有这种差异。最后，居住时间越长，义务分数越低，这在瑞典（η^2 = 0.02；<6 =0.06，6 -12 =0.11，& >12 = -2.6）和以色列（η^2 =0.02；<6 =0.12，6 -12 = -0.12，& >12 = -0.12）最为显著。对于青少年权利，没有任何可解读的调节作用。

感知到的歧视

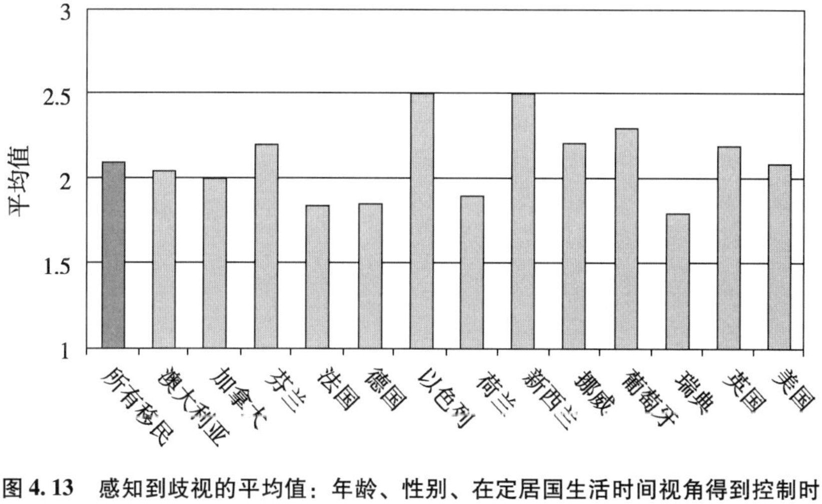

图 4.13　感知到歧视的平均值：年龄、性别、在定居国生活时间视角得到控制时

这里只说明移民青少年报告感知到的歧视，不包括定居国青少年。感知到歧视的总体平均值为2.1，这表明大多数移民青少年没有感到或只是偶而受到歧视（见图4.13）。总体而言，男性比女性感知到更多的歧视（$\eta^2 = 0.01$）；在各国所有的性别歧视案例中，男性的数量要高于女性。但感知到的歧视与年龄差异无关，与父母的职业地位、居住时间或社区（族群）构成也无关。

文化互动变量间的相互关系

为理解涵化过程不同领域的相互关系，我们运用了相关系数和因素分析。所有文化互动变量和背景变量的相关系数见表4.2。由于样本庞大，几乎所有的相关系数都是显著的。下面我们只讨论0.20及以上的系数。

涵化态度和文化认同的关系正如我们预期的那样，在一定程度上支持了它们的聚合效度（convergent validity）。具体而言，族裔认同和国民认同与整合取向呈正相关，与边缘化呈负相关或无关。之与形成对比，两种认同与同化和分离的联系呈负相关：族裔认同与同化呈负相关，但与分离呈正相关；国民认同与同化呈正相关，与分离呈负相关。

涵化态度和文化认同与涵化行为的相互关系一般如预期的那样，但相关程度属于中等。在涵化态度中，分离与涵化行为有着最强的关系：那些较少使用国民语言、与本族裔群体同龄人更多交往、更赞同家庭义务、族裔语言更流利的人更倾向分离。分离态度与感知到的歧视呈正相关，边缘化态度的相关也是如此，这暗示着一种相互的态度。不希望与整个社会成员交往的人认为其他人歧视他们，或他们遭到了实际的歧视。

在两个文化认同上，国民认同与定居国同龄人交往和国民语言使用呈正相关，与族裔语言流利呈负相关；族裔认同与族裔语言流利和家庭义务呈正相关。其他文化互动变量的关系如预期的那样：例如，族裔语言流利与族裔同龄人交往呈正相关，国民语言流利与定居国同龄人交往呈正相关。但是，族裔认同和国民认同与感知到的歧视无关。

在定居国生活时间比例、父母职业地位和社区族裔背景与文化互动变量有着一定的关系，但效应不同。其中，定居国生活时间比例显示最强的关系，但只表现在语言方面；定居国生活时间比例越高，国民语言的流利和使用越高，族裔语言的流利越低。父母职业地位与青少年语言情况也相关，地位越高，国民语言的流利程度和使用频率越高。社区（族群）构成只与同龄人交往有关，正如预期的那样。

表 4.2 文化互动变量和情境变量的相互关系

	1	2	3	4	5	6	7	8	9	10	11	12	13	14	15	16
1. 整合																
2. 分离	-0.28															
3. 同化	-0.09	0.06														
4. 边缘化	-0.27	0.21	0.37													
5. 民族认同	0.16	0.22	-0.34	-0.20												
6. 国家认同	0.20	-0.29	0.19	-0.03	-0.10											
7. 民族语言的流利程度	0.09	0.20	-0.10	-0.03	0.21	-0.22										
8. 定居国语言的流利程度	0.07	-0.12	-0.15	-0.12	0.09	0.15	-0.09									
9. 语言的使用	-0.01	-0.20	0.08	-0.02	-0.13	0.35	-0.63	0.40								
10. 族裔同龄人交往	0.05	0.25	-0.12	-0.06	0.28	-0.09	0.27	-0.02	-0.22							
11. 定居国同龄人交往	0.16	-0.22	0.13	-0.05	-0.08	0.26	-0.22	0.20	0.31	-0.12						

续表 4.2

	1	2	3	4	5	6	7	8	9	10	11	12	13	14	15	16
12. 家庭职责	0.09	0.18	-0.04	-0.08	0.21	0.03	0.08	-0.02	-0.07	0.17	-0.01					
13. 青少年权利	0.11	-0.06	-0.05	-0.04	-0.02	-0.14	0.11	-0.06	-0.22	-0.05	0.01	-0.09				
14. 感知到的歧视	-0.11	0.21	0.12	0.20	-0.06	-0.07	0.05	-0.10	-0.10	0.11	-0.15	-0.01	-0.10			
15. 在定居国居住时间比例	-0.02	-0.10	-0.14	-0.03	0.15	0.05	-0.32	0.44	0.32	-0.05	0.14	-0.07	0.03	-0.16		
16. 职业地位	0.01	-0.04	0.00	-0.04	-0.09	0.19	-0.14	0.20	0.27	-0.09	0.07	-0.10	-0.06	-0.06	0.04	
17. 邻里	-0.06	0.08	-0.03	0.03	0.04	0.06	0.02	0.07	0.04	0.24	-0.09	0.09	-0.17	0.06	0.02	-0.13

注：涉及职业地位或邻居构成的相关是斯皮尔曼等级相关（由于量表值的顺序本质）；所有其他值则为皮尔逊积差相关

文化互动变量因子分析

探讨文化互动变量相互关系的第二步是进行因子分析，变量的选择与测试根据第六章总模型的因子分析来决定（运用方差极大旋转进行主成分分析）。除了一些统计标准，例如特征值、可解释方差比例、因子载荷，我们还通过理论论据来选择变量和变量集群。

最后，每个变量体现在具体的因子分数中。我们区分了四个因子：族裔取向、定居国取向、整合取向和族裔行为。运用因子分数，我们考察了每个人口变量对四个因子的影响。

族裔取向

族裔取向因子结合了族裔认同、分离和家庭义务这几个变量的分数（特征值 = 1.41；46.82% 可解释方差）。族裔取向因子与社区（族群）构成相关，分数越高，社区中本族裔人口的比例越高；父母的社会经济地位越高，族裔取向因子的分数越低；族裔取向因子与居住时间或性别无关。

定居国取向

定居国取向因子是国民认同和同化态度的结合（特征值 = 1.199；59.97% 的可解释方差）。父母的社会经济地位越高，定居国取向因子的分数越高；男孩的分数高于女孩；与居住时间、社区的族裔密度无关。

整合取向

整合因子包括整合（正载荷）和边缘化（负载荷）这两种涵化态度（特征值 = 1.263；63.14% 的可解释方差）。父母的社会经济地位越高、社区的族裔密度越低，整合因子的分数越高；男孩的分数低于女孩；与居住时间无关。

族裔行为

族裔行为因子包含族裔语言的流利、族裔同龄人交往（正载荷）以及国民语言的流利、与定居国同龄人交往（都为负性载荷；特征值 = 1.516；37.89% 的可解释方差）。族裔行为因子显示的差异说明，与国民语言与定居国同龄人交往相关的是父母更高的社会经济地位、更长的居住时间、更低的社区本族裔群体密度。

语言使用、青少年的权利和感知到的歧视这三个变量没有包含在任何一个因子中。前两个变量与第六章的因子结构不匹配，感知到的歧视由于其重要性而被作为一个独立变量。

文化、宗教和可见差异的作用

对于这三个模式（文化、宗教和可见度）的差异，我们预期，每个模式差异越大，感知到的歧视越多，对整个社会的取向越弱。文化价值观的三种类型之间（权力距离、不确定性规避和个人主义）则没有显著关系。为更全面地测量文化价值观，我们建立了一个包含这三个模式差异的因子分数，以一维的形式载荷（特征值 = 1.94；64.5% 的可解释方差），也没有发现显著关系。这说明文化价值观差异对文化间际关系并没有什么影响，这个结论与当前大部分研究的结果相左。不过，大多数其他有关文化差异的研究测量的是感知到的差异，而在我们的研究中，差异是独立对由被调查者观点的评估。也许，调查结论的这些差异可能在于，我们使用的是主观性较少的测量方法。

移民青少年报告的宗教信仰，被分成以下四个小组：无宗教信仰（n = 581），基督教或犹太教（n = 2，319），穆斯林（n = 1，238），东方宗教（例如，印度教和佛教；n = 796）。所有定居社会主要是犹太—基督教。我们首先探讨了感知到歧视的可能差异，结果发现，四个小组的平均值从 2.0 到 2.1，没有显著差异。

为考察宗教差异与移民青少年对整个社会取向的关系，在对性别、年龄和居住时间加以控制后，我们比较了这四个小组与前述的四个因子分数。整合取向因子分数在犹太—基督教小组中最高（$\eta^2 = 0.01$）；穆斯林青少年在国家取向分数最低，印度教和佛教青少年的分数最高（$\eta^2 = 0.07$）；穆斯林的族裔取向分数最高，无宗教信仰的青少年的族裔取向最低（$\eta^2 = 0.10$）；犹太—基督教和穆斯林小组的族裔行为因子分数高于无宗教信仰或东方宗教的小组（$\eta^2 = 0.02$）。这些差异表明，宗教显然在移民的文化间交往中起到重要的作用。

在控制了年龄、性别和在定居国生活时间比例后，以差异可见度而分的三个小组（相对于欧裔国民的高、中、低三种可见度）在几个变量上的差异显著。相较于中、低可见度小组，感知到的歧视在高可见度小组中更高（$\eta^2 = 0.01$），但是效果规模值小说明可见度的影响是微弱的。可见度与四个因子相关，高可见度小组在国家取向因子上分数最高（$\eta^2=0.07$），在族裔行为上分数最低（$\eta^2=0.08$），这与我们的预期相反，即可见度越高，与定居国文化的距离越大，与自身族裔群体的距离越近，而事实上，可见度最低的小组有着最高的族裔取向分数（$\eta^2=0.05$）；可见度与整合因子无关，从而否定了这种观点，即可见度越高，感觉越不受欢迎，越不倾向于成为整个社会的一分子，相反在国民取向因子和族裔行为因子上，可见度越高，参与度越高。

涵化总体情况

除了文化互动变量的分析，面向个体的方法可以帮助我们理解青少年涵化方式的不同侧面或模式。下面的聚类分析采用以下变量：涵化态度（整合、分离、同化和边缘化）、族裔和国民认同、族裔语言和国民语言、语言的使用（低 = 族裔语言，高 = 国民语言）、与本族裔和定居国同龄人的接触、以及家庭关系（家庭义务和青少年的权利）。基于与主体理论框架的匹配性和聚类的可解读性，我们决定采用四个聚类或四个不同的涵化侧面：整合模式、族裔模式、国民模式和迷失模式，所有数据完整的青少年被归入其中的一个模式。我们首先对各个模式进行描述，然后考察它们在其他变量上的差异。

整合模式

这个模式的人数最多，共有 1，576 名青少年（占 36.4% 的移民样本），显示对族裔和定居国文化高度的参与（见图4.14）。他们在族裔认同和国民认同上的分数很高；强烈赞同整合，不太赞同同化、分离和边缘化；国民语言的流利程度高，族裔语言的流利程度中等；对两种语言的使用平衡；与本族裔群体和国民群体的同龄人都有交往；在家庭关系价值观的分数上接近平均值。无论在族裔还是国家背景下，这些青少年在认同、语言、同龄人交往和价值观方面都感觉良好。由于他们代表了整合概念，因此被称为“整合模式”。

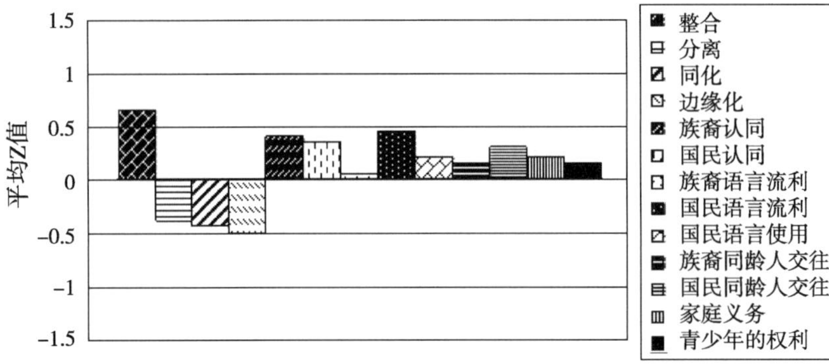

图 4.14　整合模式——13 个文化互动变量的标准化分数

族裔取向模式

第二个模式见图 4.15，由 975 名青少年组成（占 22.5%），显示对自己族裔群体明确的取向，在族裔认同、族裔语言的流利和使用、族裔同龄人交往上分数很高；赞同分离态度，在同化、国民认同、与国民群体的交往上得分较低；对家庭关系价值观的赞同度大大高于平均水平。因此，他们代表了嵌入于自身文化环境的年轻人，显示与整个社会较低的参与度。这个模式被称为“族裔模式”。

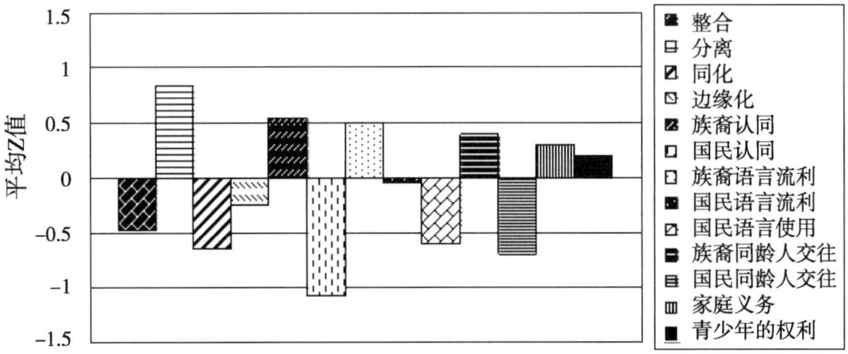

图 4.15　族裔模式——13 个文化互动变量的标准化分数

国民取向模式

第三种模式见图 4.16，由 810 名青少年组成（占 18.7%），显示对定居社会强烈的取向。他们在国民认同和同化上的分数很高，但在族裔认同上则非常低；国民语言流利，主要使用国民语言；主要与定居国同龄人

（定居国同龄人）人交往；对家庭义务的赞同度低。这些青少年是同化观念的代表，在认同、语言、同龄人交往或价值观上缺乏对自身族裔文化的保留，被称为“国民模式”。

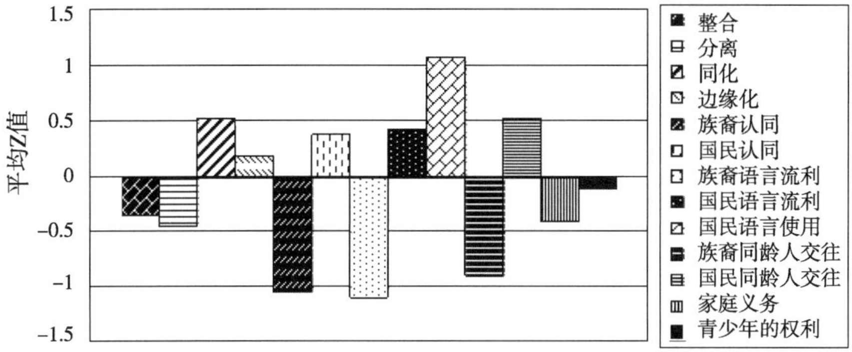

图 4.16　国民模式——13 个文化互动变量的标准化分数

迷失模式

最后一个模式见图 4.17，是最不容易解读的一个模式，共有 973 名青少年（占 22.4%）。他们在族裔语言的流利和使用上分数很高，但族裔认同的分数却是低的；在国民语言的流利、国民认同、与定居国同辈人交往上的分数也不高；赞同同化、边缘化和分离。这种矛盾的模式表明，这些年轻人对于他们在社会中的位置是不确定的，可能希望成为整个社会的一分子，但又缺少交往的技术和能力。这个模式与相关研究描述的“迷失”型年轻人类似，缺乏生活方向或目标，在社会上通常是孤立的（Marcia，1994）。因此，这个模式被称为“迷失模式”。

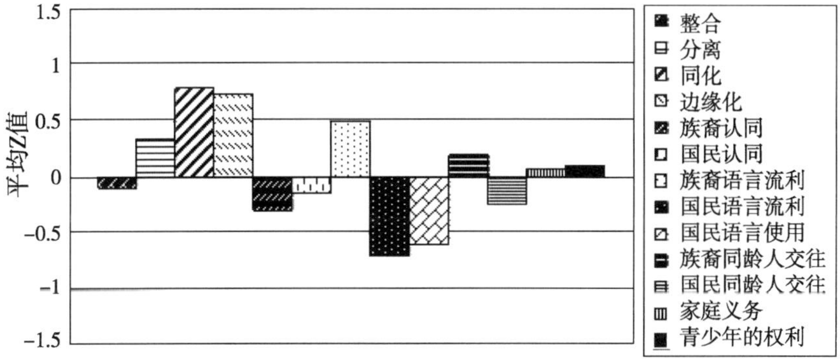

图 4.17　迷失模式——13 个文化互动变量的标准化分数

涵化模式和感知到的歧视

在涵化模式分析中，感知到的歧视并没有被包括在内，这样做是为了对它进行单独的考察。我们预期，感知到的歧视与青少年参与整个社会是反比关系。方差分析显示，感知到的歧视在各个模式中存在着显著差异（$\eta^2=0.03$）：整合模式（标准化后的 m = −0.165）和国民模式（标准化后的 m = −0.083）的青少年比其他两个模式报告更少的歧视；族裔模式的平均值为 0.093，大大高于整合和国民模式；迷失模式的青少年的歧视分数最高（m = 0.225）。当居住时间作为协变量被包括进来的时候，结果也是一样。

涵化模式的差异

居住时间

涵化模式显示的不同方式是否会随着居住时间而改变？这是一个重要的概念性问题。在居住时间的三个分类中，涵化模式显示清晰的差异模式，x^2（6，$N=2$，855）= 383.56，$p<0.001$（见图 4.18）。居住时间越长，整合和国民模式的人数越多；在新社会出生或居住了 12 年的人中，整合和国民模式的比例两倍于居住 6 年或更短的人；相比之下，迷失模式在那些更长居住时间的人中间就极为少见，居住 6 年或更短的人中，超过 45% 显示迷失模式，而居住时间最长的人中只有 12% 左右显示这个模式；另一方面，族裔模式在所有分类中比例相当。因此，正如数字所显示的，在新近抵达者中，迷失模式占主体，国民模式比例很低；对于自出生起或

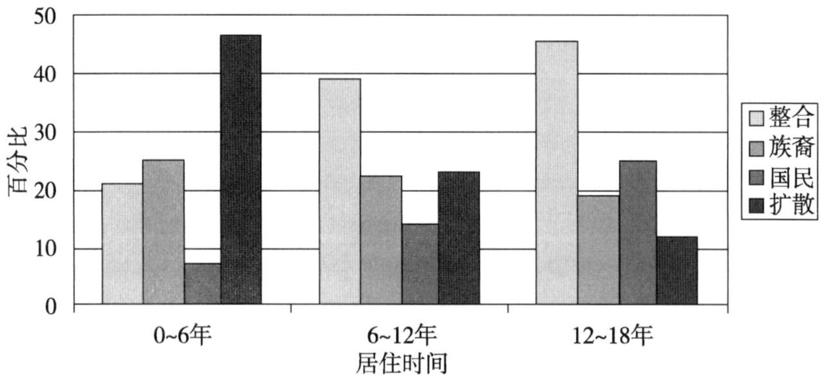

图 4.18 居住时间视角的涵化模式

很小就在移民到定居社会生活的人，整合模式占主体，国民模式排第二。除了这些差异，还有20%～25%的青少年显示对自身族裔文化认同的强烈且持久的参与，但都与居住时间无关。

社区（族群）构成

社区（族群）构成与涵化模式的关系显著，x^2（18，$N=4190$）$=65.79$，$p<0.001$（见图4.19）。结果显示，整合模式在族裔平衡的社群中最具代表性，并在所有社群中都属于占有主流地位的模式；例外是，在都属于同族裔群体的社区中，族裔模式占主流地位；在其他族裔群体更多的社区，国民模式的比例往往要高于自身族裔群体更多的社区。

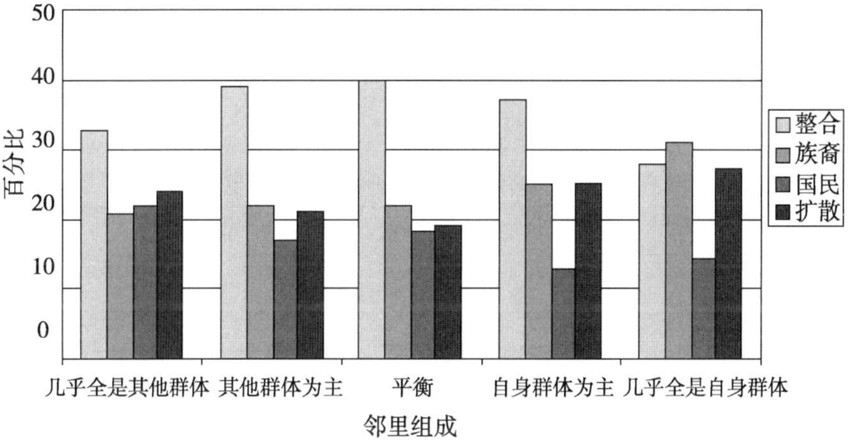

图4.19　社区族裔组成视角的涵化模式

性别、年龄和父母职业

女性和男性的比例在所有模式中差异很大，x^2（3，$N=4321$）$=45.62$，$p<0.001$。女孩更多地显示整合模式，男孩更多地显示迷失模式。在三个年龄组中（13～14，15～16，17～18岁），整合模式占主体，族裔模式在两个最年轻的年龄组中排第二，国民模式在所有年龄组中比例相当，而迷失模式在15至18岁的人中更为突出，x^2（6，$N=4334$）$=24.41$，$p<0.001$。父母职业地位与四类涵化模式呈中等相关，父母的职业地位越高，国民模式的比例越高，x^2（12，$N=3,574$）$=92.49$，$p<0.001$。

定居国家

四类涵化模式在各定居国家和族裔群体中分布的差异很大（见表4.3）。在定居者建立的社会和英国，超过50%的青少年表现为整合模式：

美国（53.5%）、英国（53.0%）、澳大利亚（51.1%）和加拿大（50.4%）。整合模式在法国（45.6%）和荷兰（39.1%）虽然不够普遍但仍然占主流地位，在荷兰族裔模式的比例也很高（37.1%）。在瑞典，族裔模式占主流地位（40.4%），整合模式的比例也很高（31.3%）。迷失模式比例最高的国家是芬兰（44.1%为迷失模式，族裔模式排第二，19.7%）和以色列（40.3%为迷失模式，整合模式排第二，占31.9%）。在葡萄牙，国民模式比例最高46.4%，排第二的是整合模式，占29.4%。在挪威和德国，所有模式分布得相对均匀，其比例在14%到30%之间。

国家层面的涵化模式比例容易引起误导，因为在一个具体国家，涵化模式的分布在各族裔群体间差异很大。例如，在美国，整合模式在墨西哥裔美国人和亚美尼亚裔美国人中占主流地位，但在越南裔中，占主流的是国民模式（见表4.3国家和族裔群体中涵化模式的分布）。在其他国家中，例如在荷兰，也可看到相似差别。

表4.3　国民和族裔群体中四种涵化模式分布（%）

		样本数	整合	族裔	国民	迷失
澳大利亚	所有族裔	225	51.1	8.5	24.9	15.6
	越南裔	56	60.7	7.1	17.9	14.3
	华裔	68	41.2	4.4	29.4	25
	菲律宾裔	101	52.5	11.9	25.7	9.9
加拿大	所有族裔	244	50.4	11.1	22.1	16.4
	越南裔	77	44.2	5.2	19.5	31.2
	韩国裔	80	42.5	22.5	18.8	16.3
	印加裔	87	63.2	5.7	27.6	3.4
芬兰	所有族裔	376	17.8	19.7	18.4	44.1
	越南裔	202	18.3	10.4	18.8	52.5
	土耳其裔	53	28.3	1.9	50.9	18.9
	俄罗斯裔	121	12.4	43	3.3	41.3
法国	所有族裔	419	45.6	21	26.3	7.2
	越南裔	71	46.5	8.5	39.4	5.6
	土耳其裔	55	34.5	38.2	10.9	16.4

续表

		样本数	整合	族裔	国民	迷失
法国	阿尔及利亚裔	88	43.2	25	27.3	4.5
	摩洛哥裔	117	51.3	27.4	16.2	5.1
	葡萄牙裔	88	46.6	8	37.5	8
德国	所有族裔	242	29.8	21.1	19.8	29.3
	土耳其裔	96	22.9	28.1	9.4	39.6
	葡萄牙裔/西班牙裔	67	52.2	28.4	9	10.4
	德裔	79	19	6.3	41.8	32.9
以色列	所有族裔	414	31.9	18.8	8.9	40.3
	俄罗斯裔	264	10.2	23.9	9.1	56.8
	埃塞俄比亚裔	150	70	10	8.7	11.3
荷兰	所有族裔	294	39.1	37.1	13.6	10.2
	土耳其裔	152	30.9	53.9	2	13.2
	安迪列斯裔（荷兰裔）	65	43.1	29.2	13.8	13.8
	苏里南裔/印度裔	77	51.9	10.4	36.4	1.3
挪威	所有族裔	424	28.5	29.5	14.6	27.4
	越南裔	129	26.4	13.2	24	36.4
	土耳其裔	97	19.6	35.1	11.3	34
	巴基斯坦裔	160	31.9	42.5	8.8	16.9
	智利裔	38	44.7	15.8	15.8	23.7
葡萄牙	所有族裔	405	29.4	6.7	46.4	17.5
	佛得角裔	106	47.2	13.2	32.1	7.5
	安哥拉裔	102	22.5	1	70.6	5.9
	葡萄牙的印度裔	71	32.4	7	54.9	5.6
	莫桑比克裔	45	11.1	2.2	86.7	0
	帝汶裔	81	22.2	7.4	4.9	65.4
瑞典	所有族裔	763	31.3	40.4	7.3	21
	越南裔	91	40.7	11	15.4	33

续表

		样本数	整合	族裔	国民	迷失
瑞典	土耳其裔	261	25.3	47.1	5.7	21.8
	库尔德裔	60	25	61.7	3.3	10
	拉丁美洲裔	163	40.5	41.7	6.7	11
	芬兰裔	188	29.3	37.2	7.4	26.1
英国	印度裔	114	52.6	14	17.5	15.8
美国	所有族裔	413	53.5	12.8	16.9	16.7
	越南裔	92	31.5	0	52.2	16.3
	亚美尼亚裔	168	51.2	22	10.1	16.7
	墨西哥裔	153	69.3	10.5	3.3	17

小　结

在调查13个国家移民和定居国青少年的基础上，通过对涵化态度、族裔和国民认同、语言的流利程度和使用频率、同龄人交往、家庭关系价值观和感知到的歧视这几个文化互动变量的单独和总体分析，并参照了年龄、性别、父母职业、居住时间、社区族裔组成等人口统计变量和背景变量，我们的研究结果提供了年轻人涵化经历的图景。

在最一般的层面上看，上述结果显示了明确的趋势。在多数国家和族裔文化群体中，青少年倾向整合，反对同化；族裔认同强烈，国民认同稍弱但得分仍可观；国民语言的流利高于族裔语言，但两种语言的使用平均；兼有自身族裔群体和其他群体的朋友；极少受到歧视。因此，整体而言，移民青少年愿意在参与新社会的同时保留自身的族裔传统，这反映出了对整合的普遍倾向。这些结果在一定程度上也是主流社会青少年的写照，他们将移民的整合视为更受欢迎的涵化模式。

由于整合是移民在西方社会适应过程中最常见的涵化形式，移民和国民社区的成员被问及他们的涵化取向时，他们往往赞同的是整合（Jasinskaja-Lahti，Liebkind，Horenczyk，& Schmitz，2003）。但是，整合同时包含了对原初文化的传承和削弱（Berry，1997）。移民和定居国青少年对移民文化认同的削弱程度存在差异（Jasinskaja-Lahti et al.，2003），这在第二种最倾向的涵化态度中一目了然：在移民中，分离是第二种最倾向的涵化态度；而在定居国青少年中，同化是第二个选择。

但是，基于文化互动变量平均值的大图景并不能准确地反映移民青少年中的差异，而面向个人的方法正好可以弥补这方面的不足。聚类分析确定了四种不同的涵化模式，指示着青少年在新社会中不同的涵化方式。只有整合模式符合前述的模式，突出了参与族裔和定居国文化并感觉良好的那部分青少年。这是最为常见的模式，包括了超过1/3的青少年。

另外2/3的青少年在其他三种模式中呈平均分布。超过1/5的青少年显示族裔模式，其特点是对自身族裔群体的强烈取向；在认同、语言的流利和使用、同龄人交往和价值观上偏好族裔文化，显示了分离取向；态度、认同和行为显示了对定居国文化的低参与度。

还有一小部分青少年显示国民模式，可以说是族裔模式的“镜像”，他们的涵化态度、认同、语言、同龄人交往和价值观强烈地倾向定居国文化（定居国文化）。对于族裔模式和国民模式，语言与文化认同有着很强的联系：族裔语言与族裔认同的正比关系是族裔模式的关键组成；国民语言与国民认同和国民模式相关。

总体而言，语言的传承、转换和丧失与社会结构背景是分不开的，这个背景包括人口统计变量，例如语言使用者的绝对数量、在总人口中的比例以及在地理上的分布（Bourhis，2001；Giles et al.，1977；Liebkind，1999）。族裔语言群体拥有越多的人口、政治、经济和文化资源，保留本群体语言和作为独特语言社区存在的可能性就越高（Barker & Giles，2004；Bourhis，2001）。在本课题中，族裔语言的流利和使用与社区的自身族裔群体比例是正比关系，从而支持了少数民族语言保护的社会语言学理论，该理论认为个体的语言交往网络最终决定着少数民族语言的流利和使用（Allard & Landry，1992；Landry & Bourhis，1997）。

语言曾被认为是族裔认同的重要方面，而且一些实证也支持了这个观点（Asante & Gudykunst，1989）。不过，语言与认同之间的联系一直是争议的焦点（例如，Edwards，1992；Fishman，1989；Liebkind，1992a，1996a，1999）。大部分学者认为，语言可以是族裔认同的重要组成部分，但族裔认同却可以在族裔语言丧失的情况下保持下来（Edwards，1992；Giles & Robinson，1990；Liebkind，1999）。在我们的研究中，移民青少年族裔语言的流利和使用与族裔认同是紧密相关的。

第四组青少年被概括为迷失模式，占样本的22%。他们对自身的情况是矛盾和不确定的，赞同三种截然不同的涵化模式（分离、同化和边缘化）；国民语言虽然不够流利，但表达了成为国民社会一员的意愿；受到的歧视最多。在边缘化的经典研究文献中（Stonequist，1937），这部分人被认为处于心理上的不确定期，没有一个社会能够完全地接受他们。曼恩（Mann，1965）认为这种描述最适合青少年。对于边缘化的人群来说，其最初的目标通常是同化，但这个目标由于偏见和歧视而受到阻碍（Mann，1958）。在我们的研究中，这部分青少年高度的同化和边缘化取向，及高度感知的歧视，与边缘化人群的经典描述较为相近。

涵化模式在背景和人口变量上的差异凸显了这样一个事实，即没有一个模式是符合所有移民青少年的。居住时间是理解青少年涵化经历的一个关键人口变量。虽然我们的数据不是纵向的，但基于出生地和境外出生青少年在抵达新国家时的年龄，我们派生了居住时间这个变量，随时间的变化来推断趋势。最为明显的趋势是，居住时间越长，青少年对定居国的参与度越高。但族裔认同与居住时间几乎没有关系，尽管族裔语言的流利和使用会有所下降。

对新国家的参与度随时间而提高这一点，体现在涵化模式和个体变量中。国民模式在新近抵达者在境外出生或在新国家生活 6 年或以下的青少年中数量很小（8%），但在居住了 12 年或以上的青少年中，几乎达到了 1/4（23%）；个体变量显示相同的趋势，居住时间越长，国民认同、国民语言的流利和使用、与国民群体同龄人交往的比例越高，分离态度越低，对家庭义务的赞同度越低，即移民青少年的态度更接近定居国青少年的态度。虽然总体差异不大，女孩比男孩更不赞同家庭义务，其他族裔群体占主体的社区的青少年比自身族裔占主体的社区的青少年更不赞同家庭义务。女孩比男孩可能对传统文化价值观赋予她们更沉重的义务有着更多的意识。

尽管对国家的参与度随居住时间而提高，但移民青少年并不会因此而被同化，即居住时间越长，移民青少年并不会为了成为整个社会的一部分而更多放弃自身族裔传统。尽管族裔语言的流利和使用随着居住时间而降低，青少年对自身族裔群体的认同仍然强烈；族裔认同正好与国民认同相反，并不随居住时间而改变。与语言相比，族裔认同显示出更高的抵抗性。事实上，其他研究显示，族裔认同在第三代及以后仍然强烈地保持着（Phinney，2003）。而且，族裔模式比例的下降也是有限的，从新近移民中的 25% 到居住时间最长移民中的 19.5%。这些结果清楚地表明，青少年的涵化过程不是一个线性的进程，从认同本族群的文化到认同定居国文化；而是趋向整合和双方化的进程，表现为持续强烈的族裔认同和更高的国民参与。

这个趋势得到涵化各模式和个体变量的支持。在新近抵达者中，迷失模式占据主体，这些青少年既不认同自身族裔群体或整个社会，也没有更多地参与其中，他们占到新近抵达者中的近半数。与之相反，在更长居住时间的青少年中，整合模式占据主体；半数的青少年属于这中整合模式，只有 12% 被归类为迷失模式。在认同方面，居住时间越长，兼有强烈的族裔认同和国民认同的可能性越大。尽管不是纵向比较，我们的结果表明，居住时间越长，青少年更倾向于整合和双文化认同。

但是，对定居国更大的参与意义却不尽相同。斯诺瓦特等人（Snauwaert，Soenens，Vanbeselaere，& Boen，2003）通过三种不同的操作方法评估了比利时的摩洛哥人和土耳其裔的涵化态度。当参与定居社会被定义为与主流群体成员的交往时，他们发现超过 80% 的移民倾向整合；当被定义为赞同主流文化时，只有 37% 倾向整合；而当被定义为认同主流文化时，只有 10% 倾向整合；这意味着，他们对族裔认同和国民认同有着同样强烈的态度（Snauwaert et al.，2003）。我们的调查结果表明，青少年普遍融入到新的社会，甚至会趋向双文化认同，但认同的变化要慢于涵化行为的变化。

最令人关注的是感知到歧视所产生的影响。感知到的歧视在整合模式和国民模式的青少年中要低于族裔模式和迷失模式的青少年；此外，感知到的歧视与分离模式和边缘化模式是正关系。这与文化间态度是相互的这一研究结论是一致的（Berry & Kalin，1979；Heider，1958；Kalin & Berry，1996）。在我们的数据中，当青少年遭受歧视时，他们倾向于采取族裔模式和迷失模式；歧视体验是相互的，即遭受歧视的移民青少年也不接纳主流社会；另一方面，当他们没有遭受歧视时，就会倾向整合模式和国民模式。理想的情况是，移民青少年在新到社会能够获得族裔和国民的支持网络。但是，遭受歧视的移民更可能在他们的族裔网络中找到支持。尽管这样的网络能化解歧视的破坏作用（Jasinskaja－Lahti，Liebkind，Jaakkola，& Reuter，in press），但是从长远看，长久的歧视和仅限于族裔网络的支持，可能会促使一个个分离的移民社区的出现。

涵化经历与社区族裔组成和父母的职业相关，但效应不大。最显著的效应是，在主要或完全由本族群组成的社区：移民青少年族裔语言的使用频率更高，与定居国同龄人的交往更少，族裔模式占主流地位。父母的社会经济地位效应正好相反：父母的职位地位越高，青少年越倾向定居国文化，国民语言的流利和使用越高。

性别与涵化态度和体验的关系一般。女孩更倾向整合模式，更多使用国民语言；相反，男孩更赞同分离态度，更高迷失态度，更高感知到的歧视。青少年的年龄与涵化变量几乎没有关系。

除了个体变量，背景变量在涵化取向和认同的关系上也起着重要作用（Phinney，Horenczyk，et al.，2001）。例如，赞同同化的社会希望移民放弃他们自身文化和语言的独特性，采纳主流群体的文化和价值观，而族裔社会则经常用种族排斥的术语定义谁可以成为社会的真正成员（Bourhis et al.，1997）；在赞同同化的社会，分离取向的移民有可能成为偏见和歧视的便捷目标。相反，在赞同隔离的国家，国民期望移民自善其身，最大限度地减少群际交往；而反对这种潮流、希望同化的移民很可能遭遇最多的偏见和歧视。如果这些移民在同样倾向分离的自身族裔社区内也反对这种潮流，他们就不会得到同化的支持（Jasinskaja－Lahti et al.，2003）。迷失态度反映的就是这种困境。

移民群体与定居社会的文化和其他差异，在涵化经历中起着重要的作用。我们在个体和群体中考察了感知到的歧视和对整个社会的取向，这些个体和群体在文化价值观、宗教和可见度上与整个社会有着不同程度的差异。尽管感知到的歧视在高可见度群体中最高，但效果规模值小说明作用微弱；不同宗教群体在感知到的歧视方面没有差异，但是穆斯林青少年对国民社会的取向最弱，东方宗教青少年的取向最强。总之，文化或宗教差异在涵化中的作用在我们的结果中并没有得到有力的支持，可能因为这些作用更为微妙，与具体的国家环境有关，而不是反映在总体层面上。

除了总体性的调查结果，我们还提供了定居国家和族裔群体间的差异结果，这在本章就不深入展开了。国家和族裔群体间的差异见第八章，我们的重点是四个相同国家中的两个族裔群体，控制了许多干扰变量。在当前的分析中，国家差异应被看作进一步研究的起点，而不是最后的结论。由于许多差异我们没有评估，也不能控制，观察到的国家差异也许是本课题外的因素的结果，因为在多元文化社会中，族裔群体成员在积极生产（复制）和协商着群际关系和族裔认同，涉及的因素包括当地、国家和全球的背景、资源和边界。例如，尽管在国家层面，移民群体和定居国人口在权利关系上是不对称的，但在一些地区，权利关系可以正好相反。尤其是年轻人，他们正好处于认同和归属形成的过程，这个过程标志着众多的差异、文化的融合（cultural syncretism）和社会表征的获得，期间，他们在保持某些行为方式和归属感的同时越来越多地跨越民族的边界（Verkuyten，2005）。

有鉴于此，背景变量的调查结果也随之产生。在澳大利亚、加拿大和美国这些早期定居者建立社会，采用整合模式的青少年比例最高，双文化认同更为显著。族裔认同和国民认同高度的正比关系表明，在这些国家，青少年更可能认同两种文化，即赞同双文化。总之，这些国家的移民更有可能融入到新社会。

在其他多数国家，采用整合模式的青少年数量要更少一些，族裔认同和国民认同是反比关系，表明两种认同很难结合在一起。例如，分离认同指示着两个认同的反比关系，倾向的是族裔认同而不是国民认同，这在新兴移民国家中最为常见，如荷兰和德国。这说明，在有着更多移民经验的早期定居者建立社会，整合和双文化主义是应对文化间挑战更可取的解决办法。如果出现例外情况，就要考虑到被抽样的族裔群体所在国家的具体历史背景。例如，在英国，东印度人是唯一被抽样的群体；对于他们，两个认同的正比关系反映了他们说英语和来自前殖民地的事实，因此他们更容易融入到整个社会。

总之，本章呈现的是国家和族裔群体涵化经历的复杂图景。尽管 1/3 的青少年总体上看来是整合到定居社会，但进一步从态度、认同、语言和同龄人交往方面看，其他人要么强烈取向自身族裔社区，要么与整个社会有着密切的联系，要么不能确定他们在新社会中的位置，想要从中理出头绪。定居国的历史为这些差异提供了大背景，由定居者所建立的社会为新移民提供了更多的整合机会。但是，这个过程也不是一成不变的。在新社会的居住时间越长，青少年越可能被整合，不确定的可能性越小。不过，族裔取向强烈的青少年也很有可能保持不变，保持与自身族裔群体密切的联系。

还有其他几个因素影响着涵化经历。感知到的歧视与远离整个社会、感觉不属于这个社会有着联系。社区效应在多数文化互动变量中显而易见，在族裔更同质化的社区，移民青少年会有更高的族裔语言使用情况，与定居国同龄人的交往则更少；在族裔更多样性的社区，会有更高的国民语言使用情况，与定居国同龄人有更多交往，和定居国青少年在家庭关系价值观上也更为接近。移民青少年父母的职业地位越高，他们就越倾向国民社会，能更流利讲国民语言。除了这些一般性的结论，在具体背景下的每个族裔文化群体都要面对具体的涵化问题，只有进一步研究这些群体的历史、当前的态度和体验，以及他们涵化的背景，我们才能理解这些差异。

第五章　移民青少年心理适应和社会文化适应

卑尔根大学：大卫·山姆
莱顿大学：保罗·维德
惠灵顿大学：科琳·沃德
耶路撒冷大学：加布里埃尔·霍伦齐克

前几章我们侧重于国家层面和背景变量（第二章）、方法学（第三章）和文化互动变量（第四章）。本章将考察移民青少年的心理（psychological）和社会文化（sociocultural）适应，其中一个广泛的问题就是："移民青少年在定居社会适应得如何?"我们尤其关注移民青少年的主观幸福感（正向的自尊和较少的心理问题，例如焦虑、抑郁和身心失调），以及他们的生活满意度。本章还考察了他们的学校适应和行为问题（如反社会的行为）。就适应问题，我们还简短探讨了移民的"悖论现象"（the immigrant paradox phenomenon）。

本章分三个部分，第一部分介绍上述问题的概念和实证背景，以及相关的测量工具。我们不再一一回顾心理和社会文化适应的相关文献资料，有兴趣的读者可以参看沃德的研究（Ward，2001）。第二部分比较不同定居社会移民青少年的适应模式。此外，我们还考察了适应结果和适应因素结构之间的关系：不同方面适应结果之间如何相关，以及它们与四个涵化模式的关系。（青少年的文化间交往与适应结果的关系将在第六章作进一步探讨。）第三部分讨论相关的调查结果。

适应：背景和测量

心理和社会文化适应：二者差异

尽管涵化研究者极为关注适应问题，但是对其定义和测量却颇多争议。文化间的适应以不同的方式加以定义，评估的内容包括健康状况、沟通能力、自我意识、缓减压力、被接纳感（feeling of acceptance）、文化熟练行为（culturally skilled behavior）等（Ward，1996）。适应模式有的基于数据，有的基于理论：汉默等人（Hammer，Gudykunst & Wiseman，1978）基于文化胜任力的因素分析，确定了文化互动效果的“三因素模式”：（1）有效的沟通能力；（2）心理压力的管理能力；（3）人际关系的营造能力。而门德哈尔和奥杜（Mendenhal & Oddou，1985）在讨论涵化时，从情绪、行为和认知方面对适应要素进行概念性区分，这些要素包括心理健康、有效的文化互动、对恰当态度和价值观的接受。

在这项研究中，我们采用的是沃德等人（例如 Searle & Ward，1990；Ward，1996，2001）对心理适应和社会文化适应的区分。从广义上说，心理适应指情绪方面的幸福和满意度，社会文化适应关注的是在一个具体的社会或文化环境中有效运作而所需文化技能的获得。这种区分基于涵化研究的两大理论视角：一是压力和及其应对，其二“文化学习”（culture learning）（Ward et al.，2001）。心理适应突出的是涵化的情绪方面，这可以在压力和应对理论框架内得到最好的解读（Lazarus & Folkman，1984）。贝理和及其同事（Berry，1994，1997；Berry & Kim，1988；Berry，Kim，Minde，& Mok，1987）从事的就是这个传统领域的研究。而社会文化适应主要关注的是涵化经历的行为领域。阿盖尔（Argyle，1969，1982）关于社交技能和互动的研究为我们提供了这方面的解读；弗汉姆和博克纳（Furnham & Bochner）关于社交困难和文化互动的社会心理学研究，则是文化学习领域的典范（Bochner，1982；Furnham & Bochner，1982）。

心理和社会文化适应的区分得到实证的支持。肯尼迪（Kennedy，1999）对新加坡旅居者涵化的纵向研究表明，对心理和社会文化领域的平行测量比单一指标提供了一个更好的跨文化适应模型。该研究进一步指出，尽管心理和社会文化适应相互关联（Aycan & Berry，1996；Ward & Kennedy，1999），但其强度取决于涵化的条件，在社会和文化整合的情况下、在新来者的文化与定居社会相似的情况下，采纳整合和同化而不是分离和边缘化涵化态度的人群中，这种关系更为强大（Ward & Kennedy，1996；Ward，Okura，Kennedy，& Kojima，1998；Ward & Rana - Deuba，1999）。沃德（Ward，1996）还报告了两类适应往往通过不同的变量进行预测：心理适应主要通过人格变量（personality variables）、生活改变事件（life change events）和社会支持（social support），社会文化适应通过文化知识、交往程度和正性的群际态度（Ward，2001）。

当前的研究不仅包含了对两类适应的多种测量，而且还结合了正性

（生活满意度、自尊）和负性（心理症状、行为问题）的结果测量，从而扩展并提炼了心理和社会文化适应研究。

生活满意度

生活满意度—或对生活的满意情况—基于他或她设定的标准对自己生活质量的通用评估方法（Shin & Johnson，1987）。在确定一个人的生活满意度时，判断依据的是个体自我设定的标准。这个定义表明，生活满意度不能用一套全球性的标准加以评估，它建立在个人主观评估的基础上，关注的是不同族裔背景下有着不同“美好生活”价值观或理念的人们。

尽管有证据表明，移民青少年比移居社会的同龄人并没有出现更多的心理障碍（Fuligni，1998a），但关注移民青少年适应的积极层面，以及移民与非移民同龄人如何比较的研究还是屈指可数。鉴于涵化期间发生的剧烈而快速的变化，生活满意度研究对涵化研究者来说是非常有吸引力的。生活的快速变化潜在地影响着一个人的总体满意度（Inglehart & Rabier，1986）。在以色列的俄罗斯移民青少年研究中，他们报告的生活满意度要低于非移民同龄人（Ullman &Tatar，2001）。尽管生活满意度通常被定义为结果变量，但它却是美国爱尔兰移民的主观幸福感的一个重要预测指标（Christopher，2000）。

为测量青少年对其生活的总体满意度，我们改编了迪纳尔等人（Diener et al.，1985）的5项目量表。我们采用5分制而不是原来的7分制方式，并在包括大学生在内的不同群体中进行了测试，显示了良好的心理测量属性，包括良好的再测试信度、高度的内在一致性，以及与其他主观幸福感量表显著的正比关系（参见 Diener et al.，1985）。在评估了各种生活满意度量表之后，康明斯（Cummins，1995）提出主观幸福感的“黄金标准”。迪纳尔等人量表的这一标准是65.0 ± 量表最大测量值的2.5%，换言之，对于我们的5分制量表来说，“黄金标准”在3.13 ~ 3.38之间，低于3.13应被解读为生活满意度低。

自　尊

自尊或自我评价或许是自我概念中最重要的方面，在过去的几十年中，无论在理论还是实践层面都受到了普遍关注（Baumeister，1995），尤其被作为预测幸福感和个人与社会适应的一个重要指标。移民青少年的自尊有别于他们的定居国同龄人吗？自尊如何与认同以及其他适应结果相联系？

在这项研究中，我们把自尊作为一个适应结果，虽然它在族裔认同和涵化研究中同时作为预测指标和结果变量（Deau，1996；Phinney，1990）。例如，特兰（Tran，1987）有关美国越南难民主观幸福感的因果关系模型，显示了自尊对生活满意度直接和重要的影响。

将自尊置于涵化和适应的模型中取决于概念和实证两方面的考虑。作为适应结果，反映了它易受涵化的影响，是主观幸福感的预测指标而不是适应过程中一种相对稳定的心理状况。

在有关的理论和调查中，对自尊的概念化存在很大差异，这些差异反映在不同的测量操作和方法中。不过，最常用的测量方法是提出一系列有关自我认识的简单问题（例如 Rosenberg，1965）。值得注意的是，自尊测量的结果大部分偏向高分，因此，得分低于平均值或中值的虽然被定义为低自尊，实际只是相对而言。

根据社会认同理论（Tajfel，1978；Tajfel & Turner，1986），作为一个群体的成员并认同这个群体对一个人的自尊有着重要的决定性影响。如果一个人所属的群体遭遇负面的刻板印记，是偏见和歧视的对象，就会导致其产生更低的自尊。因此，移民的自尊作为测量他们心理适应的组成部分，是一种普遍的做法。尽管群体认同和自尊之间的联系已得到证明（Crocker，Cornwell，& Major，1993；Crocker，Voelkl，Testa，& Major，1991），但这种联系在涉及被贬低的群体成员时是可变的。例如，对移民而言（Verkuyten，1994）：认同（国民认同和族裔认同）和自尊之间是正比关系；感知到的歧视和自尊之间是反比关系（Phinney，Madden，& Santos，1998）。

在比较移民和定居国青少年的自尊时，相关研究并不能提供一个清晰的图景，这很可能是由于不同的研究采用不同的概念和测量方法，以及群体差异和歧视程度等背景因素影响所致。最新研究显示，移民的自尊水平并不低于他们的定居国同龄人（Leondari，2001；Slonim - Nevo & Sharaga，2000）。而且，一项针对挪威移民女孩的最新研究发现，她们的自我评价要比非移民女孩更为积极（Stiles，Gibbons，Lie & Krull，1998）。同样，阿布根迪亚和诺埃尔（Abouguendia & Noels，2001）发现，加拿大第一代南亚移民比第二代移民显示出更高的自尊，这很可能是由于双文化取向（对国民和族裔文化的双重倾向）为新来者提供了发展和保持自尊的有力资源，但它在后代中却逐渐减弱。而整合取向的移民拥有较高的自尊水平，也为这种解读提供了部分支持。

我们采用罗森伯格（Rosenberg，1965）的 10 题目量表测量自尊。该量表是一维设计，其心理测量属性已在相关研究中得到确认（Simpson & Boyal，1975）。

心理问题

移民青少年比定居国同龄人有着更多的心理健康问题吗？自移民最初抵达美国和澳大利亚之日起，心理健康问题尤其是心理病理学（psychopathology），便是一个极为关注的话题。根据选择假设（selection hypothesis），即有潜在心理病症的人比其他人更有可能定居国外，故早期的研究普遍认为移民遭受过严重的心理问题（Littlewood & Lipsedge，1989；Ødegaard，1932）。在这里有必要分清两个问题：移民确实有更多的问题吗？如果确实有的话，选择假设能够做出解释吗？这种选择假设在当前很难再找到证据，虽然有关“移民悖论”或“健康移民效应”的争议又引发了新一轮关于健康和选择移民的讨论（Jasso，Massey，Rosenzweig & Smith，2004）。“移民悖论”在本章第二部分结尾将有简要论及。

另一种假设来自压力视角，认为移民和涵化本身就充满着压力，这些压力可能导致更差的心理健康状况（特别是焦虑、抑郁）、边缘化和疏离感（feelings of marginality & alienation）、更严重的身心失调和认同困惑。阿罗诺维兹（Aronowitz，1984）指出，传统的压力研究认为，成年移民状况和心理障碍之间有着很强的联系。但是，随着其他影响因素的发现（Berry，1997），这种必然性遭到了置疑。同样，移民儿童也没有出现比他们的定居国同龄人更多的心理健康问题（Bashir，1993）。不过，在移民儿童和青少年所报告的适应问题中，确实存在着一些共性。具体而言，年龄更小的儿童（即低于15岁）往往表现出行为问题，而在青少年中，与焦虑和抑郁相关的认同问题更为普遍（Aronowitz，1984）。

有关移民身心失调的研究正在日趋普遍，尤其关注那些来自第三世界国家的移民。这与文化影响心理问题表达方式的观点是一致的，来自中国等发展中国家的人们更易于以身体方式表达情感痛苦（Tseng，2001）。但是，没有任何研究表明，除抑郁和焦虑外，来自发展中国家的移民儿童报告有更多的身心失调，除非是难民青少年（Bashir，1993）。在难民青少年中，除了心理问题，还有寄生虫感染等其他的身体健康问题（Nixon & Dugdale，1984）。

为评估心理问题，我们设计了一个用来测量抑郁、焦虑和身心失调、包括15题目的量表，每个领域各5个题目，源于Beiser & Flemming（1986），Kinze et al.（1982），Kovacs（1980/1981），Mollica et al.（1987），Reynolds

& Richmond（1985），Robinson，Shaver & Wrightsman（1991）。由于该量表为本研究专门设计，其心理测量属性并没有被确立。不过，我们发现它的内在一致性是可接受的（见表3.3）。

学校适应

对于大多数移民儿童和青少年来说，学校和其他教育环境是族际交往和涵化的主要场所。因此，学校适应是文化过渡中的一项主要任务和重要结果。在许多移民社区，学校适应显得尤为重要：新来者往往认为学校是通向参与和升迁的途径。

大量研究侧重的是族裔、国民和文化少数民族的学校表现（例如，Ogbu，1995；Skutnabb - Kangas，1990）。但是，移民学生的学校适应却较少实证性的结果。福利尼（Fuligni，1998a）认为，来自移民家庭的儿童显示了相对较高的适应水平，他将这个调查结果归结为移民家庭对教育、家庭成员责任和义务、文化认同动力的重视。以色列的一项研究发现，相对于父母在20世纪六七十年代来自前苏联但在以色列出生的高中生，直接来自前苏联的高中生在学校表现上并没有什么不同（Slonim - Nevo & Sharaga，2000），都显示了良好的社会和教育适应。

不过，良好的学校适应并不能概括所有移民群体的特点。有关第二代美国移民的一项大型研究的结果表明（Portes，1999），移民学生的学习成绩和成绩预测指标是有差异的：表现最为突出的群体已融入定居国国民社区，因此获得更大的社会和认知支持。

个体差异也影响到新来者的学校适应。基于对澳大利亚和加拿大中国移民青少年的适应研究，梁（Leung，2001）指出，移民的学习成绩不仅受到诸如有关移民和定居政策之类社会层面变量的影响，而且还受到诸如感知到的社会支持度、年龄以及个体对成功的定义等个体变量的影响。新环境中语言的掌握也极为重要，在学校适应差的移民儿童中，国民语言不流利是关键因素（Bhattacharya，2000）。

来自社会和学校的同化压力对移民儿童的教育适应造成负面影响（Igoa，1995；Sever，1999）。波特和拉姆伯特（Portes & Rumbaut，1990）指出，“激励他们子女的，并不是有同化倾向的父母—从减少自身文化这个意义上说，而是那些坚持在族裔社区保留自身文化传统的父母（p. 124）”。奥尔尼克（Olneck，1995）总结认为，“保持族裔忠诚而不是同化，看来与移民儿童更好的学校表现相关（p. 325）”。

有关研究讨论了族裔和国民认同与涵化取向在移民教育适应中的作

用，结果一致表明，双文化取向有利于更好的学校表现（Portes & Rumbaut，2001）。而且，霍伦齐克和本—沙洛姆（Horenczyk & Ben – Shalom，2001）测量了在以色列的俄罗斯移民学生对俄罗斯、以色列和犹太三种文化的认同，发现在肯定的文化认同和学校适应水平之间有着线性关系。

在本课题中，学校适应采用的是一个包括 7 个题目的量表。该量表是受到安德森（And erson，1982）和穆斯（Moos，1979）关于学校和教育环境研究的启发，为本课题专门设计。其中 3 个题目改编自《世界卫生组织 1993—2004 跨国调查》中的“学龄儿童的健康行为”（参见 Samdal，1998；Wold，1995），其他 4 题目来自山姆（Sam，1994）的一项研究。由于这些题目来自不同的资料，该量表的心理测量属性有待确立。

行为问题

对于行为问题，我们关注的是移民青少年异常的外在行为，在这里我们再次对移民青少年是否比定居国同龄人出现更多异常的社会行为产生兴趣。在相关研究文献中，包括“品行障碍”（conduct disorders）和“青少违法行为”（delinquent behavior）在内的行为被统称为“反社会行为”（antisocial behavior）。不过我们更倾向于使用“行为问题”（behavior problem）这个术语，因为在我们的样本中这种行为的稳定性和持续性是不确定的，还有就是我们对这种“污名化”的临床标签保持警惕（参见 Moffitt，1993，关于反社会行为发展分类法的讨论）。不过，我们仍将交替使用“青少年反社会行为”和“青少年违法行为”，因为这些术语在资料中最为常见。

早期研究表明，移民儿童的学校表现不佳（例如，Leman，1991；McLatchie，1997），并有可能通过异常的社会行为显现出来（Rutter，1995）。福利格尼（Fuligni，1997a，1998）和汤姆林森（Tomlinson，1998）则指出，移民儿童在学校表现良好，有时候超过他们的定居国同龄人。在此背景下，没有理由预期移民青少年比定居国青少年有更多行为问题。尽管如此，我们在研究中还是考察了这种关系。

早期的理论还认为，大多数少年犯来自社会弱势群体（Rutter & Giller，1983），这种反社会行为源于社会的文化目标和达成这些目标的手段之间的差距而导致的压力（Merton，1938）。青少年违法行为被视为在社会弱势的亚文化中一种正常生活方式（Mays，1972）。这些论调近年来有所缓和，因为这种关系并非是必然的（Rutter，Giller，& Hagell，1998）。路径分析（path anaylysis）研究指出，贫困与反社会行为之间的关系并不是直接的，长期的经济压力对家庭功能的负面影响中和了社会弱势对反社会行为的影响。因此，在研究青少年的行为问题时，有必要考虑到社会经济地位可能的干扰作用。拉特等人（Rutter，Yule，Norton，& Bageley，1975）在伦敦西印度（West Indian）移民的品行障碍研究中发现，这些问题几乎都在学校显现，在家中几乎没有，移民青少年是这样，他们的英国同龄人也是一样。研究人员因此认为，学习困难和种族歧视可能是影响因素。在父母报告的行为问题研究中，涉及到青少年违法行为时，荷兰的荷兰儿童、安卡拉的土耳其儿童和荷兰的土耳其儿童之间并没有显著差异。（Bengli－Arslan，Verhulst，& van der Ende，1997）。

我们基于奥尔沃斯（Olweus，1989，1994）和本迪克森等人（Bendixen & Olweus，1999）的研究，与奥尔沃斯（D. Olweus）共同设计了用于行为问题评估的包括 10 个题目的量表,。该量表的心理测量属性有待确立，但原来的 35 个项目已经显示出令人满意的心理测量属性，具有一致的性别差异：男孩普遍比女孩报告有更多的问题。

移民悖论

我们在之前的文献综述中指出，来自移民家庭的儿童普遍显示出令人满意的心理和社会文化适应水平。与定居国同龄人相比，移民儿童通常显示更好的健康状况、更少的行为问题，学习成绩和主观幸福感与非移民同龄人一样好甚至更好（参见 Fulgini，1998a）。近年来，这个适应模式在美国第二代移民的研究中受到极大的关注，成为众所周知的“移民悖论”（例如，Garcia Coll，2005；Hayes－Bautista，2004）。“移民悖论”是反直觉的调查结果，即尽管社会经济条件较差，但移民比他们的定居国同龄人有更好的适应结果。悖论的另一个方面就是，第一代移民比第二代有更高水平的适应，因此移民青少年的适应会随着时间下降到国民的水平甚至更低（Harris，1999；Rumbaut，1999；Suarez－Orozco & Suarez－Orozco，2002；Waters，1999）。

但是，这种调查结果并不具有普遍性，因为多数研究都是在一国之内进行的跨族裔群体比较。而且，“移民悖论”这个概念本身就是个新事物，第一和第二代移民能否加以比较、能否一起或单独与国民加以比较，定义得并不是很清楚，此外，我们能否预期第二代移民青少年向国民的适应水平“靠拢”，或在不考虑国民适应水平的情况下能否预期这种衰退效应，同样也不是很清楚。“靠拢”这个概念表明，国民是移民的适应榜样，尽管在第二代青少年实际适应水平下降的时候，“国民是榜样”这种说法是不符合逻辑的。我们主要关注第一代青少年和定居国同龄人的比较，我们讨论了以下两个方面：(1) 第二代的适应是否不如第一代；(2) 第二代移民青少年的适应分数是否“靠拢”国民的水平（没有任何统计学意义上的差异）还是低于国民的水平。

当前的国际研究和数据促使我们做更进一步的考察，移民青少年出人意料的良好适应是否可以在不同的族裔文化群体和不同的定居社会中得到调查确认。需要补充的一点是，尽管我们可以用本课题数据考察“移民悖论”的某些方面，但我们对此现象的考察是探索性的，因为本课题的设计并没有包括这个目标。

在我们的探索中，我们有两个问题：第一，预期的模式（第一代移民青少年比定居国青少年有更好的适应，第二代靠拢定居国青少年的水平甚至更低）是否在本课题数据中存在，或者它是否只适用于某些国家？到目前为止只有美国报告过“移民悖论”这个现象，我们不知道特定背景是否在其中起到了一定的作用。第一个问题隐含了第二代移民分数靠拢国民分数的这个问题。如果我们确实发现了靠拢，我们认为这支持了定居国青少年是第二代移民青少年榜样的观点：靠拢模式表明，第二代移民青少年试图模仿定居国青少年。第二，在第一个问题中提到的模式是否可以在我们评估的两种适应形式（即心理和社会文化）中找到？

适应：结果概述

在这个部分，我们首先描述生活满意度、自尊、心理问题（心理适应）以及学校适应和行为问题（社会文化适应）的测量结果。首先，我们对不同群体移民和定居国青少年样本的适应水平进行了比较，并以柱形统计图的形式呈现，每张图由 15 条柱组成，第一条显示所有移民青少年的总体平均值，紧接着是本课题中的 13 个国家按字母顺序排列的移民的总体平均值，最后是所有定居国青少年的总体平均值。尽管量表的测量值在 1 至 5 之间，但为了突出这些分数，我们并不使用全部的测量值。本章并不侧重于移民群体的差异，对不同群体适应水平感兴趣的读者可参看附录 C。

其次，我们探讨了 5 个适应测量与不同背景变量之间的关系：年龄、性别、居住时间、社区族裔组成以及父母的职业水平等人口变量；移民青少年宗教背景的影响、他们所在群体的可见度以及所属文化与定居国文化之间的距离。（这些文化差异变量在第四章中有过介绍，本章涉及的是适应结果和这些背景变量之间的关系）。然后，我们报告适应测量的因子结构，主要侧重适应测量如何与文化认同（族裔和国民认同）相关联。其后，我们考察适应因子（即心理和社会文化适应）与涵化模式的关系。最后，我们讨论“移民悖论”。

移民和定居国青少年的心理适应

生活满意度

在图 5.1（也在附录 C）中，移民青少年（$M = 3.52$）和定居国同龄人（$M = 3.55$）的生活满意度平均值都超过了 3.31，这个平均值基于迪纳尔等人（Diener et al.，1985）的量表，根据卡明斯（Cummins，1995）提出的生活满意度“黄金标准”进行计算。因此，我们认为移民青少年对其生活感到满意，尽管存在着群体差异，但没有一个群体低于这个标准；移民和定居国同龄人在生活满意度上并不存在显著差异；在生活满意度与年龄之间（$\eta^2 = 0.01$）发现显著但微弱的关系，最小年龄组（13～14 岁）的青少年比年龄更大的同龄人更满意他们的生活。

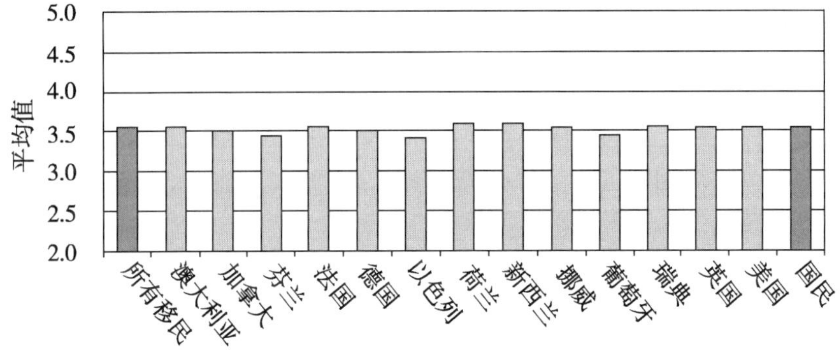

图 5.1　移民和国民样本生活满意度均值：年龄、性别、定居国生活时间得到控制后

自尊

移民青少年（$M = 3.75$）和定居国同龄人（$M = 3.74$）在自尊方面没有差异，详见图 5.2。在各个国家，移民青少年和定居国青少年的自尊分数差距很小，从 0.01～0.04；总的来说，移民青少年的自尊大大超出该量表的理论中值（即 3.0），表明有令人满意的自尊水平；性别和年龄与青少年的自尊无关。

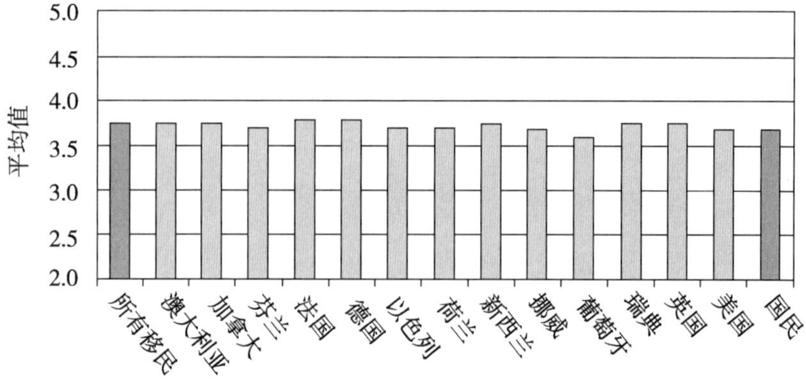

图 5.2 移民和国民样本自尊均值：年龄、性别、定居国生活时间得到控制后

心理问题

青少年普遍报告较少的心理问题（即他们的得分远低于该量表的中值），移民青少年报告的心理问题（$M=2.32$）甚至要低于他们的定居国同龄人（$M=2.41$）（$\eta^2=0.01$；见图 5.3）。比较 13 国的移民和定居国青少年，移民比国民报告较少的心理问题似乎是一致性的模式，总体而言，双方平均值的差距介于 0.03 ~ 0.13 之间，相对总体平均值的效果规模值也在 0.04 ~ 0.84 之间。

除了移民和定居国青少年之间的差异，我们发现移民男孩通常比移民女孩有较少心理问题（$\eta^2=0.01$）；而且，在移民样本中，随着年龄的增长，心理问题也会更多（$\eta^2=0.01$）。

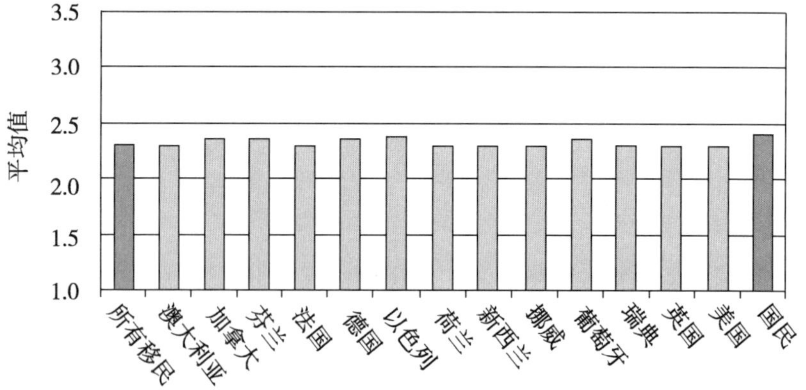

图 5.3 移民和国民样本心理问题均值：年龄、性别、定居国生活时间得到控制后

移民和定居国青少年的社会文化适应

学校适应

学校适应（见图 5.4）在移民（$M = 3.89$）和国民群体（$M = 3.74$）中都是高的。从整体看，移民青少年的学校适应要好于定居国青少年（$\eta^2 = 0.01$），在个别案例中，国民的学校适应要好于移民（芬兰、葡萄牙和以色列），但绝对平均值差异很小（0.02）；相对总体平均值的效果规模值也很小（不到 0.02）。

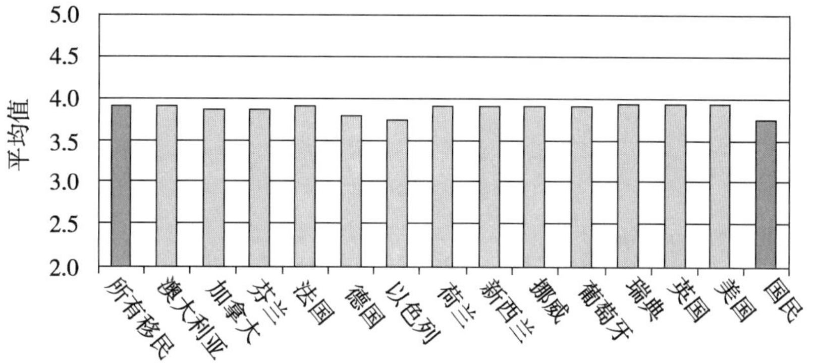

图 5.4　移民和国民样本学校适应平均值：年龄、性别、在定居国生活时间得到控制后

进一步的分析显示，这表明女孩比男孩有更好的学校适应（$\eta^2 = 0.01$）；在移民中，我们发现年龄与学校适应是反比关系（$\eta^2 = 0.01$）与我们预期的正好相反，更年轻的移民要好于更大龄的青少年；在定居社会居住少于 7 年的移民青少年要低于居住时间更长的青少年（$\eta^2 = 0.01$）；父母的职业水平也关系到移民青少年的学校适应（$\eta^2 = 0.01$），父母学历在大学以上的青少年要好于其他所有青少年。

行为问题

从整体看，所有青少年群体报告的行为问题相对较少（$M = 1.59$）（见图 5.5）。定居国青少年（$M = 1.70$）比移民青少年（$M = 1.53$；$\eta^2 = 0.02$）报告更多的行为问题；在所有 13 个国家，移民青少年要比他们的定居国同龄人报告更少的行为问题，这些差异都是显著的。差异最大的是在葡萄牙，在这个国家，移民青少年的平均值要低于其他任何国家的移民青少年

（$M=1.47$），而国民的平均值处于中等（$M=1.69$）。在荷兰，我们发现最小的差异值（移民和定居国青少年的平均值分别为 $M=1.55$ 和 $M=1.67$）。女孩比男孩较少有行为问题（平均值分别为 $M=1.50$ 和 $M=1.73$；$\eta^2=0.03$）。

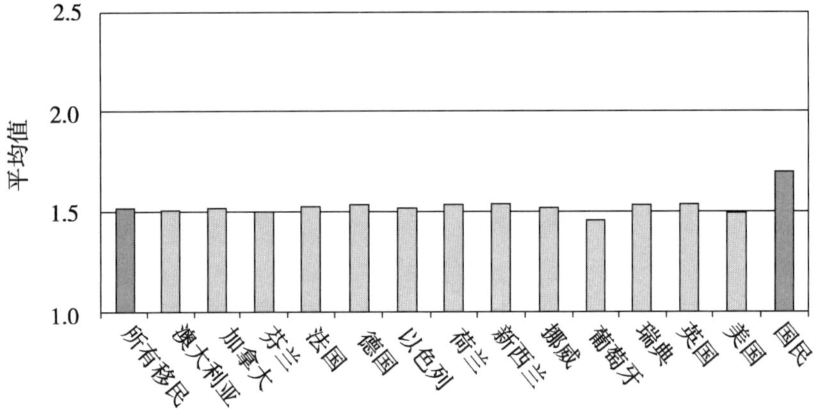

图 5.5 移民和国民样本行为问题均值：年龄、性别、在定居国生活时间得到控制后

适应测量：相互关系和因子结构

表 5.1 显示移民青少年（作为分子）和定居国青少年（作为分母）适应测量的相互关系。有两个值得注意的方面：（1）这些关系都在预期的方向内（例如，高度的自尊与良好的学校适应的之间是正比关系）；（2）这些关系的模式对于移民和定居国青少年来说都是相同的。在国家层面上，在关系的强度上存在着一些差异，但关系的指向正如预期的那样。

表 5.1 移民和定居国青少年适应测量的相互关系（皮尔森 r 值）

	1	2	3	4	5
1. 生活满意度		0.41	-0.33	0.28	-0.14
2. 自尊	0.59		-0.36	0.28	-0.11
3. 心理问题	-0.37	-0.49		-0.36	0.22
4. 学校适应	0.34	0.32	-0.37		-0.33
5. 行为问题	-0.13	-0.09	0.25	-0.39	

注：（移民的最小值 =5，249，国民的最小值 =2，602）。移民青少年作为分子；定居国青少年作为分母。所有 $ps<0.001$。

由于适应变量间关系显著，我们通过主成份分析（PCA）把这些变量并入因子结构，但只针对移民青少年，因为我们的研究重点是移民青少年。进行主成份分析的另一个理由是为了验证在本章中我们所采纳的假设（即两种适应形式：心理和社会文化）是否是合理的。

我们进行了两个主成份分析。第一个包括了针对心理适应测量的生活满意度、自尊和心理问题分数，因子载荷（自尊 =0.79，生活满意度 =0.77，心理问题 = -0.73）指示单一因子结构；第二个主成份分析包括了针对社会文化适应测量的学校适应和行为问题分数，因子载荷再一次指示单一因子结构。

心理适应因子的特征值是 1.73，解释了 57.68% 的方差；社会文化因子的特征值是 1.33，解释了 66.34% 的方差。在心理和社会文化适应之间有着和显著的相关。对于总样本，总体的皮尔逊 r 值为 0.36；在所有国家中发现的相关模式也是相以的，从葡萄牙的 0.29 到澳大利亚的 0.44。

适应与涵化模式

我们在上一章中确定了四个涵化模式：整合、族裔取向、国民取向和迷失。整合模式由倾向整合态度的青少年组成，有着强烈的族裔和国民认同、国民语言流利、与族裔和定居国同龄人有着高度的交往；族裔模式由倾向自身族裔群体的青少年组成，有着强烈的族裔认同、与自身族裔群体更多的交往、高度的族裔语言流利和使用；国民模式由支持同化的青少年组成，有着高度的国民认同和较低的族裔认同、高度的国民语言流利和使用；迷失模式由族裔语言流利的青少年组成，有着较低的族裔认同和国民认同、与定居国同龄人更低的互动、高度的边缘化和同化倾向。

基于前面的变量分数及相关研究（例如，Berry 1997；Berry & Sam，1997），我们预期，整合模式的心理和社会文化适应最好，迷失模式最差。在图 5.6 中，情况也正是这样。整合模式的移民青少年的适应分数高于总体平均值，迷失模式的低于总体平均值。国民模式的结果显示，虽然心理适应相对较差，但社会文化适应与其他模式并没有显著差异，而族裔模式显示良好的心理适应但较差的社会文化适应。

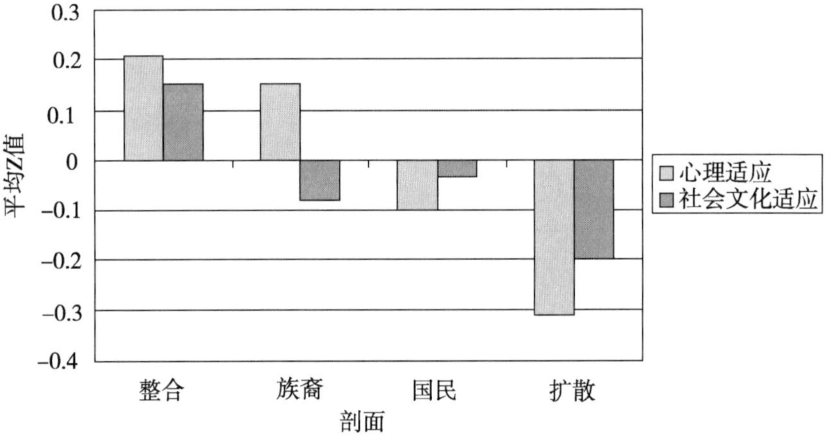

图 5.6　移民涵化模式和适应之间关系：年龄、性别、在定居国生活时间得到控制后

适应的预测因素和相互因素

背景因素与适应

运用因子分数，我们考察了人口统计变量与每个因子的关系，但只针对移民。心理适应与性别的相关微弱但很显著（心理适应与性别呈弱相关）（$\eta^2=0.01$），男孩心理适应的分数高于女孩。心理适应因子与社区族群构成、年龄、居住时间、父母的职业水平（即社会经济地位）无关。

正如预期的那样，男孩的社会文化适应分数要低于女孩（$\eta^2=0.03$），但是，年龄、居住时间、社区的族裔密度和父母的教育水平对社会文化适应并没有任何显著的影响。

适应与文化认同

我们在前几章中已经明确，文化认同是对一个或更多文化群体的归属感；强烈的族裔或国民认同提供了情感的稳定与心理的安全，是主观幸福感和调适的源泉。我们的结果也支持了这一点（见表 5.2）。

表 5.2　适应测量和文化认同的关系（皮尔森 r 值）

	生活满意度	自尊	心理问题	学校适应	行为问题
移民青少年					

续表

	生活满意度	自尊	心理问题	学校适应	行为问题
族裔认同	0.16***	0.18***	-0.08	0.13***	-0.06***
国民认同	0.11***	0.08***	-0.03*	0.14***	-0.09***
定居国青少年					
国民认同	0.22***	0.15***	-0.15***	0.19***	-0.07***

注：移民的最小值=5，241；国民的最小值=2，598。* $p<0.05$；*** $p<0.001$。

移民青少年的族裔认同及国民认同，和定居国青少年的国民认同与自尊、生活满意度、学校适应是正相关，与心理和行为问题是负相关。国家层面的结果也是一样。

适应的代际差异：移民悖论

正如前述，“移民悖论”是反直觉的调查结果，即移民比他们的定居国同龄人有更好的适应结果，尽管他们的社会经济条件更差。在这个现象的分析中，我们包括了第一、第二代移民以及定居国青少年，只有当ANOVA产生统计学意义上的调查结果、效应范围（η^2）至少是0.01时，我们才能进一步探讨以下三组比较：（1）成对的比较（Bonferroni）如果显示第一代移民青少年和定居国青少年之间具有统计学意义上的显著差异，表明移民青少年有更好的适应；（2）第二代移民青少年和定居国青少年之间不具有统计学意义上的显著差异或具有统计学意义上的显著差异，表明第二代移民青少年的适应不如定居国同龄人；（3）第一和第二代移民青少年之间具有统计学意义上的显著差异，表明第一代移民青少年的适应好于第二代。总之，这三组比较应显示这样一种模式，即第一代移民比第二代有更高的适应水平，第二代移民青少年的适应等于或低于国民的水平。只有当（1）和（2）或（3）结合时产生预期的调查结果，我们才能将这个模式称为“移民悖论”。我们试图回答两个问题：预期的模式在ICSEY数据中总体上存在吗，或者它是否仅适用于某些国家？这个模式可以在适应的两种形式中（即心理和社会文化适应）找到吗？

由于年龄和性别与适应的某些方面相关，我们在探讨这个现象时对这两个变量进行了控制。而将移民区分为第一代和第二代导致了某些国家的移民被排除在外。例如来自法国和德国的数据，由于缺乏迁移时间以及出生地的信息，因此我们无法对两代移民进行区分。为了使我们的分析具有统计学上的意义，我们排除了第一或第二代移民少于 24 人的国家，其结果是，有些移民群体（例如，挪威的智利人和芬兰的土耳其裔）就被排除在外。因此，共有 10 个国家的 17 个移民群体达到了这些要求。

在对这 17 个群体的共同分析中，我们发现第一和第二代移民在两种适应上的差异很小。在对每种适应进行群体差异的分析中，我们在三个群体中（第一、第二代移民青少年与定居国青少年）发现了统计学意义上的显著和相关差异，其中 4 个国家体现在心理适应方面（见图 5.7），6 个国家体现在社会文化适应方面（见图 5.8）。

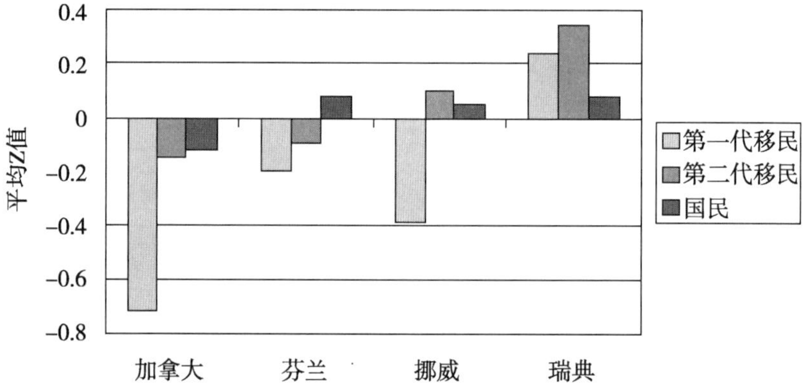

图 5.7　第一和第二代移民和国民的心理适应因子平均值（受到控制后年龄和性别）

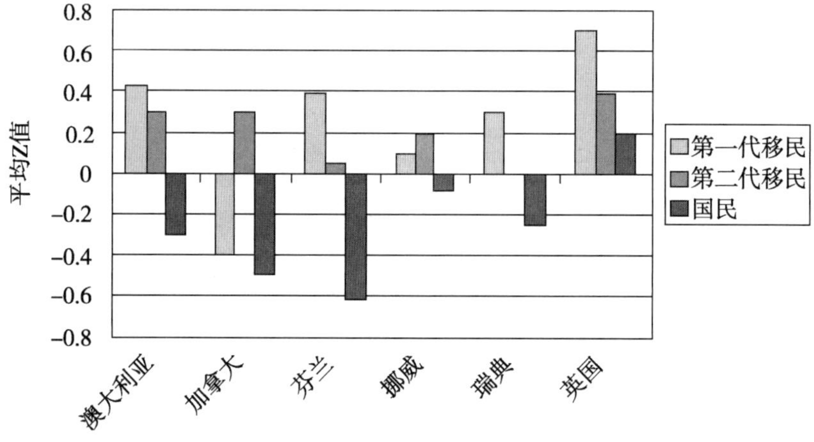

图 5.8　第一和第二代移民和国民的社会文化适应因子平均值（受到控制后年龄和性别）

在进一步的分析中，我们首先考察了第一代移民青少年的适应分数是否高于定居国同龄人。但在心理适应方面，没有一个国家存在这个模式。在3个国家中，国民的分数高于第一代移民；在第4个国家瑞典，第二代移民青少年的分数高于定居国青少年；而且在所有存在代际心理适应差异的国家（加拿大、芬兰、挪威和瑞典），第二代移民显示了比第一代移民更好的适应，但都低于国民，瑞典除外。这与悖论是背道而驰的。调查结果即不能确认预期的模式，即第一代移民青少年比定居国同龄人有更好的适应，也不能确认第一代比第二代有更好的适应。

在社会文化适应方面，我们在澳大利亚、芬兰、瑞典和美国的三个族裔群体青少年中发现了统计学意义上的显著差异（η^2：澳大利亚 =0.11，芬兰 =0.17，瑞典 =0.03，美国 =0.04）。在这4个国家，第一代移民青少年比定居国定居国青少年有更好的社会文化适应，第二代移民青少年的适应接近于定居国青少年的水平。形成对比的是，加拿大和挪威的第二代而不是第一代移民青少年，比他们的定居国同龄人有更高的社会文化适应分数（见图5.8）。

在澳大利亚、芬兰、瑞典和美国，都包含了越南移民的样本，这使得相同移民群体的跨国比较成为可能。在心理适应方面，我们发现越南移民青少年的分数低于定居国同龄人（国民的 M =0.07，η^2 =0.02），在代际之间（第一代 = −0.26；第二代 = −0.19）没有显著差异。这些调查结果并不符合预期的模式。

在社会文化适应方面，第一代越南青少年的分数（0.19）要高于定居国青少年（−0.01）；第二代青少年的分数则大大低于国民（−0.15，η^2 =0.01）。这两个调查结果符合之前预期的模式。

由此我们可以得出第一个结论，在第一代移民青少年和定居国同龄人之间，以及在第二代移民青少年和定居国同龄人之间，预期的心理适应模式在ICSEY国家的所有移民青少年中是不存在的；第二个结论就是预期的模式只在社会文化适应中出现。

第一个结论隐含的问题是，第一代和第二代移民青少年的适应分数是否靠拢国民的适应水平。在社会文化适应方面，我们在4个国家发现了这种情况，由此支持了定居国青少年是移民榜样的说法。但是在考察这4个国家中的越南移民时，我们发现居住时间越长，移民青少年的分数可能越低于国民，这与国民是第二代移民榜样的说法相冲突。

文化、宗教和可见差异

文化差异

我们预期在文化上与定居社会迥异的移民群体会较少积极的适应，但是，通过采用与第四章相同的文化差异测量，我们发现文化差异程度与心理或社会文化适应之间没有统计学意义上的显著关系。正如在之前所提及的，这可能是由于我们对文化差异的测量是基于国民价值观的差异而不是参与者对文化差异的感知。

宗教差异

根据之前的调查结果，我们预期不信奉定居社会主流犹太—基督教的移民会较少积极的适应。在心理适应方面，我们发现结果正好相反：穆斯林有着最高的（标准化后）分数（+0.20），而其他三个群体的分数则是负数。在社会文化适应方面也发现了相似的模式：穆斯林有着最高的分数（0.05），没有宗教信仰的青少年最低（-0.10）。

可见差异

在移民的心理适应方面，可见度小组间的分数最高（$\eta^2=0.02$）。这个结果很难解读，因为更高的分数应出现在可见差异低的小组，不应该出现在中等可见差异小组；在社会文化适应方面，三个可见度小组中没有发现任何统计学意义上的显著差异。

我们或许可以这样总结，三个差异与适应分数之间的总体关系都没有支持我们的预期。这显然与资料中的结果相左（由 Masgoret & Ward, 2006；Ward, 2001 回顾）。

小 结

本章讨论的主要问题是：与定居国同龄人比，移民青少年适应得如何？这种适应与背景性的人口统计因素（例如移民的世代）以及各种涵化模式的关系如何？在讨论移民的适应问题时，我们考察了 5 个适应结果：生活满意度、自尊、心理问题、学校适应和行为问题，它们的密切相关由此组成了两个明确的因子：心理和社会文化适应，这在已往的研究中有过说明（Ward, 2001）。然后，本章围绕着这两种适应形式做进一步的分析。

将定居国青少年作为比较群体，我们的结果表明，移民青少年与定居国同龄人适应得一样好，在某些情况下还要更好。总体而言，移民青少年报告更少的心理问题、更好的学校适应、更少的行为问题，尽管在生活满意度和自尊这两个方面双方没有显著的差异。换言之，尽管移民青少年在社会文化方面适应得更好，但是在心理适应方面与定居国同龄人没有明显的不同。

移民青少年比定居国同龄人报告更少的行为问题。尽管有关研究显示，移民和其他族裔青少年在官方犯罪统计数据中占有很高的比例（Hofer & Tham，1991；Junger & Polder，1992），但自我报告的青少年违法行为显示的结果恰恰相反，移民青少年要么与定居国同龄人没有什么不同，要么有不同的地方，但情况往往对移民青少年有利：他们报告更少的违法行为（Junger - Tas，Terlouw，& Klein，1994）。我们的调查结果也支持了这一点：通过自我报告进行测量时，移民青少年出现更少的行为问题。托格森（Torgersen，2001）指出，官方犯罪统计数据和自我报告的反社会行为的主要差距在于自我报告的反社会行为不能区分反社会行为的严重程度。根据他的说法，在进行区分后，移民青少年与定居国青少年在重大违法行为（例如偷窃）上并没有什么不同，但在轻微违法行为和暴力行为方面的差异显著。具体而言，移民青少年比定居国同龄人报告更少的轻微违法行为（例如涂鸦），但更多激烈的违法行为（例如打斗时动用武器）（Torgersen，2001）。在我们的研究中，我们侧重于次要的违法行为，由此解释了移民青少年和定居国同龄人存在的显著差异。

移民青少年比定居国同龄人有更好的学校适应。在这个方面，移民青少年的高分与移民父母对子女学校适应和学习成绩的高期望值是成正比的，父母由此间接促进了子女在学校良好的适应（Rumbaut，2000；Suarez - Orozco，1989）。

基于我们的调查结果，我们认为所谓的“移民悖论”现象被过分概括化。在 13 个实施 ICSEY 的国家中，我们只在 10 个国家探讨了这个问题，而在这 10 个国家中，我们仅在 4 个国家中发现这个现象的一个方面（第一代移民比定居国同龄人表现得更好），而且仅限于社会文化适应。悖论现象在心理适应方面并不存在，我们反倒发现了悖论现象的反面。在移民适应向国民“靠拢”这个方面，我们在所有这 4 个国家中找到了证据。但是，当只考察这 4 个国家中的越南移民青少年时，我们没有发现“靠拢”现象，第二代越南移民青少年的社会文化适应分数大大低于定居国同龄人。

对于第一代移民的社会文化适应分数好于第二代移民，我们认为可能是移民家庭的文化对子女的涵化起到了保护作用（Harris，2000）。在这种情况下，移民父母可能对第一代子女的社会活动比对后代子女监控得更为密切，因为父母不希望子女在一个他们不熟悉的社会中缺乏管教，反过来这可能保护了儿童远离反社会行为。

在移民青少年和定居国青少年之间进行比较是困难的，因为他们在许多方面存在着差异。由于缺乏心理测量临界值（psychometrically established cutoff points），将国民样本作为参照群体或标准也是非常普遍的。因此，偏离国民平均值被视为更好或更糟的适应。在这项研究中，国民与移民从相同的地区和学校抽样，最重要的是从非临床人口中抽样，因此，我们认为利用定居国青少年作为参照群体是合理的，我们的结论是站得住脚的，即移民青少年普遍适应得很好。还有必要补充一点，移民与国民相比更好或更糟的适应是相比较而言的，而不是绝对的评估。

量表的回答分值对这个结论提供了进一步的支持。所有适应结果量表的中值是3，它们或多或少被定义为中性。在所有案例中，移民的分数要么在心理问题和行为问题的否定量表中大大低于中值，要么在生活满意度、自尊和学校适应的肯定量表中大大高于中值。这意味着在所有案例中，移民青少年报告的都是肯定的适应结果。在我们使用的量表中，生活满意度量表已建立了“良好的生活满意度”临界值（参见 Cummins 1995，1998），以此为标准，所有国家的移民儿童显示有着良好的生活满意度。

鉴于移民青少年普遍显示良好的适应，我们的研究为美国 20 世纪 90 年代末进行的有关研究提供了支持，这些研究认为移民儿童普遍适应得很好，在有些情况下比定居国同龄人适应得更好（Fuligini，1998；Harris，2000；Kao，20000；Rumbaut，2000；Zhou，1997）。

在考察社会人口因素与移民青少年适应的关系时，只有性别和年龄与适应结果相关，但适应形式不同，这些关系的方向也是不同的。尽管男孩普遍比女孩有着更好的心理适应，但女孩在社会文化上却比男孩适应得更好。有关研究表明，在涵化问题上女性比男性面临着更大的风险（Beiser et al.，1988；Carballo，1994）。更有研究显示，女性有着更多的心理困扰问题，体现为抑郁和焦虑，而男性则更多地被诊断出行为和人格障碍。这些性别差异在各国都是存在的（Tanaka - Matsumi & Draguns，1997）。

我们的研究也指出，年龄更小的移民（13 ~ 14 岁）普遍比年龄更大的移民有着更好的适应。尽管已有研究显示，年龄小的移民更容易适应（Aronowitz，1984，1992；Beiser et al.，1988），但要解释这种情况却不容易，部分由于纵向研究的缺乏。常用的解释是，涵化个体的年龄越小，在两种文化的冲突上就越“灵活”。此外，随着他们从青少年步入成年，年龄大的青少年面对的挑战比年龄小的更多、更为复杂（Erikson，1968）。

尽管我们早已知道社区族裔密度与心理问题呈反比关系（Murphy，1965），但依然缺乏相关的系统性研究。大型族裔社区对适应的正面影响经常被视为社会支持的调节作用，而与我们的预期相反，良好的适应与社区族裔组成并没有什么关系。

在引言中，我们提到了文化学习，即国民和移民的文化距离对移民的适应是反比关系。因此我们预期，与 ICSEY 主流盎格鲁—基督教文化迥异的穆斯林应显示负性的适应。但结果却恰恰相反，也许对宗教狂热的支持保护了青少年免受文化距离可能造成的负面影响。归属感与适应之间的肯定关系在资料中不胜枚举（Baumeister & Leary，1995），可能恶劣的生活条件导致了这种归属感或联系。

值得一提的是，宗教狂热对一个人的主观幸福感有着积极的影响（Diener，2000；Diener，Scollon，Oishi，Dzokoto，& Suh，2000），因此，作为穆斯林可能有利于他们的心理适应。而且，穆斯林社会在行为规范上有着相对严格的要求（Gelf&，2005），因此，社会文化适应量表中的不当社会行为将不会被表现出来。换言之，尽管文化差异巨大，但我们没有理由预期穆斯林移民青少年的适应就很糟糕。

总之，本章的分析结果显示，移民青少年与定居国同龄人适应得一样好，在不同适应结果的关系中，他们的适应模式与定居国青少年是相似的；适应结果在一定程度上取决于某些社会人口因素，尤其是性别和年龄；最后，整合模式是涵化个体最适应的模式。总体而言，移民如何涵化与适应结果相关是受支持的。

第六章　各国和各族裔群体移民青少年的适应

莱顿大学：保罗·维德尔
蒂尔堡大学：冯·范德维吉弗
赫尔辛基大学：卡米拉·利伯坎

在第四和第五章，我们呈现了所选样本在涵化、文化间际关系以及青少年适应三方面的背景信息和调查结果，它们为本章所要验证的这三者间关系总体模型提供了基石。在第四章结尾，我们确定了四个文化互动因子：族裔取向、国民取向、整合和族裔行为，但它们不应与四种涵化模式（整合、族裔、国民和迷失）相混淆，前者结合的是不同变量，后者结合的是不同个体。

在第五章结尾，我们呈现了对 5 个适应变量的因子分析，由此产生的因子被称为“心理适应因子”和“社会文化适应因子”，在本章我们也会使用这两个因子。本章的模型是对四个文化互动因子和两个适应因子间关系假设的具体说明，围绕的一个中心问题是，在个体层面移民青少年的跨文化互动体验与他们的适应结果是否存在系统性的关联，即套用第一章的术语，我们要回答的是“青少年如何涵化与他们适应得如何这两者是否相关?”这个问题。

前面的章节没有更多关注定居国家或移民群体，在本章，我们将探讨涵化经历与适应结果的关系是否受到两个国家特点的影响及影响如何。这里所谓的“两个国家特点”是指各自的文化多样性（包括移民水平）和有关多样性的政策。此外，我们还分析了这种关系取决于年龄、世代（第一或第二代移民）、性别和社会经济地位等人口统计因素的程度。

本章的模型将四个文化间因子与两个适应结果放在一起进行考察。涵化研究文献中一个老生常谈的问题就是，移民是否可以将参与和认同定居国的定居国文化与参与和认同自己所属的族裔文化这两者结合起来。一些研究人员不仅提出了这样的主张，而且还找到了相应的证据，那就是，两种文化的结合而不是只参与一种文化是最有利于适应的涵化模式，对移民的主观幸福感最为有利（见 Berry，1997；Howard，1998；LaFromboise et al.，1993；Phinney & Devich - Navarro，1997）。我们的第一个假设就来自这个研究传统。

假设 1a：参与并认同定居国的定居国文化和族裔文化，比只参与其中一种文化更有利于移民青少年的适应。

有些研究人员对文化取向和适应的关系则比较犹豫。例如，伯曼等人（Birman，Trickett & Vinokurov，2002）提出，族裔认同和国民认同在移民适应中发挥的作用，与有关涵化的这两方面要求相关，即既与对社区总体场景的要求相关，也与该背景中不同生活领域的行动个体的要求相关。移民青少年在学校往往感知到更强的同化期待，因此相对于适应的其他领域，他们在学校适应方面显示出更强烈的同化倾向。这些研究人员采纳的是沃德（Ward，2001）提出的两种适应类型。正如前述，沃德区分了心理和社会文化适应的差异：心理适应指主观幸福感或满意度，而社会文化适应则指适应新社会环境所需的种种能力和技能，例如定居国的国民语言和定居国文化。心理适应主要基于对情绪方面反应的测量，而社会文化适应则基于在新文化环境中行为和互动的有效性，包括促进这种互动的技能。沃德认为，两种类型的适应相互关联，但可通过不同的变量进行预测。心理适应更倾向于人格方面，取决于社会支持的可获得性；对于移民青少年来说，人格发展和社会支持的可得性，与个体对自身社群取向更为相关，而不是与定居国的国民和文化取向相关（Oppedal，Roysamb，& Sam，2004；Ward，2001）；另一方面，社会文化适应则更多受到与定居国社会成员关系强度和质量的影响。鉴此，我们提出了两个进一步的假设，主要讨论文化取向和适应的关系。

假设 1b：对移民青少年的社会文化适应来说，国民取向的影响要大于族裔群体取向。

假设 1c：对移民青少年的心理适应来说，族裔群体取向的影响要大于国民取向。

我们认为，感知到的歧视程度是移民涵化经历的一个重要方面，这反映了整个社会对移民的态度，故对移民的涵化与适应具有决定性的影响。因此，与其他研究人员一样（例如 Sellers & Shelton，2003），我们将感知到的歧视作为一个独立的变量来解释移民的适应结果。在新近的研究中，大量实证表明，个体对自己成为主流群体成员歧视的对象或牺牲品之感知，是导致涵化性压力的主要刺激物，因为它与移民的心理问题症状明显相关（Jasinskaja－Lahti，Liebkind，& Vesala，2002；Liebkind & Jasinskaja－Lahti，2000b；Sellers & Shelton，2003；Ying，1996）。

假设2：感知到的歧视与移民青少年的心理和社会文化适应之间是负相关。

除了文化互动变量和感知到的歧视，还有很多因素影响到适应结果，包括不受迁移影响的性别、年龄等人口统计因素，还有当前定居国家移民水平和移民政策方面的背景因素（Berry，1990）。在前几章，我们将这些背景因素作为控制变量，分别讨论了它们对涵化和适应的独立影响。在本章，我们侧重考察它们在涵化与适应关系中的调节作用。关系的强度取决于年龄、世代（第一或第二代移民）、性别和社会经济地位的程度如何？将这些调节变量包括在我们的模型中，有助于确定涵化与适应之间的何种关系适用得更为广泛，何种关系仅限于特定的群体或背景。

背景变量的作用

年　龄

随着年龄的增长，在总结以前的理解和经验的基础上，青少年拥有更成熟的认知技能去建构自我意识。但是，这个过程在很大程度上取决于青少年所面对的家庭、社区和国家背景。对于族裔认同（Liebkind，1992a，2001；Phinney，1990）来说，这个过程能够导致建设性的行动，旨在肯定群体成员资格的价值和合法性（Brown，2000；Tajfel & Turner，1986），也可能导致不安全感和困扰，或对群体所受待遇耿耿于怀。

但是，年龄的影响在涵化的许多领域并不一致，年龄对涵化与适应并无直接的关系。在本章，我们探讨年龄对涵化与适应关系是否具有调节作用。为数不多的相关研究也没有提供结论性的答案。卡普兰和马克斯（Kaplan & Marks，1990）曾对墨西哥裔美国人的语言使用和族裔认同进行了测量，其中高分代表更高水平的同化。结果显示，年轻人的得分越高，困扰的程度越高；而年长者的得分越高，困扰的程度越低。研究人员指出，年龄的这种调节作用，可能是由不同年龄时期应对歧视和异化的差异所造成的，年轻墨西哥裔美国人的应对能力要低于年长者。同样对于这个群体，克劳斯等人（Klause，Bennett & Tran，1989）则认为，运用定居国国民语言的较低水平与经济困难一起，对自我控制感、自尊和主观幸福感构成了负面影响，而与参与者的年龄无关。利伯坎（Liebkind，1996a）认为，年龄对女性移民具有调节作用。成年女性通常被视为文化的载体，她们在新社会中更有可能留在家中，传承传统的做法；年轻的女性，特别是来自以束缚女性为特点的传统文化的女性，可能会认同主张女性有更大自由的西方价值观。这些差异可能导致家庭内部的压力，从而对女性的适应产生负面的影响。

在第四章，我们报告年龄对涵化没有任何影响；在第五章我们报告年龄对适应的微弱影响；在本章，我们探讨年龄是否对涵化和适应关系造成影响。由于之前结果的不确定性，我们没有建立任何假设。

性　别

涵化中的性别差异，尤其在认同发展方面，大部分是不确定的。有些研究报告了男性移民和女性移民在文化认同强度上的差异（Abu - Rabia，1997；Eisikovits，2000；Liebkind 1993，1996a），有些则没有（例如 Nesdale，Rooney，& Smith，1997）。正如前述，利伯坎（Liebkind，1996a）认为，来自传统文化的成年女性是这些文化的主要载体。其他研究（例如 Tang & Dion，1999）则指出，女性移民的这种地位与男性移民更强调族裔传统的涵化态度和期待是相关联的，这表明无论在文化认同还是在更大的涵化领域，性别问题并没有得到解决。因此，我们在性别上也没有建立任何假设。

在第四章，我们报告了性别与涵化态度和体验的一般关系。女孩比男孩更支持整合策略，更倾向于整合模式，使用国民语言的频率更高。形成对比的是，男孩可能会更多地表现出迷失模式，感知到更多的歧视。在第五章，我们报告了男孩比女孩有更好的心理适应，而女孩则比男孩有更好的社会文化适应。

世代和居住时间

个体是第一代还是第二代移民，这是与涵化和适应相关的。新移民通常对祖国或原有文化有着强烈的意识，对新社会的认同程度不一（Berry & Sam，1997；Liebkind，2001；Phinney，2003）。其后的世代面对的是归属于祖先文化和归属于定居国的认同问题。移民在新社会居住的时间越长，开始经历涵化的年龄越小，进展得就越积极和顺利（Beiser et al.，1988；Liebkind，1996a）。

在第四章，我们指出过，个体居住时间越长，国民认同、国民语言的流利度和使用频率、以及与定居国同龄人社会交往等方面的得分越高，分离态度越低。在第五章，我们报告了居住时间与两种适应类型并没有关系。此外，我们还探讨了移民悖论从而发现，在总体上第一代移民青少年比第二代并没有更高的适应分数，但在有些国家，第一代移民青少年比第二代有着更好的社会文化适应。

在本章，我们侧重考察，涵化与适应关系是否在第一代和第二代青少年中存在差异。我们已发现，早前只有一项研究探讨过代际方面可能的差异效应。沃尔等人（Wall，Power，& Arbona，1993）指出，第一代墨西哥裔美国青少年中，与更倾向于自身文化背景者相比，更倾向于定居国社会者更易遭受反社会的同龄人压力），但在第二代墨西哥裔美国青少年中却没有发现同样的结果。这个证据并不足以建立有关世代对涵化与适应关系具有调节作用的假设。

有研究显示，社会经济地位影响涵化过程。地位越高，对定居国社会的倾向越强，有利于与国民社会成员交往的行为和价值观更多（Ward，2001）。在第四章，我们报告了父母的职业地位越高，青少年就越倾向定居国文化、更高的国民语言流利度和使用水平。社会经济地位与两种适应形式无关（参见第五章）。

除了沈和塔科奇（Shen & Takeuchi，2000）的研究外，探讨社会经济地位对涵化与适应关系调节作用的研究并不多见。该研究显示，社会经济地位对涵化和抑郁症状的关系有着调节作用：华裔美国人的涵化因素（主要由语言使用、世代和在定居国生活时间比例组成，分数越高，“美国化”的程度越高）分数越高，承受的压力越大，但这仅表现社会经济地位更低的对象身上。两位研究人员发现，更高的社会经济地位具有缓解压力的作用。在 ICSEY 研究中，社会经济地位根据父母的职业地位进行评估。由于研究证据的不确定性，我们没有建立社会经济地位在涵化与适应关系上具有调节作用的假设。

社区族裔构成

社区族裔组成的可能影响在实证研究和理论分析中有较多关注，而且结果都表现出与场景的相关性（见 Birman et al.，2002；Mollernkopf，2000；Nguyen et al.，1999）。例如，伯曼（Birman et al.，2002）提出，族裔认同和国民认同在移民适应中的作用，与社区背景和该背景内不同生活领域的涵化要求相关。

在第四章，我们说明，在主要或全部由自身族裔群体成员组成的社区，族裔语言使用的程度高、社会交往主要在本群体内部进行、族裔模式占主流地位。社区族裔组成与青少年的主观幸福感、社会适应之间没有任何关系。

施尼特克（Schnittker，2002）指出，在涵化与适应结果的关系上，尤其在自尊领域，美国华裔移民随具体活动背景或所在社区的族裔组成的不同而变化。在主要由非华裔组成的社区，英语使用更有利于自尊；而在主要由华裔组成的社区，中国文化的参与对自尊有着更积极的影响。伯曼等人（Birman et al.，2002）从移民的视角将背景视为环境要求，把这种解读运用到施尼特克的研究，我们可以推断，顺应非华裔环境的英语要求可以令人感觉良好；而在主要由华裔组成的社区，顺应社区文化活动的要求令人感觉良好。基于这种模型，我们提出了以下假设：

假设 3：相较于生活在族裔更多样化社区的青少年，生活在同族裔社区的青少年的族裔取向与心理适应的（肯定）关系更为强烈。

文化多样性

我们在第一章提到，一个国家的移民和文化多样性水平以及文化多样性政策，与认同选择和适应是互动关系，这也在一定程度上启发了 ICSEY 课题。支持多元文化主义的国家政策可以让移民有双文化的选择，而这种选择对幸福感是有影响的（Grosfoguel，1997；Icduygu，1996）。但政策与族裔认同联系的直接证据是微弱的。一些研究显示，认同形成和心理适应的决定性因素并不是国家政策，而是实际的生活环境（例如，特定群体的分散相对高度集中）、个人关系（与家庭、同龄人）以及活动背景（学校，社区）（Crul，2000；Gold，1992；Keaton，1999）。这些状况与国家政策并不相关（Oriol，1989）。但是，国家的移民政策也可能对移民的幸福感产生影响。布尔希斯等人（Bourhis et al.，1997）提出，一个国家的移民水平和移民政策反映了主体成员对移民的态度，而政策和态度会影响到移民的态度和族际交往，因此对个体移民的幸福感产生影响。

我们认为，定居社会的特点与移民青少年的适应之间是有关系的，这些关系超越了具体的族裔文化群体和国家。我们侧重于两个变量：文化多样性和多样性政策。文化多样性结合了多样性的四个国家分数，在第二章有过介绍：移民在全国人口中的比例、族裔语言分化指数（Inglehart，1997）、族裔多样性指数（Sterling，1974）和文化同质性指数（Kurian，2001）。多样性政策采用的是班廷和金利卡（Banting & Kymlicka，2004）的高、中、低三向分级，在第二章也有过介绍。

在本章，我们分析多样性对文化互动体验和适应测量造成的影响，基于下列假设：

假设4a：相较于生活在更低文化多样性水平社会的青少年，生活在更高文化多样性水平社会的青少年有着更好的心理适应。

假设4b：相对于生活在不太支持文化多样性社会的青少年，生活在支持文化多样性社会的青少年有着更好的心理适应。

模型测试：变量和总原则

包含在数据分析中的多数变量源于自我报告，不过，有些背景变量，尤其是文化多样性和多样性政策水平源于移民和定居社会的相关信息，而这些信息对涵化过程有着一定的影响。在我们的分析中，我们对变量群是分开考虑的。在本章，我们报告个体层面的分析，除了采用文化多样性分数，还采用在国家和族裔群体内标准化后的分数，以避免国家和群体差异的干扰作用。文化多样性分数的相关分析基于青少年原始分数的因子分数。

包括在模型测试中的变量

只有数据完整的变量才能包括在“结构对等模型”（SEM）中，这个模型见本章的后面部分。因此，本章呈现的样本规模和因子载荷等统计数据与前几章是不同的。

人　口

本章使用的人口统计变量包括年龄、性别、世代（第一和第二代移民；后者包括在新社会出生或抵达时年龄不到7岁的青少年）以及社会经济地位（根据父母最高职业地位水平测量）。

涵化经历

个体层面感知到的歧视是测量直接涵化经历的唯一方法，而感知到的歧视可被同时视为涵化过程的原因和结果，因此，将感知到的歧视作为预测变量是有充分的实证基础的。在本章，我们就是将感知到的歧视作为一个预测变量。

涵化过程

涵化过程的测量包括几个变量，这些变量在第三和第四章有过介绍。

族裔认同和国民认同及涵化态度经常被互用（例如，Nguyen et al.，1999）。但是，在这项研究中，术语“族裔认同”强调的是对自身族裔群体或文化主观归属感的涵化领域（Phinney，1990）。在一份早期出版物中

(Phinney, Horenczyk et al., 2001)，我们指出，贝理的涵化模型是理解族裔认同和国民认同差异及相互关系的出发点。

通过探索性因子分析，我们在众多涵化变量中发现了小规模的因子群，详见第四章的聚类分析。但与第四章的分析不同，在这里我们只包含模型变量分数完整的移民青少年，他们的数量要少于之前分析所包含的青少年数量，因此，结果也是不同的。因子分析使我们得以确定单一因子的亚量表群。变量的挑选基于理论的考虑：例如，涵化与文化认同变量，变量间关系，以及特征值、已释方差比例和因子载荷等统计学标准。

第一个因子分析包括族裔取向。该因素基于族裔认同、家庭义务亚量表和分离的涵化态度（特征值 = 1.390；46.3% 的已释方差），指的是对自身族裔文化种种关系的不同方面，或对自身族裔文化的认同。分数越高，对本群体的取向越强。

第二个因子分析包括国民取向。在个体层面，该因素由国民认同和同化态度（特征值 = 1.171；58.6% 的已释方差）组成，指的是对定居国文化种种关系的不同方面，或对定居国文化的认同。分数越高，对国民社会的取向越强。

第三个因子代表整合取向，由整合和边缘化态度组成（特征值 = 1.290；64.5% 的已释方差），结合了针对族裔和定居国文化的态度。分数越高指示着对两种文化的肯定态度（即越倾向整合，越反对边缘化）。

第四个因子分析包括族裔行为。下列量表构成了单一因子：同龄人的社会交往（自身族裔群体或国民群体）、族裔语言和国民语言的流利度（特征值 = 1.378；34.5% 的已释方差）。分数越高，与族裔同龄人的交往越强，族裔语言越流利；分数越低，与定居国同龄人的交往越强，国民语言越流利。

适应结果

自尊、心理问题和生活满意度代表着心理适应；学校适应和行为问题代表着社会文化适应。第五章确认了这两者之间的区别。心理问题的量表分数对两种适应都有影响，但更多影响到心理适应而不是社会文化适应，因此，心理问题被包括在心理适应因子中。两种适应的分析是分开进行的，心理适应因子基于三个量表：自尊、生活满意度和心理问题（特征值 = 2.730；57.7% 的已释方差）。分数越高，幸福感越大。

社会文化适应因子基于两个量表分数（行为问题和学校适应；特征值 = 1.297；64.8% 的已释方差）。分数越高，社会文化适应越好。

通过因子分析，我们将前几章的多数量表并入因子分数。但是，语言使用量表和青少年的权利量表，与其他量表的相关系数小，这说明这两个量表可能与其他概念相关，为了让我们的基本模型尽可能的简单，我们就没有包括这两个变量。

文化多样性

我们在前面提到，文化多样性分数基于四个变量：移民在全国人口中的比例、族裔语言分化指数（Inglehart，1997）、族裔多样性指数（Sterling，1974）和文化同质性指数（Kurian，2001）。探索性因子分析显示，这四个变量都被包括在“文化多样性”的单一因子中（特征值 = 3.326；83.16% 的已释方差），变量间的相关系数在 0.46 至 0.89 之间。但是，由于并不是所有指数在所有参与国家中都可获得，因此，我们没有采用因子分数而是计算了每个国家至少三个以上指数的平均值（在国家间进行了标准化）。在个体层面，所有青少年的分数是他们国家的文化多样性分数。

为探讨文化多样性、感知到的歧视、涵化过程和适应结果间的关系，我们重复了第四和第五章的因子分析，不过采用的是原始分数，产生的是国家间标准化后的分数，分析结果见附录 D，已释方差比例浮动在 38.4（族裔行为）和 67.9（社会文化适应）之间。因子的解读与前几章相似。

理论模型：文化互动变量和适应之间的关系

文化互动变量和适应变量间预期关系的理论模型见图 6.1。本课题的重点是探讨涵化的基本过程，因此，总体的涵化建构可以被分为几个组成部分，有些是输入变量，有些是输出变量。具体而言，四个因子（国民取向、族裔取向、整合和族裔行为）应先于结果变量（社会文化适应和心理适应）；感知到的歧视位于右上角，是移民涵化经历的基本出发点。

需要指出的是，所提出的变量间的预期关系，是对涵化过程中复杂的文化适应现实有所简化。例如，感知到的歧视在这里被认为是一个前因变量，而实际上这个变量也可能随着时间成为涵化经历的结果。因此，图 6.1 概括的涵化总过程可被视为一个循环往复的圆圈。同样，尽管整合因子可能对结果变量产生影响，但这种关系也可以是反向的。因此，图 6.1 也许并不全面，有可能遗漏了重要的反馈循环。但是，我们的研究设计并没有包括对反馈循环和相互因果关系的精确估计。

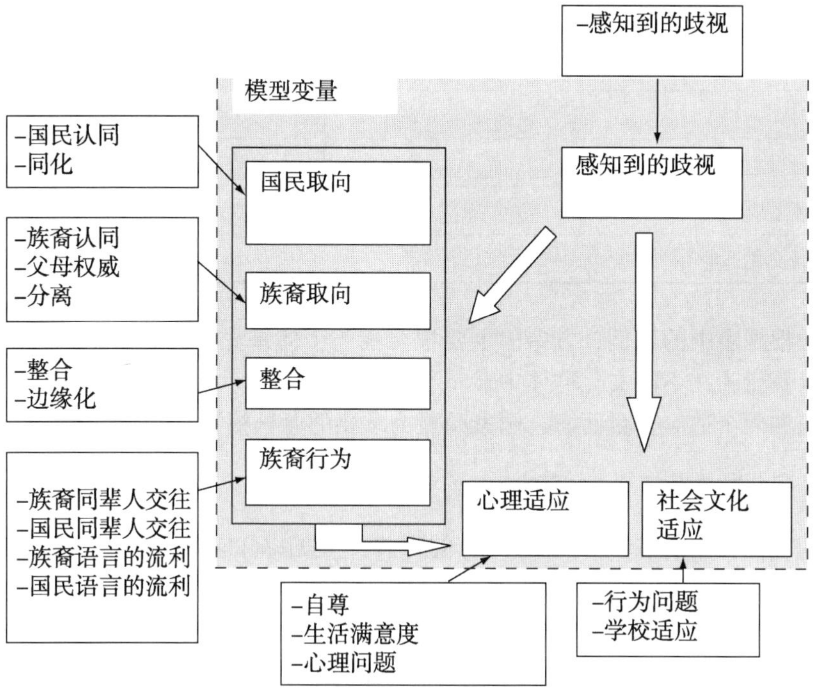

图 6.1　文化互动变量与适应的基本模型

说明：感知到的歧视（前因）、涵化（中介）和适应（后果）变量间的预期关系被置于“模型变量”，测量“模型变量”的量表被置于“输入变量”

模型的验证：统计结果

首先，我们比较了三个数据层面（个体、族裔群体和国家）的重要性，以确定哪个层面更具有解释力。例如，心理适应差异是否主要归咎于个体、群体或者国家的差异？为回答这样的问题，我们计算了每个层面的方差比例，将居住国和群体作为随机因子，心理变量作为因变量，结果见表 6.1。

表 6.1　移民青年得分方差异：国家、族裔文化群体和个体层面视角（N =4，767）

因变量	国家	群体	个体
感知到的歧视	0	6	94
族裔认同	1	20	79
国民认同	7	5	89

续表

因变量	国家	群体	个体
整合	3	1	95
族裔行为	0	32	68
心理适应	4	0	95
社会文化适应	3	1	95

根据表中的比例，方差的主要根源在于个体差异；但是，本群体取向和族裔行为在不同文化群体中显示了相当大的差异。对于整合、国民群体取向和两个适应变量而言，国家是更为重要的差异根源。

涵化的文化互动方面和适应结果

我们采用阿莫斯（Amos）的SEM程序（Arbuckle，2003）对前面的模型进行了初步测试，但适配度并不理想，其中一个原因可能是四个变量（国民取向、族裔取向、整合和族裔行为，见图6.1）共享了大量的方差，正如之前所提及的。为克服这个问题，我们基于四个文化互动变量因子定义了潜在变量“族裔交往”（ethnic contact），原来的四个文化互动因子在这个变量中的因子载荷如下（见图6.2的最后结果模型）：本群体取向，0.40；国民群体取向，-0.33；整合没有贡献；族裔行为在图6.1非标准化模型中的固定载荷为1，在标准化模型中的载荷为0.85，标准化载荷见图6.2的虚线部分。分数越高，移民青少年越倾向本群体，越不倾向国民群体。

不同变量解释的方差比例，族裔行为72.9%，整合3%，本群体取向16.1%，国民群体取向10.9%，族裔交往1.19%，社会文化适应11.2%，心理适应22%。

图6.2的最后实证模型沿用了原理论模型（图6.1）的逻辑和结构，不过，为获得理想的适配度，我们进行了一些改动，增添了一个新潜在变量“族裔交往”。尽管文化间因子中有三个（国民取向、族裔取向和族裔行为）通过“族裔交往”对心理适应产生间接影响，但有两个因子对两种适应结果也产生了直接影响，这意味着除了通过“族裔交往”产生的共同影响，它们对适应还有一些独特的作用。

这个模型总体上支持了我们的假设。假设1a认为，对国家和族裔文化的共同参与比只倾向于其中一种文化具有更肯定的适应结果。而我们发

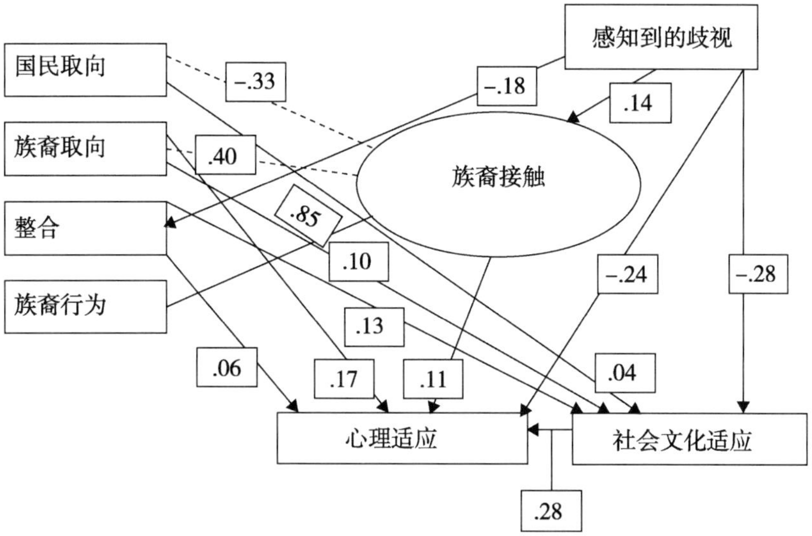

图 6.2　个体层面文化互动变量和适应结果间关系理论模型验证（显示的数值为标准回归权数）

现，整合对两个适应分数有着肯定的影响，但对社会文化适应的影响要强于对心理适应的影响。

假设 1b 认为，国民取向对社会文化适应的影响要强于族裔取向。而我们发现，国民群体取向只对社会文化适应产生肯定的影响，但它对社会文化适应的影响要弱于族裔取向。因此，我们没有发现支持这个假设的证据。

假设 1c 认为，族裔取向对心理适应的影响要强于国民取向。而我们发现，族裔取向对两种适应都有影响，但正如预期的那样，对心理适应的影响要强于对社会文化适应的影响。族裔行为因素对适应结果没有直接的影响，但通过族裔交往有着间接的影响。从图 6.2 中可见，族裔交往对心理适应有着显著影响，但与社会文化适应并没有显著关系。结果表明，青少年的本群体取向对他们主观幸福感的重要性要大于对他们的社会文化适应。

如图 6.2 所示，感知到的歧视对心理适应有负面的影响，也作用于更差的社会文化适应。这支持了我们的第二个假设。有意思的是，感知到的歧视增强了移民对本群体的取向，从图中看，就是箭头从感知到的歧视指向潜在变量族裔交往。与此同时，感知到的歧视对整合有负面影响，即对国民社会和本群体的同时取向。相对于涵化结果，感知到的歧视是一个重要的变量，在我们的结果中，感知到的歧视对结果变量的影响要强于其他任何变量。

图6.2最后讨论的路径是从社会文化到心理适应，这表明自尊和生活满意度等心理适应预测受到适应结果的影响，这些结果产生了社会文化适应的因子分数（例如行为问题），以及心理适应可被视为模型的最后结果，包含或反映了涵化经历和社会文化适应的心理后果。

情境变量的影响

为探讨和测试文化互动变量和适应变量的关系是否受到人口和背景变量的调节作用，我们将心理和社会文化适应分数作为因变量，将感知到的歧视（在国家和群体内部被标准化后）、整合、族裔取向、国民取向和族裔行为作为独立变量，进行了多变量方差分析（MANOVA）。在每个分析中，我们包含了5个背景变量中的其中一个：年龄、世代（第一或第二代移民）、性别、父母的职业地位（非技术型、技术型、白领和专业人士）和社区（族群）构成（族裔同质性水平）。分析产生了三个具有统计学意义的交互作用（$p<0.01$），而且都与性别相关：性别×感知到的歧视，性别×族裔行为，性别×国民取向。我们在其他背景变量上没有发现显著的互动效应，这意味着假设3有关社区的调节作用是不成立的。

为解读上述的结果，我们分别对男性和女性重复了多变量方差分析，将感知到的歧视、族裔行为和国民群体取向作为协变量，以确定它们在心理和社会文化适应中解释方差的程度，结果见表6.2。

总体而言，涵化变量或因子对男孩适应结果的影响要强于对女孩。在感知到的歧视和社会文化适应的相关程度上，性别作用最为显著，对于男孩的相关程度要大于对于女孩（$\eta^2=0.10$ 对 $\eta^2=0.06$）。性别作用同样显著的还体现在族裔行为对心理适应的影响上，（对于男孩 $\eta^2=0.02$，对于女孩 $\eta^2=0.00$），以及国民取向对心理适应的影响（对于男孩 $\eta^2=0.03$，对于女孩 $\eta^2=0.01$）。

文化多样性

文化多样性的国家分数（在国家间被标准化，基于第二章和本章呈现的四个指数）和多样性政策的国家分级（基于第二章和本章的三向分类）见表2.1。

多重回归分析旨在探讨文化多样性对涵化变量和适应结果的影响。为控制青少年人口特点的国家和群体样本差异，我们运用了阶梯式程序

（stepwise procedure）。表 6.3 呈现的是分析结果。

表 6.2　涵化变量对男孩女孩心理和社会文化适应影响的多变量方差分析

	男性	女性		男性		女性	
	Wilks' Lambda	Wilks' Lambda					
	F（22227）	F（22520）		F(12228)	η^2	F(12521)	η^2
感知到的歧视	220.000***	165.60***	心理适应	313.86***	0.123	285.42***	0.102
			社会文化适应	254.13***	0.102	157.71***	0.059
族裔行为	32.86***	0.54	心理适应	44.35***	0.02	0.51	
			社会文化适应	6.10*	0.003	0.93	
国民群体取向	54.16***	11.06***	心理适应	77.52***	0.034	22.11***	0.009
			社会文化适应	7.44 *	0.003	2.55	0.001

注：MANOVA = 多变量方差分析。* $p < 0.05$，*** $p < 0.001$。

表 6.3　文化多样性对涵化变量和适应结果影响的多重回归分析

因变量	β	R^2	F
感知到的歧视残差值	0.08**	0.01	19.50**
族裔取向残差值	-0.01	0.00	0.07
国民取向残差值	0.23**	0.05	192.51**
整合残差值	0.01	0.00	0.11
族裔行为残差值	0.08**	0.01	21.58**
心理适应残差值	-0.08**	0.01	19.56**
社会文化适应残差值	0.01	0.00	0.16

注：** $p < 0.01$。

总体而言，文化多样性的影响要么缺失要么微弱。不过，四个微弱的影响也很有意思。首先，在文化多样性水平更高的国家，移民青少年报告的歧视水平要高于在文化多样性水平更低的国家。这表明，社会的多样性越大，不同文化群体成员受到的歧视越多；反过来，在多样性越小的国家，受到的歧视越少。第二，文化多样性的水平越高，与自身族裔群体同龄人的交往越多，对族裔语言的使用也越多。第三，在文化多样性水平更高的国家，移民青少年对国民群体的取向要强于在文化多样性水平更低的国家。这显然是发现到的最强烈影响。在更多样化的社会中，对族裔群体和国民社会的倾向就更强烈（我们称之为“整合取向”），这说明更大多样性提供了一个突出的背景，在这个背景中青少年更容易倾向于两个群体而不是在两者中不得不选其一。最后，更高的文化多样性水平与更低水平的心理适应是一致的。在这里有必要解释一下，因为在通常情况下，更高水平的文化多样性对涵化经历和适应结果会产生肯定的影响。为考察第一个调查结果是否可以解释文化多样性对心理适应的负面影响，我们将感知到的歧视作为协变量重复了回归分析。感知到的歧视解释了11.3%的方差，文化多样性解释了0.2%（$\beta = -0.04$）；在考虑到感知到的歧视后，文化多样性对心理适应的影响减弱（从0.6%至0.2%）。这部分支持了文化多样性和心理适应间反比关系的解释。这个调查结果表明，并不是文化多样性，而是伴随着更高水平文化多样性增加的歧视对心理适应造成了负面影响。不管怎样，关于适应的调查结果并不支持文化多样性水平越高适应就越好的假设。

关于文化多样性对心理适应意料外的负面影响，我们探讨了两种其他可能的解释，但我们还是找不到其中的原因。首先，尽管我们已经将感知到的歧视作为协变量，我们还是探讨了它作为调节变量的作用。如果除了高度的文化多样性，还存在着很多的偏见和歧视，适应结果很可能是负面的，而没有歧视以及高度的文化多样性就会有利于适应。因此，感知到的歧视可能对文化多样性和心理适应间关系具有调节作用。

第二个可能性就是定居国文化取向对文化多样性和心理适应间关系的调节作用：当国民社会取向强烈时，高度的文化多样性与更不正向的心理适应相关，如果其中还隐含着文化多样性对某人社会地位的威胁（例如，“其他移民群体破坏了我本群体和我个人在新社会中的机会”的这种观点），而微弱的国民群体取向以及高度的文化多样性，可能与更肯定的心理适应相关。对这两种可能性我们都没有找到相关的支持。

我们或许可以这样下结论，一个国家的文化多样性与适应过程有着肯定的联系，尤其是国民取向及对自身族裔群体和族裔语言的参与（族裔行为），但与心理适应有着否定的关系，尽管这种关系总体上是微弱的。

我们还探讨了文化多样性对涵化因子和适应关系的调节作用。我们采用了与之前背景变量分析相同的程序。在文化多样性与族裔取向、国民取向、族裔行为和感知到的歧视之间发现了统计学意义上的显著互动，说明后者的这些变量对心理和社会文化适应的不同影响，取决于移民青少年居住国家的文化多样性水平。不过，它们在适应分数上的已释方差比例普遍较低，最大不过0.9%。在国家间进行比较，我们没有发现可解读的模式。

多样性政策对涵化和适应的可能影响也可以采用多重回归分析，将感知到的歧视、涵化过程因素和适应变量的未标准化剩余分数（见注解4）作为因变量，将多样性政策分级作为唯一的预测指标。在考虑到具体人口变量的影响之后，这个程序的结果代表着文化多样性政策分级对感知到的歧视、涵化过程变量和适应变量的独特作用，结果见表6.4。

表6.4　文化多样性政策对涵化变量和适应结果影响的多重回归分析

因变量	β	R^2	F
感知到的歧视残差值	−0.03	0.00	2.10
族裔适应残差值	0.04*	0.00	6.16*
国民适应残差值	0.11**	0.01	39.60**
整合残差值	0.07**	0.01	16.72**
族裔行为残差值	0.03	0.00	2.52
心理适应残差值	−0.02	0.00	1.99
社会文化适应残差值	0.07**	0.01	15.78

注：* $p<0.05$. ** $p<0.01$.

正如文化多样性的影响，多样性政策的影响普遍是微弱或不存在的。多元主义政策对感知到的歧视和族裔行为并没有影响，它也没有影响到心理适应，而我们预期的是肯定的影响。不过，在更支持文化多样性的国家，移民青少年往往是整合取向，整合分数也更高；而且，相较于生活在不太支持文化多样性政策国家的移民青少年，他们有着更高的社会文化适应分数。总之，多样性政策支持的是整合取向，具有更好的社会文化适应。

对多样性政策调节作用的研究并不能产生任何相关的调查结果（已释方差最大仅为0.2%，没有可解读的模式）。

结　论

在本章，我们验证所提出的假设，即移民青少年参与和认同定居国文化与族裔文化，比只参与和认同其中一种文化会产生更积极的适应结果（Berry，1997；Howard，1998；LaFromboise et al.，1993；Phinney & Devich - Navarro，1997）。通过区分移民的心理适应和社会文化适应（Ward，

2001），我们的结论与有关研究一致，即国民群体取向对社会文化适应的影响要强于自身族裔群体取向，而心理适应则正好相反。

在考察四个因子对适应的关系中，族裔取向对适应的影响最强烈，它对两种适应有着直接和肯定的影响，其中对心理适应的影响要大于对社会文化适应；其次是整合因子，对两种适应也有着积极的影响，但是，它对社会文化适应的影响要大于对心理适应的影响。

国民取向对社会文化适应有着适中的正面影响，这与有关研究也是一致的（Ward，2001）。它在心理适应上的作用并不明显；它与本族裔交往是负相关，相应地，与心理适应就是正比关系。因此，从总体上说，国民取向越强，心理适应越差。

验证模型的结果显示，族裔取向因子与社会文化适应是正比关系。这个结果与第五章报告的调查结果相左，该结果显示族裔模式的青少年在社会文化适应上的得分较低。同样，本章显示国民取向因子与社会文化适应是正比关系，而第五章报告国家模式的青少年有着较差的社会文化适应。

这种明显的对立是因为采用了不同的分析方法、样本和变量的结果。第五章四种模式的比较采用的是平均分数，即适应水平，而本章验证模型采用的是相关分析，即每个个体就变量而言的相对系数。另外，各种模式指的是个体亚群体特定文化互动变量分数总和，而本章采用的因子分数指的是所有移民青少年，每个因子分数指的是合并为一个因此分数的变量子群。

我们的研究结果还显示，移民青少年的心理适应取决于他们的社会文化适应：移民青少年的行为问题和糟糕的学校适应显然导致了移民青少年更低的自尊和生活满意度。这个结果支持了相关研究，即在移民青少年中，心理和社会文化适应是相互交织的。到目前为止，在西方社会的移民青少年中，报告最多的心理问题模式就是行为偏差（behavioral deviance），其表现形式是“反社会行为”和“品行障碍”（Aronowitz，1992；Liebkind，Jasinskaja－Lahti，& Solheim，2004）。

我们探讨了不同背景变量对文化间因子和适应因子可能的调节作用，例如年龄、世代、性别以及社会经济地位。我们发现只有性别有着调节作用：涵化经历和过程与适应结果的关系在男孩中要强于女孩。尽管族裔行为上更属于本群体取向对男孩的适应更有利，但对女孩却并不适用。也许我们对这样的性别差异难以加以解释，但可以借助西方主流社会的性别平等态度加以解释。就性别不平等而言，族裔行为更倾向于本群体的移民女孩，可能会比男孩更明显偏离主流社会的性别平等态度。她们可能被视为赞同性别歧视，或者被视为是受压迫者。因此，她们就可能承受着更大的压力，这会对她们的适应造成负面影响。整个社会与移民女孩对性别平等的态度差异，可能会抵消同族裔社区往往对移民女孩适应本来是有利的影响（Liebkind，1996a）。

有些场景要比其他场景要更有利于移民的适应。这种情况存在于地方层面，也存在于国家层面（Schnittker，2002）。就地方层面（社区）背景性影响而言，我们认为，若移民青少年的涵化取向与社区族裔组成匹配的话，就会促进他们的适应，但我们数据并不能支持这个假设，尤其是社区族裔组成。

在国家层面，我们认为移民青少年的心理适应受到定居国文化多样性和多样性政策的正面影响。这个假设部分地得到支持，定居国的总体文化多样性对涵化和适应变量确实有着一定的直接影响。与我们的假设一致的是，我们发现，文化多样性和多样性政策，与更强的定居国国民取向、更多地参与本族裔群体活动和本族裔语言的使用，都有着直接的关联。这种多重复合效应表明了整合取向。

与我们假设不一致的调查结果是，文化多样性的水平越高，心理适应越差，受歧视的经历越多。我们认为，在文化更多样化的社会中，更低的心理适应可能是社会中更高的歧视经验所造成的，但我们不能完全解释文化多样性对心理适应的负面影响。我们还探讨了其他的解释，但没有发现令人满意的结果。尽管我们在多样性政策和心理适应之间没有发现任何关系，但我们还是发现，在支持文化多样性政策社会中的移民青少年相对于不太支持这种政策社会中的青少年，他们报告了更好的社会文化适应。

这个背景中还有一个方面就是移民遭受到的歧视。在我们的研究以及其他相关研究中（Liebkind et al.，2004；Shrake & Rhee，2004），感知到的歧视与年轻移民的幸福感有着很强的负相关。正如我们已经承认，我们的解释模型经过了简化，涵化总过程可被视为一个循环往复的环形或圆圈，其中的原因和后果很难加以区分，感知到的歧视尤其是这样。显然，对歧视的主观性解读（即感知自己是主流群体成员歧视的目标或牺牲品）是导致涵化应激的一个主要因素，与移民更低的幸福感相关（Berry，1997；Noh & Kaspar，2003）。根据我们的调查结果，不仅感知到的歧视与更低的心理和社会文化适应一致，而且与更低的整合取向也相关。此外，我们发现感知到的歧视与族裔交往（这是合并了国民取向、族裔取向和族裔行为三个因素方差的变量）是正比关系，这意味着遭受歧视的人更倾向于本群体。

后面这种关系至少有两种方式可以解释。族裔行为和歧视体验通常是相互加强的关系；当受到歧视的移民只能相互抱团来获得社会支持时，整个社会的成员可能更把他们视为不愿意适应的外来者（Birman & Trickett，2001；Birman et al.，2002；Jasinskaja－Lahti et al，in press）。

这种关系还可以在布兰斯科姆和她的同事（Branscombe et al.，1999；Schmitt，Branscombe，Kobrynowicz，& Owen，2002）提出的“排斥—认同模型”加以解释。根据这个模型，弱势群体感知到的歧视导致对本群体认同的增强。此外，感知到的歧视往往加剧少数民族成员对主流群体的敌意（Branscombe et al.，1999），而这相应地又增加了歧视体验。

总之，我们的结果显示，涵化过程是背景变量、文化互动变量和适应变量相互交织在一起的复杂网络。在移民青少年中，真正的双文化取向对于他们的社会文化适应是有利的，而社会文化适应相应地又会增强他们的主观幸福感，主观幸福感也可以通过对自身族裔群体的强烈取向而得到增强。青少年所属的族裔群体显然提供了缓冲歧视负面影响的社会支持，因为歧视更多，对族裔的认同越强。不过，从长远看，这有可能会带来恶性循环，歧视越多，移民群体的分离或边缘化取向越高。提高文化多样性水平将导致这些令人不希望看到的结果，而不是对移民的双文化取向起到有利的支持作用。其提高的程度取决于定居社会的政治和态度气候，而这种气候摇摆不定，从视文化多样性为一种资产到视它为一种责任。历史将最终证明，整个社会成员接受多元文化理念的程度，可能是成功地管理文化多样性社会的关键因素（Arends－Tóth & Van de Vijver，2003；Berry，2001；Berry et al.，1977；Breugelmans & Van de Vijver，2004；Schalk－Soekar，Van de Vijver，& Hoogsteder，in press）。

第七章　青少年和父母的家庭价值观：代际差异和适应

洛杉矶加州大学：简·菲妮
莱顿大学：保罗·维德

家庭是移民青少年涵化的一个重要场景。之前我们呈现了由青少年报告的背景变量，例如父母的社会经济地位和社区族裔多样性，以及群体或国家层面的因素，例如定居社会的移民历史或多样性水平。但是，到目前为止，我们还没有考虑到直系家属。本章的重点是青少年和父母持有的家庭关系价值观。具体而言，我们考察了青少年和父母在这些价值观上的分歧或差异、与移民和定居国家庭代际价值观差异相关的人口统计因素、以及价值观差异与青少年适应之间的关系。

家庭关系价值观：概念性背景知识

移民和定居国家庭的家庭关系价值观

在所有文化中，都是由父母向子女传授所在社会的价值观和实践（Whiting & Whiting，1975）。在新的环境中，移民父母不仅要保留本族裔原初的文化价值观，还要将它们传承给子女。在多数情况下，他们的价值观是有别于定居国社会的。有证据表明，与北欧和西欧文化的人们相比，非欧洲文化的成员更注重家庭的相互依靠，更要求对父母的尊重（Georgas，Berry，Kagitcibasi，Poortinga，& Van de Vijver，in press；Kagitcibasi，1996）。移民在定居社会中继续强调着这些价值观（Aycan & Kanungo，1998；Fuligni et al.，1999；Georgas，Berry，Shaw，Christakopoulos，& Mylonas，1996；Nguyen & Williams，1989；Phalet & Schonpflug，2001）。美国的亚裔和拉丁裔青少年比欧裔青少年更重视对家庭的帮助、顺从和支持等义务（Fuligni et al.，1999；Phinney，Kim－Jo，Osorio，& Vilhjalmsdottir，2005；

Phinney et al. , 2000)。强调家庭相互依赖的移民青少年认为，家务劳动是共同的活动，而西方社会的青少年更相信劳有所得（Bowes et al. , 2001)。

相反，西方父母更重视子女的自主性而不是家庭的相互依靠。家庭结构更少等级化，更多平等主义（Greenfield，1994；Rothbaum，Pott，Azuma，Miyake，& Weisz，2000)。青少年认为他们有权利对个人生活做出决定，例如约会和婚姻（Crocket & Silbereisen，2000；Dekovic，1999；Smetana & Asquith，1994)。

这种文化差异导致移民父母在新社会面临着教育子女原初文化价值观的问题，而子女在面对父母价值观的同时还要面对整个社会的价值观。其结果是，子女可能更不赞同父母的价值观。例如，澳大利亚的越南青少年比他们的父母更不赞同传统的文化价值观（Rosenthal et al. , 1996)；他们还报告了父母的严格控制是代际冲突的根源之一（Herz & Gullone，1999)。由于移民青少年的社交背景包括家庭以及更具定居国文化代表性的学校，移民家庭遭遇到的价值观差异要高于两代人价值观更为相似的定居国家庭。这种价值观差异可能是移民家庭冲突的原因。

但是，从涵化的视角来看两代人的价值观差异时，人们很容易错误地将差异归咎于涵化。事实上，父母和子女的价值观差异是多数文化中都存在的一种发展现象。在西方国家的样本研究中，青少年和父母的分歧是个常见现象（Dekovic，1999；Smetana，1995；Steingberg，1990)。福利尼（Fuligni，1998a）发现，在与父母发生冲突或关系密切的程度上，美国移民青少年与非移民群体并没有什么不同。香港移民家庭的样本报告了相似的冲突水平（Yau & Smetana，1996)。因此，差异可能是正常发展过程的一部分，而不是涵化的一个方面。为探讨这个问题，取得移民家庭和定居国家庭可比较的数据就显得尤为重要了。

大部分关于代际差异的研究并没有直接调查父母，而是依赖于青少年对自身和父母价值观的报告（参见 Sam，1995)。因此，这些代际差异是否是真实的，或只是青少年对这些差异的感知，就不太清楚了。在我们的数据中，专门对父母的调查使我们得以将青少年报告的价值观与父母自己报告的价值观进行比较。我们探讨了在家庭内部青少年与父母的差异程度，比较了移民家庭和定居国家庭。移民家庭的代际价值观差异大于定居国家庭表明，涵化过程对差异的发展有着一定的影响。

我们还探讨了家庭价值观是否与涵化态度和移民青少年与父母的行为相关，以及相关的程度如何。加拿大有关移民家庭的研究（Aycan & Kanungo，1998）显示，父母的涵化态度对家庭内部的交往有着影响。从第四章我们了解到，涵化策略在移民青少年中差异很大。在本章，我们报告父母的涵化态度也存在着差异。因此，我们可以考察移民青少年和父母的涵化态度是否与价值观差异有联系。我们预期，当父母和青少年对族裔文化和定居国文化的态度或倾向上存在差异时，价值观差异就会更大。

另一个相关的问题就是，移民家庭中的代际差异是否会随着时间而扩大。价值观的变化是涵化过程的一部分，移民家庭的父母和子女面临着向新文化转向的压力。但是，子女通过学校的社交互动接触到更多新文化，而父母在新语言的学习上比子女要困难得多（Portes & Schauffler，1994）。其结果是，青少年比他们的父母更快速地采纳新态度和价值观（Buriel & De Ment，1997；Liebkind，1992a；Portes，1997；Szapocznik & Kurtines，1993）。纽恩和威廉姆斯（Nguyen & Williams，1989）的研究显示，父母的价值观并不随在美国的居住时间而改变，但青少年的价值观却会变化。因此，代际差异随在美国居住的时间而扩大。同样在 ICSEY 数据中，我们考察了青少年和父母的价值观差异是否随更长的居住时间而扩大。

家庭义务和青少年的权利

我们研究了两类家庭关系价值观。“家庭义务”指在强调相互依赖的文化中发现的价值观，这在许多移民群体中很是典型。父母被认为是权威，子女对他们的父母应尊重和服从；子女应分担家务；在结婚前应住在家中。相反，“青少年的权利”指多数西方国家持有的价值观，包括随着子女的长大而增加的自主性。例如，青少年有权利决定约会和结婚的对象。

代际价值观差异和适应

由于父母和子女的价值观差异可能引发冲突，导致家庭凝聚力的瓦解和青少年的适应问题，代际价值观差异研究显得尤为重要（Smetana，1995；Steinberg，1990）。有关移民家庭的研究显示，和谐的代际关系有利于学生更高的学业成就和主观幸福感（Rumbaut，1997）。澳大利亚的越南裔青少年与父母在家中的分歧越多，在家庭、学校和社会活动上的冲突就越频繁（Rosenthal et al.，1996）。这些研究结果表明，与父母的冲突对青少年的适应有着不利的影响。

代际差异可能对来自不同背景的家庭有着不同的含义。在西方社会。父母和青少年的分歧被认为是正常发展过程的一部分（Steinberg，1990），因此，相对于更看重家庭和谐的非西方文化，这些分歧不具有相同的破坏作用（Markus & Lin，1999）。在以尊重父母为准则的文化中，家庭内部的差异可能与更大的问题相关。通过比较移民家庭和定居国家庭代际价值观差异的关系，我们探讨了这个问题。

问题和假设

基于相关的发展心理学研究，我们预期在移民和定居国家庭中存在着代际价值观差异：移民父母和定居国父母比他们的青少年子女更支持家庭义务的价值观；青少年比他们的父母更支持青少年权利的价值观。青少年与父母之间的这些差异正是我们所谓的“代际价值观差异”。

我们还预期了移民家庭和定居国家庭之间的差异。在第四章我们指出，移民青少年与定居国青少年在家庭义务和青少年权利上存在差异。我们期望能发现这些差异，以及他们父母之间的差异：移民父母比定居国父母更支持家庭义务，更不支持青少年的权利。总之，我们预期代际价值观差异在移民家庭中比定居国家庭中更大。此外，在移民家庭，我们预期随着在新社会居住的时间越长，差异会更大。我们考察了其他可能影响这些差异的因素，包括性别、年龄、社区和父母教育水平。

最后，我们预期，更大的价值观差异与更差的心理和社会文化适应之间存在相关（对相关变量加以控制）；我们探讨了这种关系在移民青少年中是否比在定居国青少年中更为强烈。关于移民家庭，我们考察了它在涵化模式方面是否会有变化，这些变化是否取决于原来的价值观分数水平。

移民和定居国的青少年及其父母：样本和方法

接受调查的有 2，374 名移民青少年及其家长，以及 968 名定居国青少年及其家长（见表 7.1）。这个数量相对于总样本数量要小得多，因为并不是所有青少年的父母都参与了调查。

表 7.1　10 个 ICSEY 项目国家的父母—青少年参与对数（括号内为女性比例）

国家	移民亲子对	定居国亲子对
澳大利亚	350（68）	124（59）
加拿大	189（59）	105（54）
芬兰	184（54）	72（42）

续表 7.1

国家	移民亲子对	定居国亲子对
法国	212（55）	35（63）
德国	29（52）	90（62）
荷兰	338（49）	95（59）
挪威	125（54）	123（54）
瑞典	416（50）	132（54）
英国	60（43）	59（51）
美国	471（61）	137（65）
总计	2，374（55）	968（57）

注：ICSEY = 族裔文化青少年的国际比较研究。

家庭关系价值观通过 14 个题目而测量，这些项目用来评估家庭义务（10 题）和青少年的权利（4 题）。青少年和父母回答相同的调查问卷项目。为了探讨家庭义务和青少年的权利这两个亚量表的心理测量属性，我们比较了四个小组的因子结构和信度系数（克隆巴赫 α 值）：移民青少年及其父母，定居国青少年及其父母。因子结构在这四个小组中是可比较的，信度系数在 0.73 至 0.90 之间。

移民父母可以选择调查问卷的语言版本，或是本族裔语言或是定居国语言。在多数国家，父母只拿到一份问卷，要么由母亲（48%）要么由父亲（20.5%）、或者父母双方（29%）、或者其他人（如祖父母或阿姨）代替父母完成（2.5%）。我们在完成调查问卷的人当中发现很小的效应。在家庭义务和青少年的权利方面，父亲在坚持子女更多义务的同时给予子女较少的权利；母亲比父亲对子女较少限制和要求。我们在进一步的分析中对此效应加以了控制。在瑞典和芬兰，母亲和父亲收到单独的问卷；他们的平均分数在当前的分析中也进行了计算。

在三个国家（以色列、新西兰和葡萄牙），父母没有参与，因此这些国家的青少年不包括在我们的分析中。父母的参与率在有些国家非常低，无论移民（例如，德国 29 个父母）还是定居国（例如，法国 35 个父母）。鉴于这些局限，我们的重点并不放在国家或族裔群体的比较，而是放在代际价值观差异、移民家庭和定居国家庭的差异、预测这些差异的因素、这些差异与适应的关系上等方面。有关各国越南裔和土耳其裔的族裔比较将在第八章报告。

移民青少年与父母一起参与的比例（49.4%），要稍高于定居国青少年与父母一起参与的比例（44.7%），其中女孩的比例（50.8%）要稍高于男孩的比例（44.5%）。父母职业的总体平均分数为 2.14（SD = 1.247），稍高于技术工人的水平（2.0）。

父母参与和父母没有参与调查的青少年间的差异并不大。父母接受调查的青少年平均年龄与其他青少年的非常接近（分别为 15.36 岁和 15.35 岁）。接受调查的移民青少年父母职业水平与总样本平均分数接近，而其他移民青少年父母的职业水平要低于平均分数（$d = -0.41$）。参与调查的定居国青少年父母有着最高的职业水平（$d = 0.75$），其他定居国青少年父母的平均分数也高于总体平均水平（$d = 0.19$）。在父母参与调查的移民青少年与父母没有参与的移民青少年之间，没有发现在世代或居住时间上的差异。

在父母的居住时间上，国家之间显示明显的差异。在母亲总体平均居住时间 15.14 年（$SD = 8.19$）和父亲 16.69 年（$SD = 9.07$）上，所有国家差异很大：例如，移民父母在芬兰和美国的居住时间要低于平均年数，而在法国和英国移民父母要高于总体平均年数。这些差异源自对移民群体的选择和各国的移民历史。

父母报告的职业地位与青少年报告的父母职业是可比较的。父母还报告了他们的最高学历。父母职业地位与教育水平之间的相关为 0.64，说明这两种测量方法存在着大量的重合。另外，教育水平的数据比职业地位更容易获得，因此，我们将父母的教育水平作为社会经济地位的代名词。社会经济地位在本章和下章讨论越南裔和土耳其裔家庭代际价值观差异中作为控制变量。父母自我报告的教育水平的总体平均值为 5.30（$SD = 1.83$），正好超过高中水平。移民父母一般都完成了初中或高中教育（$M = 5.00$；$SD = 1.83$），而定居国父母一般都完成了大学教育（$M = 5.98$，$SD = 1.83$）。

移民父母报告的族裔语言使用和流利水平要高于定居国国民语言（Ms = 4.46 & 2.76，SDs = 0.69 & 0.87）。

移民家庭和定居国家庭：相同点和差异

在第四章，根据青少年的数据，我们已说明，正如预期的那样，移民青少年比定居国青少年更看重家庭义务，更不看重青少年的权利。对父母测量得分的分析也得出了相似的结果。移民父母在家庭义务上的分数（$M = 4.02$）要高于定居国父母（$M = 3.21$；$\eta^2 = 0.24$），移民父母在青少年权利上的分数（$M=2.82$）要低于定居国父母（$M=3.70$；$\eta^2=0.13$）。

我们接下来考察了青少年与父母对家庭关系价值观的支持程度是否存在差异，以及差异的程度如何。根据青少年和父母报告的家庭义务平均值，在移民家庭和定居国家庭中，父母比青少年更赞同子女应履行一定的家庭义务（移民青少年：$M=3.67$，$SD=0.68$；移民父母：$M=4.02$，$SD=0.64$，$N=2,341$，Cohen'$d=0.53$；定居国青少年：$M=2.97$，$SD=0.60$；定居国父母：$M=3.19$，$SD=0.62$，$N=966$，Cohen's $d=0.36$）。

根据青少年和父母报告的青少年权利平均值，移民青少年和定居国青少年认为，他们应拥有比他们父母认为他们应有的更多权利（移民青少年：$M=3.52$，$SD=1.14$；移民父母：$M=2.84$，$SD=1.06$，$N=2358$，Cohen'$d=0.62$；定居国青少年：$M=4.17$，$SD=0.99$；定居国父母：$M=3.64$，$SD=0.89$，$N=963$，Cohen's $d=0.56$）。

另一个中心问题是，移民家庭是否比定居国家庭经历更大的代际差异。关于家庭义务，我们通过从父母关于家庭义务的分数减去青少年关于家庭义务的分数来计算代际差异。关于青少年的权利，我们通过从青少年的分数减去父母的分数来计算代际差异。因此，在这两个方面，群体层面的总体差异分数是正数。在这些研究中，我们将青少年的性别、年龄、在定居国生活时间比例和父母的职业层次作为控制变量。

关于家庭义务，移民家庭（$M=0.35$）比定居国家庭（$M=0.20$；$\eta^2=0.01$；见图 7.1）的差异分数更高。在青少年权利的差异分数上，移民家庭和定居国家庭之间没有太大的不同。

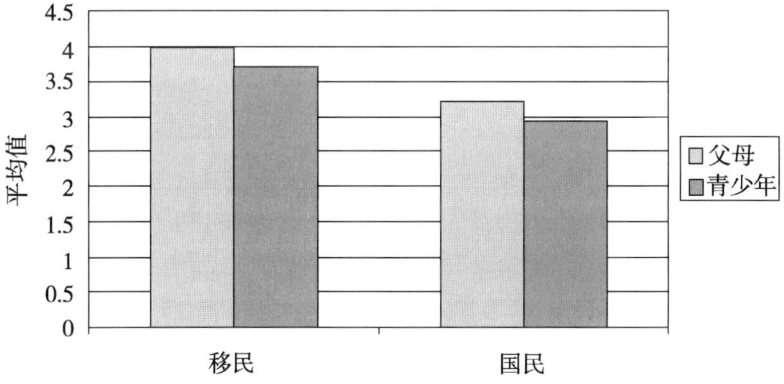

图 7.1 代际差异：移民父母—青少年家庭义务均值和定居国父母—青少年家庭义务均值

家庭关系价值观和代际差异的相关与预测

居住时间和家庭关系价值观

我们在第四章说明，对于移民青少年，其在定居国居住时间越长，家庭义务分数就越低，但效果规模值小。女孩和主要由其他族裔群体组成的社区来说，结果相似，但效果规模值更大。由于本章数据涉及的青少年数量较少，我们重复进行有关分析，采用在国家和群体内部标准化后的价值观和差异分数，因为这个方法控制了影响国家和群体差异的干扰效应（例如，抽样的人为性和反应定势，参见第三章）。

与我们的预期一致，青少年的家庭义务分数随更长的居住时间而降低（$\eta^2=0.01$）；居住不到 6 年的青少年比更长居住时间的更支持家庭义务（见图 7.2）。正如在第四章，性别造成了差异：女孩的居住时间越长，家庭义务的分数越低（$\eta^2=0.01$；不到 6 年 =0.13，6－12 年 = －0.00，超过 12 年 = －0.12），但男孩并不是这样。不过，对于移民父母，家庭义务分数与青少年的居住时间是没有关系的。对于青少年或父母来说，青少年权利的分数与居住时间长度无关。

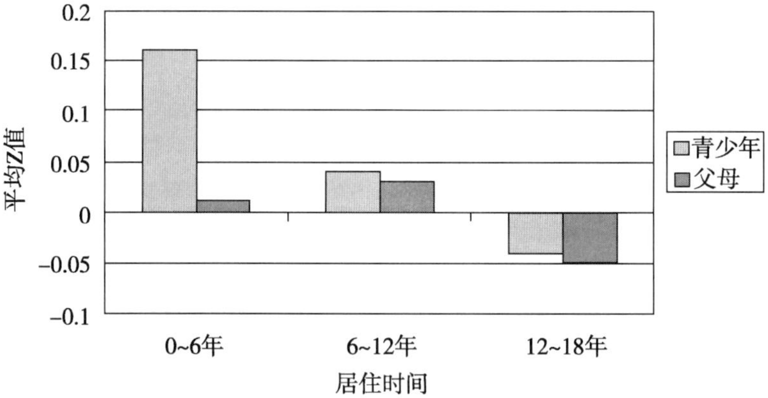

图 7.2　移民青少年及其父母的家庭义务均值：居住时间视角
（标准化数值并没有显示图 7.1 所示的实际代际差异）

我们预期移民家庭的代际差异随着居住时间而扩大，基于的假设是青少年的态度比成人变化得更快，导致因时间而造成的更大差异。这个预期在家庭义务或青少年权利上并没有得到完全的确认。不过，在迷失模式

(即在新社会中对自己位置感到不确定或混淆）的青少年中，居住时间越长，家庭义务的差异分数越大（$\eta^2=0.05$；不到6年=－0.08，6－12年=－0.01，超过12年=0.48）。

价值观与性别、年龄、社区和父母教育水平的关系

在移民家庭中，性别与两个价值观分数或差异分数都没有关联。在定居国家庭中，男孩的家庭义务分数（0.11）要略高于女孩的分数（－0.12；$\eta^2=0.01$）。总体而言，女孩在家庭义务差异分数上要略大于男孩，但只在定居国家庭中这个差异才具有统计学意义（女孩0.13，男孩－0.17；$\eta^2=0.02$）。在青少年权利的差异分数上不存在性别差异。在移民家庭或定居国家庭中，青少年的年龄与价值观和差异分数都没有关系。

相较于居住在同质社区的移民家庭，居住在异质社区移民家庭的权利差异分数要更高（$\eta^2=0.01$），义务差异分数没有别的差异。居住在异质社区的定居国家庭，青少年的家庭义务分数要高于居住在同质社区的定居国家庭（$\eta^2=0.02$）。

在移民家庭中，父母的教育水平只与父母报告的家庭义务相关。至少拥有高中学历的父母比学历更低的父母更不支持家庭义务（$\eta^2=0.02$）。在定居国家庭中，青少年和学历更高的父母都不支持家庭义务（分别$\eta^2=0.02$ & $\eta^2=0.04$）。但是，父母的教育水平与差异分数却无关。关于青少年的权利，青少年或父母的分数并没有什么不同，差异分数也与父母的教育水平无关。

我们对实际文化多样性和多样性政策（第二章介绍的国家层面上的两个多样性变量）在家庭关系价值观和差异分数上进行了考察。对于移民家庭或定居国家庭，在差异和多样性变量之间没有发现任何重要的或易于解读的关系。

涵化模式在价值观和价值观差异中的作用

在引言中，我们提出这个问题，家庭义务和青少年权利的代际差异分数，是反映了一个常见的发展心理学现象，还是源自移民父母和其子女的涵化经历。移民家庭的代际价值观差异大于定居国家庭，这个结果说明涵化的影响是显著的。家庭关系价值观和代际差异也与青少年不同的涵化方式相关。

第四章的涵化模式描述了青少年在两种文化中生活采取的四种方式：整合模式、族裔模式、国民模式和迷失模式。这些模式与青少年和父母的家庭关系价值观分数是有联系的，但在效应上存在着显著差异。青少年的义务分数与模式的关系最强（$\eta^2=0.09$）：国民模式的义务分数最低（-0.56），族裔模式的义务分数最高（0.31）。父母的义务分数显示了与此相似的结论，但效应更弱（$\eta^2=0.01$）。家庭义务的差异分数在四个模式中也大不相同（$\eta^2=0.03$）：国民模式的青少年比其他所有青少年有着更大的差异分数（0.32），族裔模式青少年的差异分数（-0.20）要小于其他两个模式（整合，0.29；迷失，0.39）。

青少年权利分数也与涵化模式相关（$\eta^2=0.01$）：迷失模式的青少年得分要低于族裔或整合模式。父母权利分数与涵化模式无关，权利差异分数与涵化模式也无关。

代际差异和父母的涵化态度

代际价值观差异可能也与移民父母的涵化态度有关。在这个部分，除了青少年涵化模式的影响，我们考察了父母的分离或同化倾向是否对这些差异造成了影响。

由于测量父母涵化态度的项目不能被纳入到心理测量属性令人满意的量表中（如第三章所示），我们只采用了两类表示涵化态度的题目。我们侧重讨论文化传统的题目，具体而言，测量文化传统中分离倾向的题目，例如“我感到〔我的族裔群体〕应保持他们自身的文化传统，不要适应〔定居国〕国民群体的文化传统”，和测量同化倾向的项目，例如“我感到，族裔群体应适应〔定居国〕国民的文化传统，不要保持他们自身的文化传统”。它们包括在每个模式群体单独的多重回归分析中，其中每个差异分数作为因变量，在定居国生活时间比例和父母的最高教育水平作为控制变量。

关于家庭义务，父母越倾向分离态度，所有涵化模式群体中的代际差异越大，但迷失模式群体除外。正如预期的那样，国民模式（$R^2=0.03$，$\beta=0.16$）青少年的效应最大：对于支持参与定居国文化的这部分青少年，父母越倾向分离，在家庭义务上的代际差异就越大。在族裔模式（$R^2=0.02$，$\beta=0.12$）和整合模式（$R^2=0.01$，$\beta=0.11$）的青少年中，我们发现相似但更微弱的效应。因此，即使对于倾向自身族裔群体或倾向自身文化和整个社会的青少年，父母越倾向分离，代际差异越大。

将代际权利差异分数作为因变量的相同分析，并未产生相关或具有统计学意义的结果。

代际差异和青少年适应

正如前述，代际价值观差异对于许多青少年来说就是一种现实，移民家庭中家庭义务的差异要大于定居国家庭。因此，接下来的重要问题就是，这些差异是否对适应产生影响。在第五章，我们介绍了心理适应（青少年的自尊、生活满意度和心理问题）和社会文化适应（学校适应和行为问题）概念。对这些适应变量与义务和权利的代际差异之相关性的分析，采用了一系列的多重回归分析，其中青少年的年龄、在定居国生活时间比例、父母的教育水平和性别作为控制变量。

结果见表 7.2。正如预期的那样，对于移民青少年和定居国青少年，家庭义务的代际差异越大，心理和社会文化适应就越差。在代际差异和适应的关系强度上，移民和定居国青少年之间没有太大的不同。青少年权利上的差异不符合预期。

表 7.2　代际价值观差异和适应的关系

群体	适应类型	R^2 差异	β 权利差异	β 义务差异
移民	心理适应	0.02***	不显著	-0.14***
	社会文化适应	0.02***	不显著	-0.14***
国民	心理适应	0.02***	不显著	-0.13***
	社会文化适应	0.04***	不显著	-0.19***

注：R^2 测量差异的预测力，β 指示每种差异的分数越高，每种适应的分数是否越高（正数）或越低（负数）。*** $p<0.001$.

另一个问题是，代际家庭关系价值观差异和青少年适应的关系是否在不同的涵化模式青少年中存在差异。为回答这个问题，我们进行了四个涵化模式单独的多重回归分析。

在四个模式中，义务差异对适应有否定的影响，但模式和适应的类型不同，效应也是不同的：整合模式的青少年显示最强的效应，对于他们，义务差异对社会文化适应有着负面影响（$R^2=0.06$，$\beta=-0.24$），但对心理适应没有影响；对于国民模式的青少年，义务差异对心理适应有着显著的负面影响（$R^2=0.04$，$\beta=-0.20$），对社会文化适应的影响虽然显著但还是要微弱一些（$R^2=0.03$，$\beta=-0.17$）；对于迷失模式的青少年，他们缺乏对自己在社会上位置的清楚意识，义务差异对心理适应（$R^2=0.02$，

$\beta = -0.12$）和社会文化适应（$R^2 = 0.02$，$\beta = -0.11$）都有影响；一般而言，族裔模式青少年受差异的影响是最少的，只有社会文化适应受到影响（$R^2 = 0.02$，$\beta = -0.12$）。

最后一个问题是，代际价值观差异与适应的关系是否取决于青少年或父母最初的义务或权利分数。代际差异在支持集体主义价值观的家庭中和在更重视独立的家庭中有着不同的含义。例如，当尊重父母是常态时，正如在许多移民文化中，家庭内部的差异与移民青少年更大的问题相关。为探讨这个问题，我们考察了代际价值观差异与适应的关系，基于移民和定居国青少年与父母最初的义务和权利分数，我们将他们分成三组（低：分数<3；中：分数3~4；高：分数>4）。这些小组在规模上是不同的，特别是国民小组，无论是青少年还是父母，义务分数高的小组由于数量太小，以致不能与其他小组进行有效的对比，只在移民家庭中发现了可解读的模式。结果见表7.3。

表7.3 青少年和父母各自关于义务和权利的水平对代际价值观差异青少年心理和社会文化适应间关系的影响

	β差异权利	β差异义务	R^2
因变量：心理适应 义务（青少年分数）			
低	不显著	-0.15**	0.03***
中	不显著	-0.13***	0.02***
高	不显著	不显著	不显著
因变量：社会文化适应 义务（青少年分数）			
低	不显著	-0.14**	0.03**
中	不显著	-0.08*	0.01*
高	不显著	不显著	不显著
因变量：心理适应 权利（父母分数）			
低	不显著	-0.11	0.02***
中	0.10*	-0.12**	0.02**
高	0.17**	-0.21**	0.07***
因变量：社会文化适应 义务（父母分数）			

续表

	β 差异权利	β 差异义务	R^2
低	不显著	不显著	不显著
中	不显著	-0.09*	-0.01*
高	-0.07*	-0.18***	0.04***

*$p<0.05$; **$p<0.01$; ***$p<0.001$.

结果显示了三种模式，对认识不同层次的价值观在心理适应中所起的作用提供了参考。首先，正如表 7.3 前两组所显示的，当青少年的义务分数低的时候，即青少年不太支持家庭义务的文化价值观—代际价值观差异对他们的心理和社会文化适应有着否定的影响。青少年反对这种义务可能导致压力的增大，从而造成更差的适应。

第二，如表 7.3 第三组所示，当父母的青少年权利分数高的时候，即父母支持青少年更大的自主性—权利分数差异越大，对青少年心理适应的影响更肯定，义务分数差异对青少年的心理适应有着更强的负面影响。当父母支持青少年的人际关系决定时，就有利于他们的主观幸福感。但是，青少年对自主的渴望常常会受到父母对家庭义务期望的打击，因此，青少年并不能享受他们的权利，导致代际差异的负面影响。

第三种模式见表 7.3 的第四组。当父母的家庭义务分数高时，两类差异与更差的社会文化适应相关，因为父母对履行义务的期望越高，代际差异造成的压力最高，从而抵消了正向的适应。

结　论

家庭对于青少年的发展是重要的背景，父母持有的家庭价值观影响着青少年的成长。对于移民青少年，父母的文化价值观通常与定居国家庭的价值观相左。其结果是，移民青少年要面对的是不同的家庭义务和权利的价值观体系，在个人生活上做出自主性的选择。在本章，我们探讨了移民家庭和定居国家庭中青少年和父母的价值观差异，以理解涵化过程与这些差异之间的关系。我们的结果支持了不同文化背景下移民家庭关系研究的许多调查发现（例如，Chun & Akutsu，2003；Georgas，Berry，Kagitcibasi，Poortinga，& van de Vijver，2005；Phalet & Schönpflug，2001；Rosenthal et al.，1996）。基于 10 个国家移民和定居国家庭青少年和父母的样本，我们拓展了这些调查发现。

正如预期的那样，移民家庭的家庭关系价值观与定居社会的家庭是不同的。具体而言，相对于定居国家庭的同龄人和父母，移民青少年和父母更支持家庭义务，更不支持个人权利。这些结果与文化价值观的有关研究是一致的（例如，Fuligni et al.，1999；Kagitcibasi，1996；Nguyen & Williams，1989），即非欧裔背景的移民家庭比欧裔背景家庭的更支持相互依赖的家庭价值观。移民和定居社会文化价值观的显著差异或许会造成代际差异，从而引发涵化过程中的压力（Berry & Sam，1997）。基于这些差异，我们预期移民青少年在总体调适中会遭遇到更大的困难。不过，正如我们在第五章所报告的，移民青少年比他们的定居国同龄人并没有显示更多的适应问题。需要考虑两个问题：（1）移民家庭的父母和子女是否在事实上存在着更大的价值观差异？（2）这些差异是否对调适起到负面的影响？

发展心理学研究显示，青少年与父母的差异在多数文化中存在，是青少年正常发展的一部分（Steinberg，1990）。与这个结论相似，我们发现在移民家庭和定居国家庭中，青少年比他们的父母更不支持家庭义务，例如听从并帮助父母，在婚前住在家中等。同样，在这两种家庭中，青少年比他们的父母更支持青少年在约会和结婚对象方面的决定权；代际差异与性别、年龄或社区族裔组成无关；父母的教育水平在移民和定居国家庭起到较小的作用，父母的教育水平越高，义务的分数就越低。总之，家庭关系价值观的代际差异看来是一种正常的发展现象，对于移民和定居国家庭同样都是普遍的。

不过，涵化过程加剧了这个现象，导致移民家庭中更大的差异。我们发现，这在一定程度上是真实的。移民家庭中的青少年和父母要比定居国家庭中的青少年和父母在家庭义务上的分歧更大，尽管在青少年权利上的分歧不是很大。这些结果表明，除了正常的发展过程的影响，涵化压力也导致了移民青少年和其父母的差异。

而且，代际差异以复杂的方式与涵化过程相关。青少年在定居国的生活方式以及父母的涵化态度对家庭义务的代际差异产生影响：当青少年显示国民模式—即，他们在态度、认同和行为上强烈倾向定居国文化时，家庭义务的差异就要大于其他涵化模式的青少年。当父母更倾向对自身文化的保留时，这种效应则更为强烈。因此，当出现“涵化鸿沟”时，即当青少年倾向同化而父母希望保持自身的文化传统不被同化时，代际差异更大。

反之，当青少年倾向族裔文化，差异就会小一些。不过，即使在族裔取向的青少年中，当父母强烈支持文化传统的保留时，差异也会更大。因此，代际差异受到青少年和父母涵化态度和行为的影响。

我们预期，移民青少年在新社会居住的时间越长，差异更大。大量的研究显示，移民青少年比他们的父母更快速地采纳新的态度（Buriel & De Ment，1997；Liebkind，1992b；Nguyen & Williams，1989；Portes，1997；Szapocznik & Kurtines，1993）。因此，居住时间越长，移民青少年的价值观可能越倾向整个社会，而他们父母的价值观基本保持不变，造成家庭内部更大的价值观差异。本章的总体结果支持了在家庭义务上的这种观点：在新社会居住 6 年或少于 6 年，对家庭义务支持更高，在女孩中比在男孩中效应更为强烈。但是，包括在第四章报告的结果，我们看到居住时间的差异在有些情况下可以找到，但在另一些情况下却没有。而且，居住时间越长代际价值观差异越大的这种预期，只在迷失模式的青少年中得到支持。因此，我们不能假设我们的调查结果适用于所有背景或样本。

之前的多数研究强调代际差异对移民青少年的负面影响（例如，Birman & Trickett，2001；Chun & Akutsu，2003；Gil，Vega，& Dimas，1994；Szapocznik & Kurtines，1993）。本课题的一个中心问题是代际差异是否对移民青少年和定居国青少年的适应产生了消极的影响，如果是的话，这个影响是否在移民家庭中更大。为回答第一个问题，我们发现，在家庭义务上的更大代际差异与移民家庭和定居国家庭更差的心理和社会文化适应相关。这个结果在移民家庭中预期到了，这些家庭的父母试图保持他们的文化价值观。但是，甚至在不看重家庭义务的定居国家庭中，青少年和父母之间的差异也与更糟糕的适应联系在一起。显然，这个现象并不仅仅是一个涵化现象。

我们预期，代际差异在移民文化中更具有破坏性，因为这些文化更看重紧密的家庭关系，而定居国文化更看重独立性。然而，我们的结果并不能支持这种观点：义务差异的影响在移民和定居国家庭中并没有更大。事实是，差异对两种家庭的适应造成的相似的负面影响，这说明了一个共同的发展现象。

不过，我们的分析结果显示，涵化过程确实对代际差异的作用造成影响。在移民家庭而不是定居国家庭，青少年和父母报告的义务或权利分数对于差异和适应的关系是显著的。最为明显的是，当青少年的家庭义务分数是低的或父母的分数是高的时候，家庭义务差异对适应的负面影响更大。再结合考虑涵化模式、居住时间和涵化鸿沟的作用，调查结果表明，心理发展和涵化过程在价值观差异对移民家庭的影响中是相互纠缠的。

总之，我们的家庭关系价值观调查结果支持了许多相关的调查发现，为涵化和家庭关系价值观提供了新的信息。正如有关研究所预期的，移民青少年及其父母与定居国青少年及其父母是不同的，前者比后者更看重家庭义务，更少支持青少年的权利。尽管移民家庭和定居国家庭在支持程度上存在绝对差异，但两种家庭中的青少年比父母都更少看重义务，表明代际差异至少在一定程度上是共同的发展现象。不过，青少年和父母的差异在移民家庭中更为突出，这为移民青少年在家庭关系上遭遇更大困难的观点提供了支持。而且，在定居国文化背景中居住的时间越长，移民青少年更不支持家庭义务，家庭义务的代际差异就越大。

最后，更大的代际差异与更差的适应联系在一起，这与有关研究也是一致的。不过，这种关系在移民或定居国家庭中并没有太大的差异。这个结果拓展了对数据子集的调查发现（Phinney & Ong，2002）。鉴于非移民家庭显示了相似的代际差异影响，家庭内部的涵化差异导致移民青少年较差的调适这种假设有待重新考虑。事实是，移民青少年总体的适应水平与他们的非移民同龄人相当，甚至更好，尽管存在着更大的代际差异，从而为移民家庭面对和处理涵化挑战提供了证据。

第八章　越南裔和土耳其裔青少年：涵化与适应

莱顿大学：保罗·维德
卑尔根大学：大卫·山姆
蒂尔堡大学：冯·范德维吉弗
洛杉矶加州大学：简·菲妮

研究不同定居国家多样化族裔群体的涵化问题面临种种艰巨的挑战。针对这种多样性的一个方法就是综合不同群体和背景的数据，侧重于大图景。本书的大部分章节正是这样做的，提供13个国家移民青少年涵化与适应的总体描述。但是，这个方法并不能回答这样的问题，即调查结果和模型是否可以普遍化而适用于所有的研究群体和国家，涵化经历和结果在具体的群体和国家中具有哪些差异。鉴于对研究所涉及许多族裔群体我们抽样的数量不大，而所抽取的族裔群体在每个国家又存在多样性，我们不可能在所有的群体和背景中考察这个问题。不过，对于土耳其裔和越南裔这两个移民群体，我们在不同国家获得了足够多的样本，其中越南裔是在7个国家进行抽样，土耳其裔是在6个国家进行抽样。如此大的样本规模使我们得以在这两个具体的群体中探讨我们调查结果的普适性。而且，由于这两个群体在相同的四个国家进行抽样，我们可以在一国内的两个群体间以及相同移民群体的四国间进行比较。

在本章，基于土耳其裔和越南裔移民的背景信息，我们提出了两个主要目标。首先，通过两个群体间和四国间的控制性比较，我们考察了族裔和国家层面的差异。我们提出了下列问题：涵化经历和结果在两个族裔文化群体（土耳其和越南裔）间变化的程度如何及以何种方式变化？这些体验和结果在四个定居国家（芬兰、法国、挪威和瑞典）是如何变化的？为回答这些问题，我们仅使用了四个定居国家的越南裔和土耳其裔数据。

第二，我们探讨了之前报告的调查结果是否具有普适性。我们提出了下列问题：我们的移民青少年文化间和适应结果关系的理论模型（见第六章）在这两个最大群体中的适用程度如何？为回答这个问题，我们使用了所有越南青少年（7 个国家）的数据和所有土耳其青少年的数据（6 个国家）。

越南裔和土耳其裔移民

从全球来看，越南裔和土耳其裔组成了两个庞大而独特的移民群体，因而成若干对定居国社会研究的调查对象（关于越南移民的研究，参见 Berry & Blondel，1982；Liebkind et al.，2004；Nguyen et al.，1999；Sam，1994；Thai，2003；关于土耳其移民的研究，参见 Ataca & Berry，2002；Bas，Asci，Karabudak，& Kiziltan，2004；Demir & Tarhan，2001；Eskin，2003；Janssen et al.，2004）。

在第二章，有关土耳其裔和越南裔的民族志描述是作为文化和社会背景呈现的，在这个背景中我们可以理解每个群体的涵化与适应，对于本章的重要意义在于区分了两个群体的背景特征：土耳其移民主要是客籍工人；他们的目标是短期逗留，然后在合同结束后还乡；目的地是欧洲国家；由于迁移主要发生在 20 世纪 60 年代中期和 70 年代初期，我们研究的土耳其青少年的主体是第二代移民；第二代土耳其移民的特点是对土耳其文化的强烈取向（Crul & Doomernik，2003），可能作为客籍工人，他们预期要还乡，因此希望保持他们的族裔文化。

相反，大部分越南裔是难民；他们遍布全球各地；迁移时间主要发生在 20 世纪 70 年代末和 80 年代初，因此，越南家庭在定居国的时间更为短暂；作为难民，他们还乡的可能性极小，大部分预期留在定居国，因此，倾向在定居国创造新的未来（Nguyen et al.，1999；Zhou & Bankston，1998）。两个群体的背景特征对于解读他们的涵化经历和结果差异至为根本。

涵化经历和结果的群体与国家差异：四国中的越南裔和土耳其裔青少年

在这个部分，我们的问题是：涵化经历和结果在不同族裔文化群体（越南裔和土耳其裔）和四个定居国家（芬兰、法国、挪威和瑞典）之间是如何变化的？这个问题基于之前提出的所有移民青少年的问题，但现在的对象仅限于居住在四个共同国家中的越南裔和土耳其裔青少年，即我们采用的是子样本，以便进行更具控制性的比较。但是，我们并不仅仅假设其具有可比性，而是通过控制相关的变量创造可比性。

我们首先考察了四种涵化模式的差异，描述了移民青少年应对文化互动体验的不同模式；紧接着又考察了在感知到的歧视、四个涵化因子或取向上的差异。在第七章我们探讨了移民家庭与定居国家庭关系价值观和代际差异。在本章，我们将考察主要变量与心理适应和社会文化适应之间的关系。

四国中的土耳其裔和越南裔样本

四国子样本中的越南裔和土耳其裔青少年及其父母的描述见表 8.1。两个群体的差异体现在很多方面：土耳其裔青少年比越南裔青少年更多是第二代移民，在定居国居住的时间更长；越南裔比土耳其裔更多居住在族裔混合的社区，而土耳其裔比越南裔更多居住在主要由本群体组成的社区；土耳其裔显示更多的宗教同质性，88.3% 是穆斯林；超过半数的越南裔青少年是佛教徒，约 1/5 是罗马天主教徒。

表 8.1　四国中的越南裔和土耳其裔移民群体的样本特点

	越南裔青少年	土耳其裔青少年
数量（女性比例）		
芬兰	219（52）	58（62）
法国	85（57）	61（50）
挪威	142（54）	106（47）
瑞典	101（47）	284（52）
平均年龄	15.64（SD = 1.55）	15.12（SD = 1.58）
居住时间		
0 ~ 6 年	37%	38%
>6 年到 <12 年	46%	39%
>12 ~ 18 年	18%	23%
世代		
第一代	48%	18%
第二代	52%	82%
在定居国生活时间比例	0.70（SD = 0.33）	0.88（SD = 0.27）
宗教		
穆斯林	7.0%	89%
佛教徒	56%	4%
罗马天主教徒	21%	2%
无宗教信仰的	17%	6%
参与研究父母的比例	54%	46%

续表

	越南裔青少年	土耳其裔青少年
数量		
芬兰	133	39
法国	38	31
挪威	37	23
瑞典	71	130
父母职业		
失业	9%	7%
非技术型	48%	60%
技术型	18%	17%
白领	10%	11%
专业人员	15%	6%
教育		
4 = 高中水平	4.13（SD = 1.99）	3.96（SD = 1.73）
居住时间	10.04 年（SD = 7.46）	19.54 年（SD = 7.09）

这些父母总体上表现出相似的模式。这里用父母报告的教育水平近似地指代其社会经济地位。越南和土耳其青少年父母自我报告的教育水平的总体平均值是4.05（$SD = 1.87$），略高于初高中水平（编码为4），越南父母平均教育水平较高（$d = 0.04$），土耳其父母较低（$d = -0.05$）；土耳其父母的职业地位低于越南父母，其较低的职业地位是他们在居住国总体社会经济地位的真实反映，而不是抽样偏差的结果。

涵化模式：两个族裔群体差异

在第四章，通过个体层面分析的方法，我们确定了概括青少年群体特点的四种涵化模式：族裔模式，即认同自己的族裔群体；国民模式，即认同和参与定居社会；整合模式，即参与族裔和定居国文化；迷失模式，即对自己在新社会中的位置没有明确的观念。我们在越南裔和土耳其裔青少年中考察了这四种模式的分布，我们预期在土耳其青少年中族裔模式更常见，在越南青少年中国民模式更常见（见第二章；Crul & Doomernik，2003；Nguyen et al.，1999；Zhou & Bankston，1998）。我们还探讨了之前报告的调查结果，即整合模式的青少年比其他涵化模式的青少年有更好的适应分数，是否适用于越南裔和土耳其裔。第五章的适应变量因子分析确定了两个适应因子：心理适应（生活满意度、自尊和心理问题，后者是否定的载荷）和社会文化适应（学校适应，肯定的载荷；行为问题，否定的载荷），它们被用于本章的分析。

越南和土耳其青少年涵化模式分布的比较见图 8.1，其中还包括所有移民青少年的模式分布。越南裔和土耳其裔在涵化模式分布上是有差异的，X^2（3，$N=959$）$=104.70$，$p<.001$。对于土耳其裔，族裔模式显然占主体，国民模式最少；与之相反，对于越南裔，族裔模式最少见，国民模式比土耳其裔更常见。在本研究总样本中最常见的整合模式，在这两个群体中并不占据主流。令人惊讶的是，越南青少年在迷失模式中有着很强的代表性，但是，进一步的分析显示，越南裔高比例的迷失模式主要是由于这个族裔群体中第一代青少年的数量更高。我们之前的总样本结果表明，迷失模式在新近抵达者中更常见（参见第四章）。对于越南裔，同样，迷失模式在居住了 12 年或更短的青少年中有着很高的代表性（0～6 年，21% 的所有越南裔青少年；>6 年至 <12 年，18%），但在超过 12 年居住时间的人中间则要低得多（5%）；在后者这个小组，整合或国民模式的青少年要多于迷失模式。因此，越南裔青少年中存在的大量的迷失模式，是由于他们移民的时间较晚，而不是涵化过程中的困难所致。

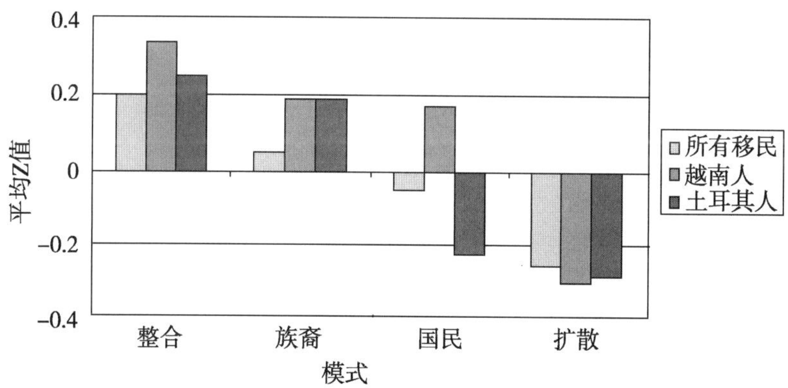

图 8.1　所有移民以及四国越南裔和土耳其裔的涵化模式分布

我们在越南裔和土耳其裔中探讨了涵化模式和适应结果间的关系。之前的结果（参见第五章）显示，整合模式的青少年要比其他任何模式的青少年有更好的适应分数；迷失模式的分数最低；国民模式的心理适应相对较差，但在社会文化适应上与其他模式的并没有明显的差异；相反，族裔模式显示良好的心理适应，但社会文化适应糟糕。

各涵化模式和族裔文化群体（包括所有移民）的心理适应分数见图8.2。族裔文化群体在心理适应上没有任何差异，越南裔和土耳其裔得分大体上也是相似的。但两个群体的模式分数差异很大（$\eta^2=0.05$）。各模式的分数比较（Bonferroni）表明，整合模式的心理适应分数要高于国民模式和迷失模式；族裔模式的分数要高于迷失模式。这些结果普遍与第五章报告的总样本结果相似，国民模式看来与土耳其裔糟糕的适应相关，但这种影响并没有强烈到产生统计学意义上的互动效应。

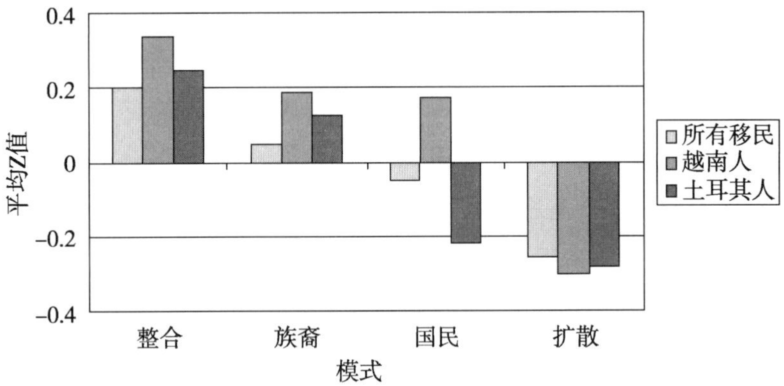

图8.2　四国越南和土耳其青年的涵化模式与心理适应均值

（年龄、性别和在定居国生活时间比例受控制条件下）

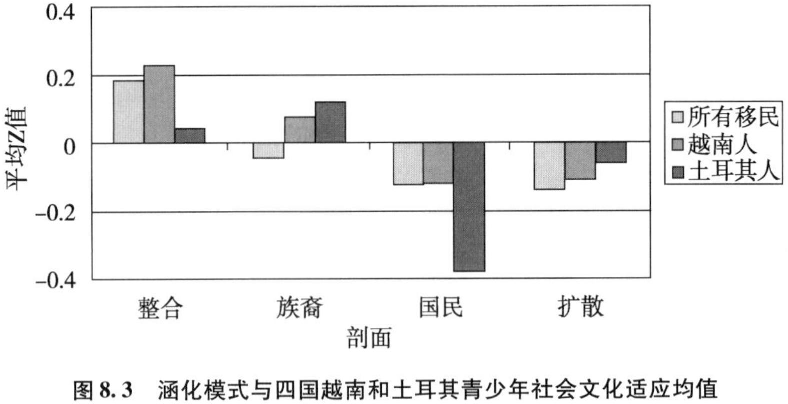

图8.3　涵化模式与四国越南和土耳其青少年社会文化适应均值

（年龄、性别和在定居国生活时间比例受控制条件下）

对于这两个族裔文化群体来说，各模式在社会文化适应方面没有显示任何差异，但存在模式效应（$\eta^2=0.02$）（见图 8.3）。整合模式和族裔模式的分数要高于国民模式。与我们总样本的结果相反，国民模式而不是迷失模式的社会文化适应分数最低。图 8.3 还表明，在土耳其裔青少年中，族裔模式而不是整合模式，与更高水平的社会文化适应相关。

样本规模不允许我们测试土耳其裔和越南裔在国家层面上的模式差异。

涵化与适应：族裔文化群体和定居国维度的差异

涵化模式提供了面向个人的方法，通过将有着具体特点的青少年进行分组来理解青少年涵化方式的差异。第二个理解涵化的方式是以变量为取向，例如结合相关变量的因子分析。在第四章，通过文化互动变量的因子分析，我们确定了涵化经历的四个因子：整合取向，包括整合（肯定的载荷）和边缘化（否定的载荷）这两种涵化态度；族裔取向，包括族裔认同、分离的涵化态度和家庭义务；国民取向，包括国民认同和同化的涵化态度；族裔行为，包括族裔语言的流利及与本族裔同龄人交往（肯定的载荷），以及国民语言的流利及与定居国同龄人交往（否定的载荷）。感知到的歧视作为一个独立变量。适应变量采用心理和社会文化两个分类。

为考察文化互动变量和适应变量的族裔差异，我们采用原始数据对越南裔和土耳其裔青少年的因子分数进行了重新计算，两个群体在因子结构、特征值和已释方差比例上的分析结果是相同的，因子的解读与第四、五和六章呈现的结果也是相似的。

在考察国家差异时，我们采用估算的平均值，对青少年的年龄、性别、在定居国生活时间比例进行了控制，即样本的比较围绕这些背景变量展开。我们尤其关注了这些分数与居住国、移民群体和它们之间互动的关联程度。统计学意义上的互动表明，涵化或适应与移民群体之间的相关性取决于其所在的居住国。所有关系采用单变量（univariate）的协方差分析进行测试。

感知到的歧视差异

鉴于感知到的歧视在移民青少年适应中的重要性（见第六章），我们首先考察了这个变量，探讨其基于族裔文化群体和定居国的差异。结果显示，居住国对感知到的歧视程度造成差异（$\eta^2=0.04$）。挪威的越南裔和土耳其裔青少年比其他三国报告了更高水平的歧视。总体而言，在越南裔和土耳其裔之间没有任何差异，但有着交互性（$\eta^2=0.01$），反映了四个国家不同的群体水平（见图 8.4）。芬兰的土耳其裔青少年感知到的歧视要少于越南裔青少年，而挪威的土耳其青少年感知到的歧视要多于越南青少年。芬兰的土耳其移民之所以感知到较少的歧视，正如第二章所报告的，可能由于大部分的青少年有着双重或混合的族裔背景（即，土耳其父亲和芬兰母亲）。

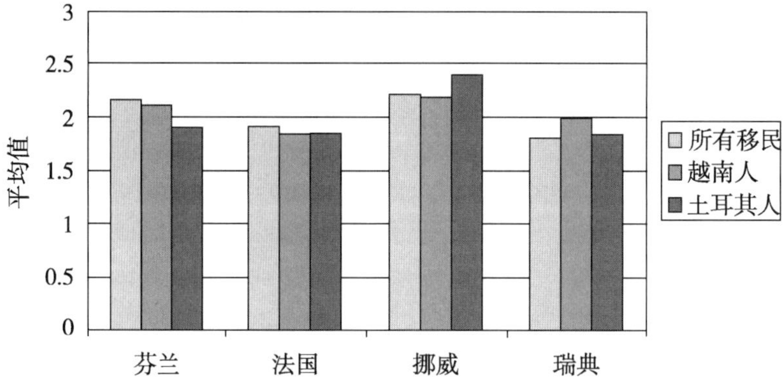

图 8.4 越南和土耳其移民青少年歧视感平均值：年龄、性别、在定居国生活时间受控制条件下

取向因子差异

整合取向因子随族裔群体和定居国而变化。在所有国家，越南青少年比他们的土耳其同龄人有着更高的整合分数（$\eta^2=0.01$）；挪威的这两个群体比他们在芬兰和瑞典的同龄人有着更低的分数（$\eta^2=0.02$）。

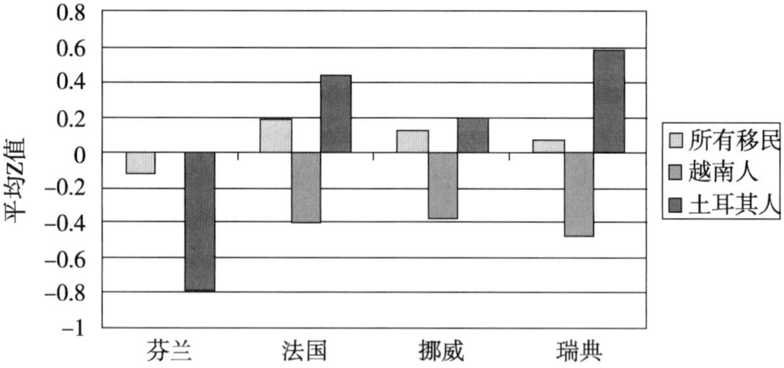

图 8.5 越南和土耳其移民青少年族裔取向均值：年龄、性别、在定居国生活时间比例受控制条件下

对于族裔取向因子，无论哪个国家，土耳其青少年比越南青少年有着更高的分数（$\eta^2=0.03$），芬兰的分数要低于其他国家（$\eta^2=0.03$）；但是，族裔群体和国家之间有着交互性（$\eta^2=0.09$），正如图8.5所示，三个国家的土耳其裔有着更高的族裔取向分数，但不包括芬兰。正如前示，许多土耳裔其青少年父母的一方是芬兰人，这个事实可能减弱了他们的族裔取向。

之前显示，在所有样本中，族裔取向分数越高，感知到的歧视越多（见第六章）。但是，这个调查结果并不能解释挪威的越南裔和土耳其裔，他们感知到更多的歧视，而族裔取向分数相对是低的。

对于国民取向因子，越南裔普遍高于土耳其裔（$\eta^2=0.02$）；在芬兰，国民取向分数要高于其他国家，瑞典要低于其他国家（$\eta^2=0.06$）。这里也有交互性（$\eta^2=0.01$）。在三个国家中，越南裔的国民取向要高于土耳其裔；但在芬兰，这两个群体的分数不相上下。

族裔行为模式与族裔因子中的大部分变量是可比较的。芬兰的分数要低于法国，法国的分数要低于挪威和瑞典（$\eta^2=0.12$）。总体上，越南裔的分数要低于土耳其裔（$\eta^2=0.02$）。但例外的是在芬兰，土耳其青少年的平均分数非常之低（-1.31），而越南裔的分数适中（-0.25；交互效应：$\eta^2=0.13$）；芬兰的土耳其裔报告出低水平的族裔行为、族裔认同和歧视。这就支持了这些变量间存在关联性的假设。但是，相似的关系在挪威的土耳其裔中却没有发现。

总之，这些结果显示了两个群体和四个国家在涵化经历上的巨大差异：土耳其裔一般在族裔认同和族裔行为上有着更高的分数；而越南裔在整合和国民取向上有着更高的分数；在感知到的歧视方面，土耳其和越南裔之间没有任何差异；国家比较显示，挪威的整合因子分数最低，歧视水平最高。这些结果对于适应是有启示的，我们将在下面进行探讨。

取向因子、感知到的歧视和适应

之前报告的结果显示出，整合取向与移民青少年更好的心理和社会文化适应相关；更强的族裔取向与更好的心理和社会文化适应相关；而更强的国民取向仅有利于更好的社会文化适应；歧视对两种适应类型都是有害的。鉴于土耳其青少年显示更强的族裔取向，越南青少年显示更强的整合和国民取向，以及第五章报告的这些取向与适应间的关系，我们预期，土耳其青少年有着更好的心理适应分数，越南青少年有着更好的社会文化适应分数。此外，基于上面提到的在挪威这两个群体的歧视结果，我们预期，挪威的青少年要比其他三个国家的同龄人有着更低的适应分数。

这些结果部分支持了我们的预期。土耳其青少年的心理适应分数要高于越南青少年（$\eta^2=0.01$），而越南青少年比土耳其青少年有着更好的社会文化适应（$\eta^2=0.04$）。

挪威移民青少年的整合分数最低，感知到的歧视分数最高，心理适应分数低于芬兰和瑞典的同龄人（$\eta^2=0.03$），社会文化适应分数低于法国和瑞典的同龄人。

文化多样性的作用

正如我们已经显示的，越南和土耳其移民青少年涵化经历和适应结果随定居国而变化。我们探讨了国家、涵化经历和适应结果之间的联系是否可以通过国家的文化多样性分数来解释，文化多样性是从现行的有关文化、族裔和语言同质性（针对异质性）和国家的移民比例（见第二和第六章）等国家层面数据发展而来的指数。

在第六章我们报告，在文化多样性水平更高的国家，移民青少年报告的歧视水平要高于多样性水平更低的国家；文化多样性水平越高，与自身族裔群体同龄人交往得越多，自身族裔语言参与得越多；在文化多样性水平更高的国家，移民青少年的国民群体取向要高于在文化多样性水平更低的国家；更高的文化多样性水平与更低的心理适应水平是相应的。

在上述分析中，我们对年龄、性别、在定居国生活时间比例和族裔文化群体加以了控制，然后计算了相关变量的新值。在本章，我们将这些数据再与控制了文化多样性后的数据进行比较。通过比较，我们可以确定实际多样性是否解释了国家层面越南和土耳其青少年涵化与适应分数的差异。感知到的歧视结果显示，国家间的文化多样性差异在很大程度上解释了国家间的歧视差异。但是，这个方向却是令人没有想到的：更低水平的多样性与更高水平的歧视是相应的。心理适应的相同分析显示，考虑到国家的文化多样性，挪威青少年的心理适应分数要高于原始分数，法国青少年的心理适应分数要低于原始分数。这些结果表明，在挪威，多样性降低了土耳其和越南青少年的心理适应，而在法国，多样性支持了移民青少年的适应。我们还发现，实际多样性对移民的族裔取向和整合取向有着肯定的影响，而对他们的国民取向并没有影响，后者在国家之间变化，与国家的多样性无关。

家庭关系价值观和代际差异：族裔群体和国家的差异

在这个部分，我们的重点是群体和国家在家庭关系价值观和代际价值观差异上的影响。在第四和第七章，我们考虑了两类价值观：家庭义务，即青少年对其父母和家庭的责任；青少年的权利，即青少年在社会关系上的自主和自由选择，由青少年和其父母报告。我们计算了青少年和父母在义务和权利上的代际差异分数。我们采用的是估算的分数，依据特定的背景变量加以修正：青少年的分数依据性别、年龄和在定居国生活时间比例；父母的分数依据教育水平。在代际差异分析中，我们包括了父母的教育水平和在定居国生活时间比例。

家庭义务和代际差异

定居国本身对青少年的家庭义务造成影响（$\eta^2=0.03$）。瑞典的土耳其和越南青少年比芬兰和挪威有着更高的家庭义务分数。族裔群体对家庭义务分数不会造成影响，但在国家和族裔群体间有着交互性（见图 8.6）。土耳其和越南青少年的分数差异取决于国家（$\eta^2=0.06$），在三个国家，土耳其青少年比越南青少年报告对家庭义务更多的支持；在芬兰，正好相反，芬兰的土耳其裔有着非常低的家庭义务分数。

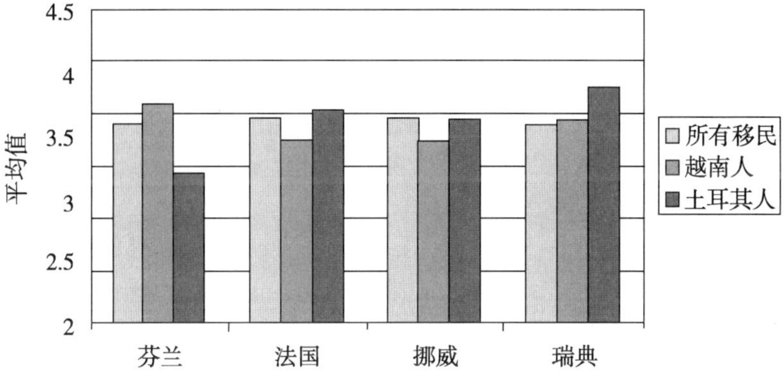

图 8.6　群体和国家视角青少年报告的家庭义务平均值
（年龄、性别、在定居国生活时间比例受控制条件下）

和青少年一样，父母的家庭义务观分数随国家而变化（$\eta^2=0.05$）。芬兰的土耳其父母和瑞典的越南父母比法国和挪威的父母报告更少的家庭义务。此外，土耳其和越南青少年的分数随国家而变化（$M=0.10$；见图 8.7），在瑞典，土耳其父母比越南父母报告更多的家庭义务，而在芬兰和挪威，顺序最好相反；在法国，群体差异可以忽略。

代际差异在越南裔和土耳其裔家庭中并没有变化，但随国家变化很大（$\eta^2=0.07$）。在三个国家，父母比青少年报告更多的义务，但在瑞典，青少年和父母的差异不大（芬兰：$M=0.33$；法国：$M=0.54$；挪威：$M=0.56$；瑞典：$M=0.05$）。

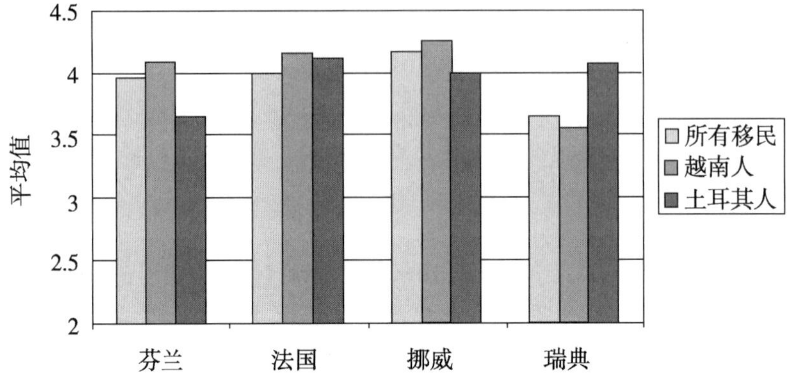

图 8.7 群体和国家视角的父母报告的青少年家庭义务平均值
(父母的教育水平受控制条件下)

在总样本中，居住的时间越长，青少年的家庭义务分数越低，但仅限于女孩（见第七章）。在当前的越南裔和土耳其裔样本中，居住时间的影响不大，而且随国家而变化（$\eta^2=0.01$）。在瑞典和芬兰，无论哪个族裔群体，移民青少年的家庭义务分数随着居住时间的增加而降低。居住时间与父母报告的家庭义务分数和家庭义务差异分数无关。

青少年的权利和代际差异

与家庭义务方面的许多结果一样，定居国比族裔群体对青少年权利分数造成更大的影响（$\eta^2=0.20$）。法国移民样本的分数（$M=2.42$）大大低于芬兰（$M=4.07$）、挪威（$M=3.67$）或瑞典（$M=3.89$）。不过，土耳其裔和越南裔青少年的分数随国家而变化（$\eta^2=0.03$）。在芬兰，土耳其裔青少年分数比越南裔青少年更高；而在瑞典，越南裔的分数更高。

父母报告的青少年权利分数，与青少年报告的一样，随国家而变化（$\eta^2=0.08$），而与族裔群体没有相关性。芬兰和瑞典的移民父母比法国和挪威的父母报告更多的青少年权利；土耳其父母一般比越南父母给予子女更多的权利（$\eta^2=0.02$）。越南和土耳其父母的青少年权利分数随国家而变化（$\eta^2=0.04$）。总体而言，土耳其父母比越南父母给予子女更多的权利；但在法国，土耳其父母报告的子女权利是特别的低分；越南父母的分数随国家变化很小。青少年权利的代际差异随国家而变化（$\eta^2=0.07$；芬兰：$M=0.67$；法国：$M=-0.31$；挪威：$M=0.77$；瑞典：$M=0.61$）。在三个国家中，青少年要求权利的愿望比父母希望给予他们的要强烈得多。不过，在法国，尤其是越南父母，给予他们子女的权利要多于子女实际所要求的，这可能是因为法国的越南裔比其他三个国家的越南裔居住的时间更长（见第二章）。我们发现越南裔和土耳其裔家庭的代际差异并没有任何不同。

代际差异和青少年适应

在总样本中，正如第七章所报告的，代际差异与更差的心理和社会文化适应联系在一起。我们预期土耳其裔和越南裔样本相似的结果，但结果只部分符合我们的预期：家庭义务上的更高代际差异与更差的社会文化适应相关（$\beta=-0.18$），但仅限于土耳其青少年（$R^2=0.03$）。

在总样本的结果中（见第七章），青少年的涵化模式对代际价值观差异和青少年的适应关系造成影响。在土耳其裔和越南裔的子样本中，我们仅在社会文化适应上发现显著的影响：首先，对于迷失模式的越南青少年，更大的代际义务差异与更低水平的社会文化适应相关（$\beta=-0.21$）；第二，对于整合模式的土耳其青少年，更大的代际义务差异与更低的社会文化适应分数相关（$\beta=-0.47$）。对于要求整合——即将社会和家中的价值观和行为结合起来——的土耳其青少年来说这是有可能的，他们的代际差异更为沉重，因此比其他模式有着更大的负面影响。

本研究所提出适应模型的普适性和特殊性

本章的第二个主要目标是考察本课题总样本模型的普适性。第四和第五章的调查结果最终产生了文化互动变量和适应结果间关系的模型（见图6.1），它在总体上支持了我们对于这些关系的假设：我们发现，正如预期的那样，对国家和族裔文化的参与和认同（例如，整合或双文化取向）比只参与和认同其中一种文化，与移民青少年更肯定的适应结果相关。我们还发现，正如预期的那样，移民青少年的族裔取向对心理适应的影响要强于对社会文化适应的影响；相反，国民取向对社会文化适应有着更强烈的影响。感知到的歧视对适应有负面影响，但更强烈的族裔取向有利于青少年的主观幸福感，即使它与更高水平的歧视相关。

在这个部分，我们采用越南裔和土耳其裔样本检验该模型的普适性和特殊性，以确定这些调查结果适用于两个具体族裔群体的程度。鉴于他们在移民历史上的差异，除了预期与调查结果总体的一致性，我们还预期关系的强度在两个群体间的差异。为测试这个模型，我们采用与第六章测试总模型相同的因子分数。

所有定居国的土耳其裔和越南裔样本

测试模型的样本由完成全部调查问卷的所有越南和土耳其移民青少年组成：938 名越南青少年（7 个国家）和 732 名土耳其青少年（6 个国家)。表 8.2 提供这些参与者的人口描述。该表显示，这个样本虽然大于上面的比较样本，但在人口背景上是相似的。例如，土耳其青少年在定居国的时间比越南青少年更长，越南父母的职业水平普遍更高。

表 8.2　样本特点：九个 ICSEY 国家中的越南和土耳其移民群体

	越南青少年	土耳其青少年
数量（女性比例）		
澳大利亚	241（66）	
加拿大	77（49）	
芬兰	205（52）	55（62）
法国	81（57）	50（50）
德国		103（49）
荷兰		153（47）
挪威	139（54）	97（47）
瑞典	98（47）	274（52）
美国	97（59）	284（52）
平均年龄	15.54（SD = 1.59）	15.21（SD = 1.64）
居住时间		
0 ~ 6 年	32%	15%
>6 到 <12 年	40%	20%
>12 到 18 年	27%	65%
世代		
第一代	56%	14%
第二代	44%	86%
在定居国生活时间比例	0.73（SD = 0.32）	0.91（SD = 0.23）
宗教		

续表

	越南青少年	土耳其青少年
穆斯林	6%	91%
佛教徒	47%	2%
罗马天主教徒	29%	1%
无宗教信仰的	15%	5%
研究中父母的比例	67%	51%
	越南裔父母	土耳其裔父母
数量		
澳大利亚	199（66）	
加拿大	47（57）	
芬兰	133（53）	39（59）
法国	38（68）	31（45）
德国		9（11）
荷兰		144（46）
挪威	37（62）	23（52）
瑞典	71（45）	130（48）
美国	94（60）	
父母职业		
失业	7%	12%
非技术型	38%	47%
技术型	24%	25%
白领	17%	10%
专业人员	14%	7%
教育		
4 = 高中学历	4.66（SD = 1.78）	3.92（SD = 1.56）
居住时间	12.6 年（SD = 6.67）	19.2 年（SD = 6.33）

注：ICSEY = 族裔文化青少年的国际比较研究。

用越南青少年验证模型

用越南裔样本验证模型结果（采用“结构对等模型”）见图 8.8。这个模型显示，四个涵化态度、两个文化认同和两个涵化行为（语言和社会交往）有很多相同点。第六章的探索性因子分析确定了这些变量间的模式，由此产生四个因子（整合取向、族裔取向、国民取向和族裔行为）。正如第六章的总模型，这些因子构成了一个突出的超级因素，被称为“族裔交往”。

图 8.8 呈现的数值是 7 个国家所有越南裔的标准化回归权数平均值。模型的适宜度是令人满意的。变量解释了 9.8% 社会文化适应差异，22% 心理适应差异。这些比例与第六章的总模型结果是可比较的。

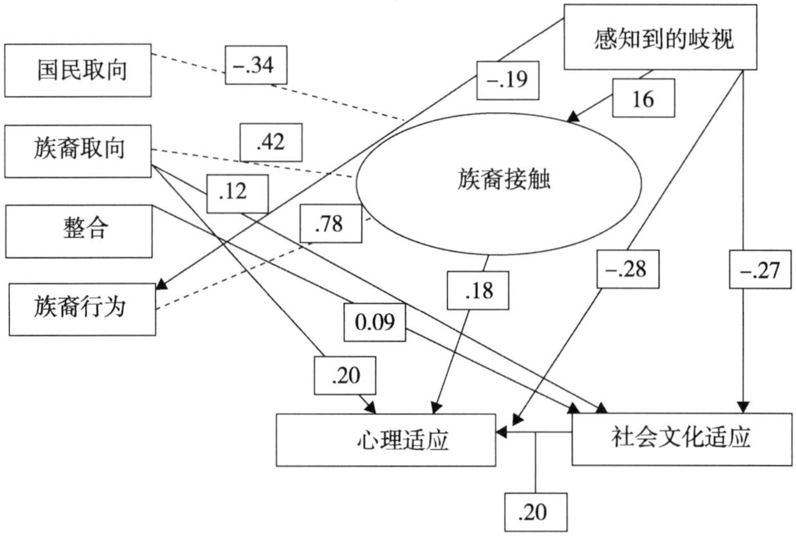

图 8.8　越南移民青少年文化互动变量和适应结果间关系基本模型（结构对等模型）的验证结果；代表的数值为跨国间的标准回归权数

总体而言，图 8.8 与总模型（图 6.1）有大量的相同点。但是，如果再仔细地观察系数的方向和规模，就会发现一些不同点。在总模型中，族裔交往因子基于族裔行为和族裔取向的肯定作用，和国民取向的否定作用，但是，族裔取向并不利于预测社会文化适应，整合对心理适应的预测作用也可以忽略不计。而且，与总模型不同，族裔交往在预测社会文化适应上并没有起到作用，只限于心理适应的预测。除了三个因子（族裔取向、国民取向和族裔行为）的间接作用，青少年的族裔取向对心理适应也有直接的影响。这意味着除了共同的作用，族裔取向因子有着独特的影响。

在越南裔的样本中，与总模型相反，整合取向与更肯定的适应结果是相应的这种假设并没有得到明确的支持。同样，国民取向比族裔取向与社会文化适应有着更强联系的假设也没有得到支持。但是，与总模型一致，我们发现族裔取向比国民取向对心理适应的影响更强烈。这些调查结果说明，对于越南裔，认同和参与自身文化比国民取向有着更好的心理适应。这个模型显示了在心理适应上比在社会文化适应上更多的差异。最后，与总模型一致，感知到的歧视对两种适应类型有着主要和否定的影响。

用土耳其裔青少年验证模型

土耳其裔的模型验证结果（采用“结构对等模型”）见图 8.9。和越南裔的模型一样，同样的系数在各国中被限定为相等，图中的数值是 6 个参与国家的标准化回归权数的平均值。对于所有土耳其青少年，模型的适宜度虽然较弱，但仍然令人满意。

在土耳其群体中，模型解释了 14% 社会文化适应分数差异，27.6% 心理适应分数差异。模型的预测力在土耳其裔群体中显然好于越南裔群体。与第六章的总模型和越南裔的模型一致，族裔交往变量结合了在行为上的强烈族裔取向和在文化认同上的族裔群体取向。

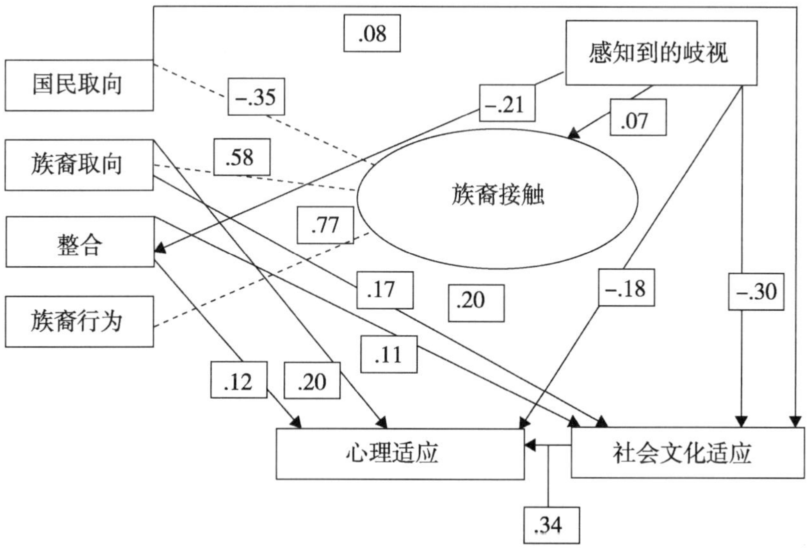

图 8.9　土耳其移民青少年文化互动变量和适应结果间关系基本模型（结构对等模型）的验证结果；代表的数值为标准回归权数

在土耳其裔模型中，族裔交往因子主要作用于心理适应。甚至就这个变量而言，该模型显示，除了涵化因子通过族裔交往对适应的直接影响，族裔取向和整合对心理和社会文化适应都有着独特的影响。在土耳其裔样本中，青少年族裔取向的影响对两个适应类型大概相等。因此，我们并没有发现对这个预期的支持，即族裔取向对心理适应的影响要强于对社会文化适应的影响。我们也没有发现，国民取向比族裔取向对社会文化适应的影响更大。

关于土耳其裔，模型测试支持了这个假设，对国家和族裔文化的共同取向比只倾向其中一种文化与更肯定的适应结果相关，尤其对于心理适应。最后，感知到的歧视对适应结果有着负面影响。

总之，基于土耳其青少年样本的模型验证显示，这个小组的适应分数在整合取向上得到最好的解释。但是，这并不是说土耳其裔的特点是高度的整合。正如本章第一部分所显示的，土耳其裔在族裔模式而不是整合模式具有很高的代表性。

结　论

移民心理涵化研究的一大难题就是对所研究的群体和国家进行概括和总结（Berry et al.，1987；Cohen，1981；Virta，Sam，& Westin，2004），这部分是由于移民并不构成一个同质性的群体，而他们所在的定居社会的背景特征差异又很大。当前的研究也不例外。第四、五、六和七章报告的调查结果主要基于 13 个定居国的 30 个不同的移民群体。尽管我们在多数的分析中对年龄、性别和其他社会人口因素进行了控制，但我们不能肯定我们的调查结果适用于所有的定居社会和移民群体。因此，在这一章，我们侧重于土耳其和越南青少年，以验证我们的调查结果对于族裔群体和居住国的普适性。本章讨论了涵化经历和适应结果是否在族裔群体和国家之间是相同或是变化的，我们的移民青少年适应理论模型是否具有普适性和特殊性。

在解读我们的调查结果之前，需要提及一个方法学上的警告。越南裔和土耳其裔这两个移民群体的背景是极为不同的：越南青少年是难民的背景，第一代和第二代的移民人数相当；土耳其青少年是劳工移民的背景，主要是第二代移民。因此，在这些样本中，移民历史和移民群体是相互干扰的。理想的情况是，把其他移民群体也包括在我们的分析中，因为两个自然生发的群体之间的任何比较本身就是模糊的（Campbell，1961；Segall，Dasen，Berry，& Poortinga，1999）。遗憾的是，我们并没有足够大样本的其他移民群体。

越南和土耳其移民的比较

我们以几种方式探讨了这两个群体的相同点和不同点。首先，我们基于涵化模式采用个体层面取向的分析方法。结果显示，大部分土耳其裔属于族裔模式。这个调查结果与土耳其裔在欧洲的移民和定居性质是一致的：土耳其移民从涉足伊始就被视为是临时的，因此得名“客籍工人”；因此，接收土耳其移民的国家并没有出台便利土耳其裔融入新社会的措施，土耳其裔自己也没有往融入新社会的方向努力。例如，直到最近，德国的土耳其裔还不能轻而易举地获得德国的公民权（Østergaard - Nielsen，2001）。作为客籍工人，许多土耳其裔相信他们最终会回到家乡，即使这种返迁移民现在还不见踪影，由此构筑了“返乡神话”（Rack，1982；Zetter，1999）。对于许多土耳其裔来说，保持强烈的族裔认同、分离态度和族裔语言的流利是有利的。土耳其父母毫不犹豫地向其子女传递他们返迁土耳其的愿望，并成功地推动了族裔文化的传承，这反映在了他们更高比例的族裔模式和比越南裔更高的家庭义务分数。

由于难民地位通常伴随着无限期的流亡生活，越南父母和子女在新社会努力使他们生活得最好，成为新社会的一部分也就是情理之中的事。而且，联合国难民公约保证了难民的一些社会福利和公民权利，例如定居国的教育。在新社会无限期生活的预期以及社会和公民权利，促使国民模式在越南裔中构成主体。此外，大量的越南青少年属于迷失模式，可能是由于大部分越南青少年都是新近抵达的移民，在所有移民青少年中，迷失模式在新社会居住时间最短的青少年中具有很高的代表性。因此，大比例迷失模式的越南裔反映了他们较短的居住时间。

四国越南裔和土耳其裔的适应结果总体上支持了我们从总样本中获得的结果。整合模式对于两个群体是最适应的模式，但是，在整合模式中没有发现大量的土耳其裔和越南裔，表明许多土耳其和越南青少年有次优的适应结果。而且，在之前的结果和相关的研究中（Ward，2001），族裔模式往往与更好的心理适应相关，国民模式往往与更好的社会文化适应相关，因此两个群体在族裔和国民模式上的差异解释了为什么土耳其青少年有着更好的心理适应分数，而越南青少年有着更好的社会文化适应分数。国民模式的越南青少年有着相对更好的心理适应，表明他们愿意尽可能多地认同国民社会，鉴于他们永久留在定居国的可能性。

令人惊讶的是，对于土耳其裔，族裔模式比整合模式更具适应性，可能由于族裔模式最为常见，由此增加了共识，提供了某种程度的社会支持。此外，国民模式的土耳其裔的社会文化适应最差，这是个例外情况，因为在总样本结果中，是迷失模式而不是国民模式。有必要澄清的一点是，这个调查结果并不与另一个结果冲突，即国民取向有利于更好的社会文化适应，这个结果在所有移民青少年尤其是土耳其青少年中都能发现。在讨论模式时，我们考察的是一个特定的移民青少年子样本，他们与其他青少年相比更具这种特点：倾向于使用国民语言、与定居国同龄人交往和希望同化。在这里，我们讨论的是数量相对较少的土耳其青少年群体，他们的态度、愿望和行为倾向的是国民群体，这样他们才能与本群体中主流的涵化策略形成鲜明的对比，其特点是与本群体强大的联系和取向，国民模式的青少年极有可能缺乏来自自身族裔文化社区的支持。根据其他的研究（例如，Nesdale et al.，1997），我们知道当来自国民群体的支持不足以弥补本群体支持缺失的时候，可能导致痛苦和适应问题。尽管我们没有国民模式的土耳其青少年从国民群体获得支持的任何信息，但我们知道在西方国家，对穆斯林的态度总体上是不支持的（Pew Research Center，2005）。

对于整合模式的土耳其青少年，家庭义务的更大代际差异与更低的社会文化适应分数相关。这是有可能的，整合取向的土耳其青少年想要同时融入整个社会和家庭，因此代际差异尤为沉重。

土耳其裔和越南裔的差异在验证总模型中也能发现。结果表明，族裔取向最能解释越南裔样本中涵化过程和适应结果间的关系，而在土耳其裔样本中，这种关系的最佳解释是整合取向。在两个群体中，感知到的歧视对适应结果有负面影响，但影响的强度在土耳其裔中比在越南裔中更为微弱。而且，对于土耳其裔，感知到的歧视与族裔交往因素之间微弱的关系表明，歧视并不能促使土耳其裔寻求本群体内部的支持。

总之，族裔群体差异要小于定居国的差异。但是，观察到的群体差异提供了越南和土耳其背景的青少年涵化的重要洞见。

定居国维度的比较

在我们的多数比较中，国家比族裔群体的影响更为强烈。挪威成为一个尤为有趣的例子。在挪威，我们发现整合因素的最低分数和最高水平的歧视。整合往往与更好的适应相关，而歧视不利于适应，两种影响导致挪威的低适应分数。挪威的越南和土耳其青少年具有最低的整合分数，最高的歧视分数，适应分数自然低于其他国家的青少年。很难解释为什么挪威的土耳其裔和越南裔具有更高的歧视分数。总体而言，挪威并没有报告更高感知到的歧视（见第四章）。就越南裔和土耳其裔而言，挪威是一个有趣的例外。

另一个可能相关的调查结果是，挪威的文化多样性降低了越南和土耳其青少年的心理适应。在第六章，我们指出文化多样性与感知到的歧视之间是正比关系，但正如前述，挪威报告的歧视水平并没有例外，更为重要的是，在比较四个共同国家时，我们发现更低的文化多样性分数与更高水平的歧视是一致的。低水平的文化多样性对于越南裔但尤其对于挪威的土耳其裔（见图8.4）意味着，鉴于他们的数量较少，缺乏来自自身族裔文化群体的支持。此外，对于挪威的土耳其裔，文化多样性可能还另有含义，他们比其他国家的同龄人更将它视为国民社会排外的指标。文化多样性并不是寻找自身族裔文化群体支持的机遇，而是导致国民社会对移民的怨恨。这种说法当然只是一种猜测，有待进一步验证。

族裔群体差异在多数情况下也有着互动，表明这个关系随国家而变化。例如，芬兰的土耳其青少年感知到更少的歧视，而挪威的土耳其青少年感知到更多的歧视。互动效应在芬兰土耳其青少年的比较中最为显著。他们中的大多数有一个土耳其父亲和一个芬兰母亲。而土耳其青少年一般比越南青少年有着更强的族裔取向，更多的族裔行为，芬兰的土耳其青少年却比他们的越南同龄人有着更微弱的族裔取向，较少本群体同龄人的交往和族裔语言使用。相似的互动效应发生在土耳其青少年的国民取向上。一般而言，越南青少年的国民取向要强于土耳其青少年，但在芬兰，土耳其和越南青少年的分数不相上下。重要的是，这些结果与总样本的结果是相反的。

定居国实际的族裔、文化和语言多样性是影响涵化的另一个因素。当考虑到多样性后，感知到的歧视、青少年对自身族裔群体或整合的取向、心理和社会文化适应的国家差异都得到了降低。这个调查结果显示，文化多样性的提高增加了移民取向本群体的可能性，但这种多样性对于国民群体取向并没有影响，国家层面的文化多样性分数并不能指示着个体层面与国民群体的交往。

文化多样性的国家差异对于歧视的影响尤为明显。在文化多样性分数更低的国家，我们发现更高水平的歧视。因此如果考虑到文化多样性，就完全可以排除国家之间的歧视差异。

国家的影响也体现在家庭关系价值观上。在四国的越南和土耳其移民中，家庭关系价值观更多取决于居住国而不是族裔文化群体。除芬兰以外，法国、挪威和瑞典的土耳其青少年比他们同一国内的越南同龄人普遍报告更高的义务分数，这可能是土耳其裔更强烈的族裔取向的反映。另一方面，越南父母总体上比他们的土耳其同伴报告更高的义务分数，除了瑞典。越南父母的高分可能是越南文化的一部分——子女应尊重和服从父母（Matsuoka，1990；Nguyen et al，1999；Nguyen & Williams，1989；Zhou & Bankston，1998）。但是，难以解释为什么瑞典的越南父母有着更低的义务分数。

调查结果的普适性

族裔群体和定居国对涵化与适应影响的调查结果表明，我们需要在具体的群体和国家中考察这些调查结果的适用情况。群体和国家在涵化与适应中的作用是涵化研究的一个关键问题。不过，本章的调查结果基本支持了这个观点，在不涉及族裔群体和国家的情况下，涵化与适应及相互关系是可以通过规律性和独特性加以理解的。

本章的调查结果表明，除了个别情况，第四、五、六和七章的结论适用于各个国家和各个族裔群体，至少在本研究的范围内，但文化间际关系和适应结果的某些方面可能仅适用于特定的移民群体和居住国。这些结果与许多跨文化心理研究调查结果是一致的：有些调查结果适用于所有人类，有些只适用于特定的文化群体（Berry et al.，2002）。

第九章　理解移民青少年：结论和启示

加州洛杉矶大学：简・菲妮
女王大学：约翰・贝理
卑尔根大学：大卫・山姆
莱顿大学：保罗・维德尔

概况和研究问题

移民是一个全球性的重要问题，相关的研究可谓层出不穷，但很少有研究是从国际的视角考察移民青少年。本书正是有关 13 个定居国家超过 5000 名移民青少年的研究，寻求理解他们的涵化过程及其结果，我们关注的是三个基本问题：

1. 移民青少年如何生活在两种文化（即他们的族裔或传统文化和新定居国家的文化）之内及之间？对此，我们采用了文献中的“涵化”概念，尤其是“涵化态度”和“文化认同”概念。

2. 移民青少年在个人、社会及学业方面对文化互动场景适应得如何？为探讨这个问题，我们采用了“心理适应”和“社会文化适应”概念。

3. 青少年参与文化互动关系的方式与他们适应结果是什么关系？我们希望能够总结出青少年在传统文化和新定居社会取向上的最佳途径，以趋利避害。

在设计这项研究中，我们挑选了多样性方面呈系统性变化的定居国家，以便为阐释调研结果而提供的理论基础。定居国家的多样性呈两个模式的变化：首先是社会的文化多样性，包括社会的移民历史、当前的移民比例、语言和文化的多样性；其次，多样性政策指定居社会支持文化多样性的程度，或者是减少多样性和保留文化同质性的程度。作为研究背景，第二章呈现了对 13 个定居社会及其中 26 个移民群体的信息描述。

研究的样本是 13 至 18 岁的青少年，以及部分青少年的父母。在所有国家，我们采用的是非随机样本，通常从移民定居的主要城市抽样。样本包括主要移民社区的青少年和部分父母以及非移民（国民）青少年，通常也来自相同的地区。调查问卷由 ICSEY 研究人员设计。我们对一系列文化互动变量进行了评估，包括涵化经历（涵化态度、文化认同、语言的流利和使用、同龄人的社会交往、家庭关系价值观和感知到的歧视）和两种适应变量：心理适应（包括生活满意度、自尊、焦虑、压抑和身心失调）和社会文化适应（包括学校适应和行为问题）。对量表心理测量属性的考察采用统计学方法，这为移民和国民样本量表的“结构对等”提供了支持，即这些量表测量了所有群体和国家的相同结构，因此适合用于比较研究。

移民青少年如何涵化

涵化概念源于人类学，用来描述和理解文化群体间交往之后是如何变化的。人类学家的重点是集体（例如社会、社区和制度）而不是个体。与之相反，心理学家感兴趣的是个体和个体差异。这项课题综合了群体和个体的视角，提供了文化层面和个体层面的信息和分析。作为心理学家，我们寻求研究文化和个体涵化现象中的相同和差异模式，尤为关注的是个体的涵化差异模式。

在个体层面，我们发现移民青少年在新社会的生活方式大相径庭，第四章描述的涵化模式就是最好的证明。聚类分析用于确定具有某种特点的个体组合，通过文化互动变量（涵化态度、文化认同、语言、同龄人的社会关系和家庭关系价值观）对所有移民青少年进行分组，由此产生了以下四种涵化模式，以描述采用不同涵化方式的青少年群体。

第一组青少年展示的是整合模式，他们的涵化态度反映了对整合的倾向和对同化及分离的排斥；有着强烈的族裔认同，相对微弱但同时大量存在的国民认同；国民语言的流利和使用超过族裔语言，但也保留了族裔语言；与族裔群体和国民群体的同龄人交往。总体而言，他们在保留自身族裔传统的同时也提供了参与新社会的明确证据。

第二组由族裔模式的青少年组成，他们有强烈的族裔认同、高度的族裔语言流利和使用水平、主要与族裔同龄人交往；支持分离态度，在同化、国民认同及国民群体的交往上得分低。他们代表了嵌入于自身文化环境、对整个社会较少参与的那部分年轻人。

第三组是国民模式，他们在国民认同和同化态度上得分高，在族裔认同上得分非常低；国民语言流利和使用；主要与国民群体的同龄人交往。这些青少年显示了对整个社会的强烈取向，保留很少的族裔文化。

最后一组是迷失模式，这部分青少年支持三种对立的涵化态度——同化、边缘化和分离；在两个文化认同上得分低；国民语言的流利和使用水平低。这个模式反映了青少年对他们在社会中位置的不确定和模糊性。

涵化策略

四种涵化模式不仅揭示了移民青少年涵化方式的多样性，还突出了我们所研究的态度、认同和行为并不是独立而是紧密相关的这个事实。这种相互关系首先体现在涵化态度和文化认同的相互依赖上。例如，整合态度与族裔认同和国民认同有着正比关系，边缘化态度与两个认同有着反比关系；同化和分离态度与其中一个认同有着正比关系，与另一个有着反比关系；家庭义务和青少年权利的文化价值观也按预期的方式与涵化态度及认同相关。

而且，涵化态度与语言使用、同龄人的社会交往这两个行为变量有着联系：例如，整合态度与使用族裔语言和国民语言相关，与两个群体同龄人的社会交往相关。

涵化模式表明，态度、认同和行为以不同的方式集合形成不同的青少年群体，而基于个体变量的研究发现，这些集合是容易解读的。变量集合为一致的模式表明存在着更广泛的“涵化策略”概念，这个概念提供个体在交往环境中生活的综合图景（Berry，1997）。个体并不仅仅是环境的小卒或牺牲品而是积极地寻求并创建他们自己的生活方式，这个观点为“策略”术语的使用提供了支持，它指处理在两种不同文化背景中生活的不同方式。

涵化方式的其他观点

集群分析采用实证程序，原则上可以产生任何数量的模式，包括只有一种模式。四个模式支持了我们的预期，即青少年在文化互动世界的生活有着不同的方式。而且，四个模式与第四章的四个涵化领域是非常相似的。

其他研究人员就移民的涵化方式得出了一些不同的结论。在社会学研究中，波特和拉姆博特（Portes & Rumbaut，2001）使用“分段同化”的概念来区分移民少数民族涵化经历的不同结果。他们呈现的涵化方式部分基于青少年和父母采用相同或不同方法的程度：“一致性涵化”指子女和父母融入整个社会，与我们的同化概念相似，在国民模式中可以看到；“一致性反对涵化”指父母和子女都隔离在族裔社区内部，与我们的分离概念或族裔模式相似；“选择性涵化”指保留族裔文化，尤其在父母中间，而子女支持双文化，这个模式显示的是整合，但在家庭内部可能会产生冲突；最后，“不一致涵化”指父母和子女变化的不同模式，可能导致家庭在没有成为主流一部分的同时失去族裔文化，与我们的边缘化概念相似。不过，他们的概念与我们是有差异的：他们的核心概念是同化，而不是更具普遍性的涵化，表明美国移民预期的最终结果是同化，其结果是要么是不一致涵化，要么是反对涵化。其他美国学者（例如，Ogbu，1997；Zentella，1997）指出文化传承的重要性，表明除了同化，还有其他可能的涵化方式。奥格布（Ogbu，1997）描述了“文化倒置”（cultural inversion）的分离类型，赞特拉（Zentella，1997）则侧重于移民子女教育状况的分离类型。

更倾向的涵化方式

我们的结果显示了移民青少年的涵化差异。所有国家的移民青少年和族裔文化群体最赞同的涵化态度是整合。不仅移民青少年最赞同这种态度，而且定居国青少年也认为移民应被整合。整合的倾向也反映在涵化模式中：在四个模式中，整合模式是最为常见的，三分之一的青少年显示出这个特点，只有四分之一或更少的青少年显示其他模式。

青少年第二个最赞同的态度是分离，即保留他们的族裔文化，反对采纳定居国文化。分离倾向超过同化倾向这是令人吃惊的，鉴于一般的假设认为，当代移民青少年较少参与他们的传统文化，而更多地参与国民或国际同龄人的文化。但是，相同的倾向也反映在了模式上，显示分离态度的族裔模式要比国民模式更为常见。在总样本中，超过半数以上的青少年要么是整合要么是族裔模式，它们都显示了在参与或没有参与定居国文化的情况下，对传承自身族裔文化的强烈赞同。这些结果显然证明多数青少年坚持传统文化的重要性。

但是，倾向的涵化模式并不具有普适性，模式的分布随时间和背景变化很大。我们不能假设相同的模式在所有情况下都能发现，而必须考虑到具体情况。

涵化与居住时间

我们的课题并没有包括纵向数据，因此不便于进行移民随时间而改变的研究。但是，我们使用了几个代理变量，包括世代、在新社会的在定居国生活时间比例和居住时间，便于我们考察随居住时间而改变的青少年之间的差异。尽管在没有纵向数据的情况下任何结论都是暂时性的，但结果的一致性充分表明，随时间而改变的模式是存在的。

涵化研究的一个基本问题是，移民是否经历着从强烈认同和参与母国文化到完全认同和参与定居国文化（即同化）这样的一个线性变化过程，或者是否存在随时间而变化的其他路径（Berry，1980，1984b）。我们的结果为变化过程并不是一个线性进程提供了证据。一方面，随着在新社会居住的时间越长，对定居国文化的参与也会越大：国民认同更为强烈；国民语言的流利和使用更高；与整个社会同龄人的交往更多；更多的移民青少年展示国民模式。另一方面，在认同族裔群体方面并没有相应的下降：随着时间的发展，族裔模式的青少年比例并没有变化；族裔认同仍然是强烈的；青少年与族裔同龄人并没有更少的交往，只是他们的族裔语言和流利程度变低了。这个结果就是参与和认同两种文化群体。其明确的含义是，居住的时间越长，青少年更可能赞同双文化和整合而不是同化。

但是，族裔参与随时间而变化的差异也是存在的。居住时间更长的移民青少年比新近抵达者更不赞同家庭义务，这个差异在女孩中比在男孩中更大，在异质社区比在同质社区更大。与之相反，父母对家庭义务的支持与居住时间并没有关系。这些结果与其他研究是一致的，它们显示移民青少年的文化价值观比他们的父母变化得更快（Nguyen & Williams，1989）。与有关研究相反，我们发现家庭义务的代际差异随居住时间并没有太大改变，但在迷失模式的青少年中，差异随时间而变得更大。因此，移民青少年和父母之间的代际差异随时间而必然增加的假设也不能得到支持，相反，这种增加反映在不同的青少年和背景中。

移民青少年如何适应

几十年来，跨文化心理学家尤为关注的一个问题是，在一个社会出生和长大的人如何在另一个社会生活，这个社会在文化上不同于他们的母国社会（Sam & Berry，in press）。相关的问题是，父母从一种文化背景迁移到另一种文化背景的青少年遭遇了什么。早期的研究描绘了跨文化过渡相对悲观的结果图景，认为这是有害的（Malzberg & Lee，1956；Odegaard，1932；Plato，348B. C. /1892）。但是，最新的研究正好相反，指出跨文化过渡的不稳定性，但同时指出，负面的结果不是不可避免的（Beiser et al.，1989；Berry & Sam，1997；Rogler，Cortes，& Malgady，1991）。简言之，许多人可以经受文化变化并完好地走出来。

有关年轻移民的研究认为，移民青少年与他们的定居国同龄人适应得一样好，在有些情况下甚至更好（Aronowitz，1984；Fulgini，1998b）。当前的一些研究呈现了更为复杂的图景，揭示移民的适应最初与他们的定居国同龄人一样好，有时甚至更好，但随着时间的发展这种最初的优势会逐步递减（Garcia Coll，2005；Hayes - Bautista，2004）。

在这个课题中，我们考察了适应的两种类型：心理适应（包括生活满意度、自尊以及焦虑、压抑和身心失调等心理问题）和社会文化适应（包括学校适应和行为问题，即在学校和社区的反社会行为）。尽管评估适应的量表并不包括所有可能的适应领域，但是两个适应变量显示良好的心理测量属性，提供了对青少年显著态度和行为的充分评估。

从整体上讲，与定居国青少年相比，移民青少年显示较少的心理问题和行为问题，更好的学校适应，但在生活满意度和自尊方面并没有差异。尽管移民青少年在社会文化上适应得更好，但他们与定居国同龄人在心理适应上相似。这些结论基于我们的移民和定居国青少年样本，我们的样本可能并不能代表所有的青少年，但是，我们的调查结果总体上与相关的文献资料是一致的（Fuligni，1998a；Rumbaut，2000）。大多数的相关研究基于单一国家的移民，最多是两个国家。我们的结果则更进一步，基于生活在 13 个国家的大量移民青少年和他们的定居国同龄人。

最新研究显示移民青少年有着肯定的适应结果，这激起了研究人员的兴趣，因为我们预期由于生活在两种文化中的压力，移民将不可避免地出现问题。然而，在移民青少年中并没有发现比定居国同龄人更差的适应，由此导致“移民悖论”这个现象，即移民比他们的定居国同龄人显示更好的适应结果。这个悖论还指出，第一代移民通常比第二代有着更高的适应水平，而随着时间的发展，移民青少年的适应可能下降到国民的水平甚至低于国民的水平。为确定这个现象的存在，我们进行了相关分析，包括所有移民与国民的比较，第一代与第二代移民的比较，第二代移民与国民的比较。

我们的结果虽然在总体上不能支持“移民悖论”现象，但是，变化模式在很大程度上取决于国家和适应的类型，在有些情况下显示预期的差异，在另一些情况下则正好相反。在澳大利亚、芬兰、瑞典和美国，第一代移民青少年比国民样本有更好的社会文化适应，第二代移民青少年的适应接近于国民的水平，从而支持了悖论现象。不过，对于心理适应，则有着相反效应的一些证据。在所有存在心理适应代际差异的国家（加拿大、芬兰、挪威和瑞典），第二代移民比第一代移民显示更好的适应，但没有超过国民，除了瑞典。这些结果与悖论相左。

涵化的作用

鉴于移民和定居国青少年之间普遍较小的适应差异，我们怎么能说涵化经历在适应中起作用呢？拉扎鲁斯（Lazarus，1997）曾讨论过这个问题，他提出在移民的生活中还有比涵化更需要体验的内容，例如发展和其他过渡的情感体验。这个问题的实证研究由查他威和贝理（Chataway & Berry，1989）负责实施，他们考察了三个小组（英语、法语加拿大大学生以及同校的中国留学生），为了区分文化差异、语言差异及过渡到大学生活的共同困难，例如孤独和对未来的不确定。其他人对此做了进一步的研究（例如，Abouguendia & Noels，2001；Lay & Nguyen，1998；Safdar，Lay，& Struthers，2003），他们对年轻人的日常问题进行了评估，发现它们与心理困扰是相关的，对心理调整有着否定的影响。

对于涵化的作用，我们认为尽管从总体而言移民和国民并不存在太大差异，但在移民青少年中存在着很大的差异，这些差异取决于青少年如何处理他们的涵化。无论移民背景，所有青少年都面对着新的挑战，但移民青少年面对的是更多和不同的挑战，鉴于他们所处的文化间地位。考察这些涵化挑战，例如语言使用、认同选择和歧视遭遇，无论在心理还是社会文化上，它们在移民青少年的适应结果中起着重要的作用。

青少年如何涵化及适应结果的关系如何？

青少年处理文化间的方式与他们在定居社会适应得如何是有联系的，我们的两种数据分析结果支持了这个结论。首先，正如第五章所报告的，适应水平随青少年的涵化模式而变化：整合模式的青少年显示最肯定的心理和社会文化适应，迷失模式显示最差的心理和社会文化适应。这个模式与贝理和山姆（Berry & Sam，1997）评估涵化与适应的结论是一致的。

族裔模式的青少年显示良好的心理适应但糟糕的社会文化适应。对于移民青少年，如果整合不是选择或者并不可行，那么族裔文化取向是下一个最好的选择。与之相反，国民模式的青少年在心理和社会文化适应上都不好，但好于迷失模式。所有移民青少年的样本结果在越南和土耳其青少年心理适应的子样本中大都得到了确认（见第八章）。不过，在土耳其青少年中，社会文化适应存在着一些差异：族裔模式而不是整合模式与更好的社会文化适应相关，国民模式而不是迷失模式与更差的社会文化适应相关。

第六章的模型进一步支持了整合是普遍的涵化方式。该模型包括基于文化互动变量的四个因素（整合取向、族裔取向、国民取向和族裔行为）以及作为独立变量的感知到的歧视。我们还基于适应变量 使用了两个因素分数：心理适应和社会文化适应。我们发现，整合取向对于移民青少年的心理和社会文化适应是有利的。在移民青少年中，真正的双文化取向对于他们的社会文化适应是有利的，社会文化适应反过来又增强了他们的主观幸福感，主观幸福感也由于对自身族裔群体强烈的取向而得到增强。

总之，结果显示，对族裔文化和国民社会的肯定取向比只取向其中一种文化要有更好的心理和社会文化适应。相反，对族裔文化或国民社会部分或否定的取向潜伏着适应问题。这些结果适用于总样本和土耳其移民青少年的子样本，与其他研究的结果也是一致的（由 Berry，1997；Berry & Sam，1997 评估），表明整合最有利于在新社会的适应。在越南裔样本中，青少年的定居国文化取向与适应结果无关，而在总模型和土耳其裔样本中，更强烈的国民取向促进更好的社会文化适应。

整合是最有利的涵化方式在近年来受到批评，认为它只是源于社会愿望的一个测量结果（Rudmin，2003）。而且，施诺瓦特等人（Snauwaert et al. 2003）指出，不同的涵化策略取决于这些策略的概念化和操作化方式（即，这些策略是否在认同、行为或态度上得到界定）。但是，在这项研究中，我们通过无数样本对整合作为一种涵化方式展开了多种的界定和测量，其中的复杂性完全经得起任何的批评，即认为任何一个因素都可以推翻整合与更好的适应相关的结论。

而且，我们的结果提供了大量证据，适应结果受到人口和背景因素的调节作用，它们限制或加强了移民青少年的选择。当社会背景有利于整合时，它就是最好的方法。但是，整合需要由定居社会和移民共同完成，两个群体需要达成一致意见，即认为整合是处理文化间际关系的一种可接受方式（Berry，2003）。整个社会对整合的接受或排斥程度反映在国民态度和国家的多元文化主义政策中（Berry & Kalin，1995；Berry et al.，1977）。在有些背景下，争取整合可能导致移民的挫折感，例如，当整个社会的成员反对移民保留他们族裔文化时。因为他们认为保留族裔传统和语言指示着分离主义，指示着不愿意参与整个社会。当移民被这样看待的时候，他们对社会的否定态度往往得到回应，导致针对移民的否定态度和歧视（Berry & Kalin，1979；Kalin & Berry，1996）。当移民遭到歧视时，最好的方法便是寻求自身文化的支持。因此，移民青少年的适应反映了他们的目标和倾向与定居社会给予他们的机遇契合的程度。我们注意到，定居国青少年倾向整合作为移民的涵化方式，而大多数移民青少年表达成为新社会一分子的愿望，这些都表明整合将是最适应的方式，只要这种方式他们可以获得。

涵化中的人口学因素：性别、年龄、社会经济地位和族性

鉴于涵化方式的多样性，一个重要的问题随之产生，人口因素是否在不同模式、取向和适应结果的相互关系上起到任何作用。在我们研究的人口变量中，性别与涵化经历和适应结果有着最强烈的关系。但是，社会经济地位和族性同样也造成差异。

性　别

我们的结果显示，一般而言，女孩比男孩有更多的心理问题，但有更好的学校适应，更少的行为问题。这些结果与相关的移民青少年（Portes & Rumbaut，2001）和非移民（Tanaka－Matsumi & Draguns，1997）研究是一致的，这些研究显示女孩比男孩更可能使问题内在化，具有更高水平的压抑，而男孩更可能使问题外在化并发泄出来。因此，移民青少年的一些性别差异反映了共同的发展现象，不一定是涵化的结果。

其他性别差异与移民体验紧密相关。我们的结果显示，女孩比男孩在新社会中的适应更为顺利。移民女孩比男孩报告更多的整合倾向，在整合模式中有更高的代表性，她们比男孩更多地使用国民语言。相反，男孩报告更多的分离倾向，感受到更多的歧视。而有关研究认为，女性移民更可能成为文化的载体、关注文化传统的保持，男性则更多地参与整个社会（Liebkind，1996b）。但是，后面的这种观点可能与父母有关，而不是子女。在移民家庭中，妇女通常留在家中照顾孩子，男人外出工作，这令他们与整个社会产生交往。

对于青少年，性别的作用差异显著。在学校，女孩与男孩拥有一样的机会面对新的社会，她们在学校的感觉良好，因为她们通常比男孩表现得更好（Herson & Dweck，1990；McCord，1990），而提倡性别平等的学校环境令她们比在家中感受到更大的自由，对学校的肯定态度又促进了女孩更好地学校适应。在另一方面，整合取向造成家中更多的压力，尤其当父母想要女儿与家庭的文化传统保持更近的关系（Liebkind，1996b）。家中的压力是女孩更差主观幸福感的一个因素。

对于移民男孩，更差的学校适应导致行为问题和对歧视的感知。与他们更差的社会文化适应一致，男孩在迷失模式中有更高的代表性，其特点是在处理两种文化的挑战时难以找到一种方式。然后他们可能转向本群体寻求支持，并赞同分离，正如“排斥/认同模型”所揭示的那样（Schmitt et al.，2002）。总之，移民男孩比女孩经历更少的心理问题，但代价是在适应整个社会中的更多困难。这些性别差异当然具有普遍性，但由于在个体层面的差异，在解读时须谨慎。

年龄和发展

在13～18岁的年轻人样本中，我们预期在涵化和适应的模式上有着很大的年龄差异。但是，年龄的效应相对很小。一些结果显示，年龄更大的青少年（15～18岁）不如年龄更小的青少年（13～14岁），后者比前者有着更好的学校适应、更满意他们的生活、更少的迷失模式。这些结果可能是正常青少年发展的一方面，因为年轻人在建立认同的同时会遭遇困惑（Erikson，1968）。但是，年龄与抵达时的年龄是相混淆的。我们没有研究抵达时年龄的影响，但年龄更大的青少年在调整时面对的困难更多。在居住时间相等的群体进行比较时，年龄更大的青少年必然在抵达定居国时的年龄更大，这个事实由此解释了他们的适应不如更年轻的移民。

其他的年龄差异并不显著；大多数涵化变量中没有发现年龄差异，例如，尽管更大的青少年预期更不赞同家庭义务，与父母有更多的分歧，但这些价值观和代际差异并没有发现年龄的效应。显然涵化与同时发生的发展过程是相互混淆的（Schonpflug，1997）。在许多情况下，移民青少年与他们的定居国同龄人并没有不同，例如，代际差异对适应的影响，移民和定居国青少年适应的相同点表明共同的发展过程。当涵化确实对适应造成影响，除了年龄因素，还包括了许多个体和背景因素。因此这丝毫并不惊讶，年龄的作用微乎甚微。

社会经济地位

社会经济地位在移民青少年的适应中是一个重要的人口因素，与相关研究报告的涵化经历和结果相关（Berry & Sam，1997）。在我们的研究中情况也是一样，基于父母教育水平的社会经济地位越高，对定居国文化的取向更强烈，国民语言的流利和使用水平更高。同样，国民模式在父母有着更高职业地位的青少年中更为普遍。而且，来自更高社会经济地位家庭的青少年显示对分离态度更低的支持。这些结果与其他证据是一致的，即更高的社会经济地位与国民社会更多的交往联系在一起（例如，Ward，2001）。这些结果还反映了这个事实，如果没有参与新社会的语言和文化，就很难在其中取得经济和职业的成功。

族性和族裔文化群体

青少年所属的族裔文化群体提供了特定的目标、价值观、态度和行为，这些在他们的涵化经历中造成了差异，其中族裔群体成员资格尤其在族裔取向和族裔行为上造成了实质性的差异（见表6.1），它们反过来又是适应结果的重要指标。我们不可能在所有族裔文化群体中考察族性的作用，但是，在不同国家具有广泛代表性的两个群体中，我们可以清楚地看到族性的影响。具体而言，生活在相同四个国家中的土耳其和越南青少年显示的差异可以归结到两个群体间的差异。在总样本中，整合模式是最适应的模式，但大部分土耳其裔和越南裔并没有出现在整合模式中，这与他们不同的移民历史和目标有关。这个调查结果表明许多越南和土耳其青少年有次优的适应结果。但是，另一个调查结果却与之相反，族裔模式在土耳其青少年有着最高的代表性，这个模式比整合模式更为适应，而国民模式是最不适应的。

但对于越南裔，迷失模式最为常见，整合模式其次。这些调查结果说明，越南青少年的适应不优于土耳其青少年。对于越南裔，这个差异与更多的越南青少年是第一代移民这个事实有关。正如在总样本中有着大量的新移民，他们中的许多人并没有对他们的文化联系及在新社会中的位置做出决定，因此显示迷失模式。

在越南裔和土耳其裔中，感知到的歧视与适应结果有着负面影响，效应的强度在土耳其裔比在越南裔中更为微弱。对这个差异有两种可能的解释：对于土耳其裔，分离倾向和族裔模式指示着群体凝聚力对歧视的缓冲作用；对于越南裔，歧视的影响是他们更多迷失模式的结果，在文化上混淆的人比族裔取向的人更易受歧视的影响（Branscombe et al.，1999）。

涵化中的背景因素：定居国，社区和家庭

要解答移民青少年如何涵化及他们适应得如何之间的关系，另一种方法就是考察不同背景影响这种关系的方式。我们考察了三个与青少年距离程度不一的背景：定居国、社区和家庭。

定居国

我们的研究在13个国家中进行，所有这些国家主要都来自西欧。第六章的分析显示，定居国对涵化差异的影响很小。国民取向虽然有着最高的可释方差比例，但也仅为7%。而且，除了总体上都属于西欧国家，这些国家的移民经验和多样性水平也是有着显著差异的。。

一个国家的移民政策和文化多样性是影响涵化的远端背景变量。布里斯等人（Bourhis et al.，1997）提出，一个国家的移民水平和移民政策反映整个社会对移民的态度。政策和态度影响着移民的态度和族际交往，因此对个体移民的幸福感产生影响。在当前的研究中，我们发现，文化多样性（例如，语言多样性和移民的比例）和多样性政策（行政意图）的水平越高，更取向国民群体，更强烈地参与自身族裔群体，更多使用族裔语言。如果社会对移民的整合取向是支持的，那么这些移民就可能在行为上表明这种取向。但是，更高水平的文化多样性也与更多的歧视经历、更低的主观幸福感是一致的。更大的多样性为个体提供了更多的机会相互歧视，而歧视对心理适应有着负面影响。

模式的分布随移民历史也是变化的。整合模式移民青少年的比例在传统移民社会中超过50%，例如澳大利亚、加拿大和美国，在新兴移民国家中为31%或者不到，例如挪威和芬兰。这个差异也体现在土耳其和越南移民共同居住的四个国家中，即，芬兰、法国、挪威和瑞典。其中，挪威尤其是一个有趣的案例。挪威的整合因素分数最低，歧视水平最高。整合与更好的适应相应，而歧视对它具有破坏作用。两种效应共同导致挪威的移民比其他国家的适应分数更低。

四个国家的差异可以用文化多样性差异来解释。调查结果显示，文化多样性的提高增加了移民取向本群体的可能性，但对取向国民群体并没有影响。文化多样性与感知到的歧视也是相关的。尽管更高水平的文化多样性与更高水平的歧视一致（见第六章），但四国的比较（见第八章）显示，挪威的文化多样性水平虽然低，但感知到的歧视水平却相当高。对于挪威的移民，尤其是土耳其移民，低文化多样性与来自本群体的低支持有关。之前我们已经指出，本群体的支持可以缓冲歧视的否定作用（Branscombe et al.，1999）。支持的缺失导致移民青少年更易受歧视的影响。但是，总体而言，在所有群体和所有国家中，移民青少年报告的歧视水平都是相当低的。

除了挪威，其他国家的情况也各有不同。当我们发现有族裔群体差异时，在多数情况下我们也会发现互动效应，表明涵化或适应的群体差异随国家而变化。例如，芬兰的土耳其青少年感知到较少的歧视，而挪威的土耳其青少年感知到更多的歧视。芬兰的土耳其青少年是例外，多数青少年有一个土耳其裔父亲和芬兰裔母亲。土耳其青少年普遍比越南青少年有着更强烈的族裔取向，更多的族裔行为特点，而芬兰的土耳其青少年比他们的越南同龄人有着更微弱的族裔取向、更少参与本群体的同龄人、更少使用他们自己的语言。这个结果部分源于有一个芬兰裔的父母。

社区（族群）构成

在更为接近的层面，社区族裔组成的可能影响在实证研究和理论分析中已经引起了注意（参见 Birman et al.，2002；Kalin & Berry，1982；Mollenkopf，2000；Nguyen et al.，1999；Schnittker，2002）。在考察社区对成人涵化的影响时，其结果由于成人的主动选择而受到影响，那些倾向分离的人更有可能居住在主要由本群体组成的社区。由于青少年通常不能就居住地进行选择，因此他们提供了考察社区效应的最佳对象。

社区族裔组成与四个涵化模式有着明显的对应。整合模式在主要由其他群体组成或族裔平衡的社区有着最强的代表性。在主要由青少年自身族裔文化群体组成的社区，族裔模式成为主体。而且，异质社区往往比同质社区有着更高比例的国民模式青少年。但是，社区族裔组成和适应结果之间并没有直接的关系。

这些结果总体反映在移民青少年的行为和态度中。社区（族群）构成是语言流利和使用的重要因素。在更异质的社区，国民语言的流利和使用要高于主要由青少年本群体组成的社区，因为学习和使用国民语言能满足彼此交流的需要。而且，移民青少年的家庭义务分数在本群体组成的社区更高，在多样性的社区更低，因为在那里他们面对的是整个社会的价值观。

居住在同质社区的青少年与其他群体的同龄人有着较少的交往机会，与本群体同龄人的交往要多于国民群体同龄人。因为他们不熟悉其他群体的成员，有可能被否定对待，导致相应的否定态度。在另一方面，居住在异质社区的青少年则受益于族际交往的肯定作用，正如“交往假设”所指出的那样（Pettigrew & Tropp，2000）。

家庭背景

家庭是与我们研究对象最接近的涵化背景。我们侧重于家庭关系价值观，通常显示为移民的母国文化与定居国文化的互动差异（Georgas，Berry，van de Vijver，Kagitcibasi，& Poortinga，in press），主要体现在“家庭义务”和“青少年的权利”这两个方面。我们的结果支持了相关的研究（Fuligni et al.，1999；Kagitcibasi，1996；Nguyen & Williams，1989），相较于定居国家庭，移民青少年和父母倾向更多的家庭义务，更少的个人权利。其他研究（Buriel & De Ment，1997；Liebkind，1992b；Nguyen & Williams，1989；Portes，1997；Szapocznik & Kurtines，1993）显示，家庭义务的代际差异随着居住时间而扩大。随着时间的发展，青少年更不赞同家庭义务，而父母对于青少年义务的看法却没有改变。我们只在迷失模式的青少年中确认了后一种结果。

代际差异在青少年倾向同化和父母希望保持自身文化传统的家庭中更大，即有着“涵化鸿沟”的家庭。反之，当青少年取向族裔文化，差异就会减小。但即使对于这部分青少年，当父母强烈支持自身文化传统的保留时，差异也会更大。因此，代际差异受到青少年和父母涵化态度和行为的共同影响。

家庭关系价值观的代际差异对移民家庭有着重要的影响，鉴于更大的代际差异与更差的心理和社会文化适应是一致的。有学者假设，代际差异指示着父母和子女间的冲突（参见 Kwak，2003），这些冲突导致压力的增加，从而对适应造成否定的影响。但考察代际价值观差异与家庭冲突关系的研究并不多见，即使有研究显示价值观差异与冲突之间的关系，我们仍然要说明冲突为何导致更差的适应。“压力与应对”理论（例如，Billings & Moos，1981；Heller & Swindle，1983）指出，冲突是否导致压力取决于青少年得到的应对支持以及冲突的严重程度。在荷兰，ICSEY 调查包含了对家庭冲突和家庭支持的测量。对这些数据的初步分析表明，得到或缺乏支持比冲突对移民青少年适应的影响更为重要。

总之，定居国家、社区族裔组成和家庭价值观取向是影响涵化与适应关系的三个背景。这些背景与个体的接近程度是有差异的：文化多样性在国家层面上加以界定，对于个体移民来说非常遥远；社区是日常生活范围的一部分，是青少年寻求支持的对象；家庭关系价值观是距离最近的背景，在父母与子女每天的交往中存在。

感知到的歧视

感知到的歧视通常被假定为移民青少年适应的重要因素。在我们的研究中，更多的歧视与更差的心理和社会文化适应有着强烈的联系。在我们的总模型中，感知到的歧视是预测适应结果的最便利途径，它要么直接作用于适应结果，要么通过其他涵化变量影响适应结果。由于这是相互关系的研究，效应的方向并不明确（Phinney et al.，1998），我们不能确定歧视导致更差的适应，因为适应得不好的人在整个社会中受到更多否定的对待，由此产生歧视。而且，歧视的自我报告又受到个人偏见的影响，可能与实际情况出入很大。但是，感知到的歧视和适应之间的关系是显而易见的。例如，挪威的越南和土耳其青少年报告最高水平歧视的同时还报告了最差的适应，突出了歧视的负面影响。

歧视对文化多样性与心理适应的否定关系也有着影响。更大的文化多样性与更高水平的歧视相关，从而对心理适应造成负面影响。而且，族裔和迷失模式的青少年比整合或国民模式的青少年报告更多的歧视。同样，效应的方向也不明确。一方面，族裔取向可被视为分离倾向，在要求整合或同化的社会，这种倾向会引发歧视。另一方面，青少年本群体提供的社会支持可以缓冲歧视的负面影响，因此，歧视反而加强了他们的族裔认同。有证据表明，歧视加强了族裔群体取向，以此作为慰藉的源泉和抵御进一步歧视的基础（Branscombe et al.，1999；Schmitt et al.，2002）。因此，这是一种互动关系，分离和歧视相互加强的关系。

人口变量也对歧视产生影响。可见度最高的青少年报告更多的歧视，男孩也是一样，但是，父母的职业地位和居住时间与歧视无关。总之，我们的结果显示，某些人口和背景变量与更高水平的歧视相关，而所有背景和群体的绝对歧视水平普遍是低的这个事实表明，大多数青少年遭遇极少的歧视，而且对于歧视程度，移民青少年也没有更多的体验。这种关系得到了来自成年移民样本证据的支持（例如，Noh，Beiser，Kaspar，Hou & Rummens，1999）。

调查结果的普适性

在第六章，我们报告了定居社会、移民群体和个体造成的差异程度。模式是清楚的：大多数差异是个体因素造成的，还有相当一部分归咎于移民群体。我们早已指出，我们对所有社会和群体的结构测量是对等的，当这个对等的测量结果与有限的文化差异（国家和族裔文化群体）结合的时候，我们就可以提问涵化取向、适应及相互关系的调查结果是否适用于所有移民青少年的涵化。

我们调查结果的普适性有可能受到几个因素的制约。作为心理学家，我们将重点放在了个体和个体差异上。运用其他方法的研究人员可能得出不同的结论：人类学家可能发现文化的更大作用；社会学家发现制度的更大作用；政治科学家发现国家政策的更大重要性。我们抽样的这个年龄段的青少年所面对的共同的发展问题也可能影响到我们的调查结果，如果我们抽样了更年轻的移民，或那些在后来生活中经历涵化的人，我们可能就会发现个体差异的更小作用，以及移民不同文化背景的更大作用。但是，基于我们研究的社会范围、年龄群体以及我们所使用的方法，我们相信我们的结果是广泛适用的，建构了总结其他西方社会（或源于西方文化的社会）移民现象的基础，例如意大利的土耳其裔或加拿大的俄罗斯裔。

未来研究的方向

本课题提供了移民青少年涵化与适应的大图景，但仍然有许多问题没有得到解答。我们的调查结果主要基于对 13 个定居国家移民青少年的测量，而且在每个国家也只是挑选了一些地区，这些国家和地区提供了移民和涵化的有限样本。显然，对世界其他地区移民青少年的研究也是非常有必要的，那里的移民和定居条件与我们研究的国家非常不同。通过对这些地区的研究，我们才能确定我们发现的涵化与适应模式的适用程度。

我们的数据主要来自自我报告。未来研究会得益于其他信息的使用，包括父母和教师对青少年的评价、成绩记录、社区结构和族裔组成的直接测量。而丰富抽样社区的民族志描述，则便于更好地理解涵化背景，提供对调查结果更有见地的解读。

我们的重点是青少年。尽管有些信息来自父母，但我们的结论主要关注正在向成人过渡的年轮人和他们在社会中的定位问题。我们不清楚我们的结果是否适用于已经在新社会定居下来的成人。阿诺维兹（Aronowitz，1984）指出，成年移民的调查结果不一定适用于青少年。成人面对的是其他问题，例如就业、住房、语言、调整在新社会中的父母和配偶角色。运用相同方法和研究设计的成人研究，可以探讨我们有关青少年如何涵化以及他们如何适应的观点是否也适用于成人。

我们研究的变量及其测量方法是从大量的相关研究中挑选出来的，它们被挑选和测量的方式影响着我们的调查结果。例如，在文化认同研究中，我们分开评估了两个模式（族裔认同和国民认同），而不是其中一个，或者超过两个。我们的结果显示了它们的独立性，即彼此互不相关，反比关系则表明单一两极模式的存在。但是，可能还有其他文化认同的模式，例如世界青少年文化成员的认同，这可以在未来研究中加以探讨。关于涵化态度，我们评估了四个倾向，而不是两个潜在的模式，即文化传承和参与整个社会。四种态度的选择可能影响四个涵化模式的调查结果，尽管在集群分析中存在的其他变量表明，四种涵化态度并不是四个模式的决定性因素。但是，使用其他测量的研究可能揭示的是其他的模式。在四种涵化态度中，我们评估了在日常生活中五个全然不同的领域，例如语言和约会，这可能导致这些态度测量内部统一性相对较低的原因。因此，有必要进一步发展和测试涵化的测量方法，使之能够准确捕捉涵化结构。

我们的研究侧重于涵化背景的近端因素，包括家庭和社区，而自我报告的测量方式限制了考察远端影响的可能性（参见 Vedder，2004）。在考虑何种涵化研究可以添加到支持移民适应的介入计划时，近端和远端涵化影响的研究就显得尤为重要了。未来的研究可以考虑将涵化背景包括进来，这些背景随着与移民青少年的接近程度而呈系统性的变化，并从这些背景下的成员那里收集变化着的涵化背景信息。

最后，本课题所采用的概念框架，例如涵化态度、文化认同、心理和社会文化适应，部分受到参与本课题研究人员的引导，他们在这些概念的制定中起到中心的作用，部分受到这些概念与涵化和适应过程已知相关性的引导。我们的调查结果与其他视角的研究是一致的。例如，个人故事（虚拟和非虚拟）展现了许多相同的过程和结果，这也是我们所发现的（例如，Padolsky，1994）。在人类学和教育学中（例如，Gibson，1988），涵化和适应（调整?）的过程被描述为“未经同化的住宿（accommodation）（适应?）”，这与我们有关整合的文化间生活方式的调查结果是相似的。这些一致性的结果让我们感到了放心。不过，其他研究人员采用了不同的概念和框架，包括应对（调节压力和适应之间的关系）、族裔态度（包括移民和国民样本）和日常的烦恼（所有青少年都会经历到而无关涵化经历）。我们的调查结果与所有不同概念框架的一致程度是个问题，需要不同背景和视角的研究人员进行其他的研究。

启 示

对于政府部门（例如移民和定居服务）和机构（例如教育和医疗卫生），对于在复杂的移民、涵化和适应过程中寻找出路的个人来说，我们能给予什么建议呢？我们的回答取决于这些领域的信息和政策需要。

对于政府的启示

许多国家的政府现在有了监管移民过程和定居的政策与计划，或者正在考虑制定这些政策与计划。我们相信，我们的调查结果对公共领域具有一定的启示。

在当今世界，移民的方式各种各样，这些差异有很多已包含在我们的研究中。我们对政府挑选的移民进行了研究：（1）是为了促进国家的发展（例如，澳大利亚、加拿大和美国）；（2）为了接纳流散国民的返乡（例如，芬兰、德国和以色列），或前殖民地的人们（例如，荷兰，葡萄牙）；（3）为了解决人道主义的需要（例如，许多国家的难民和寻求避难者）；（4）为了获得短期的工人（例如，德国和荷兰的客籍工人）。我们并没有详细考察这些群体，除了在第八章对越南裔（大部分为难民）和土耳其裔（大部分为客籍工人）进行了比较。但是，个体和群体如何涵化与他们适应得如何的一致性结果表明，我们已经找到了其中的模式，这个模式适用于移入到西方世界的所有文化背景的人们。如果情况就是这样，定居政策与计划的启示不言而喻。

我们的调查结果指出，应支持和鼓励移民追求整合的道路，因为心理和社会文化适应在取向这条道路的人中间更为肯定。我们在第四章（见图4.1）提到，整合道路包括对移民群体和整个社会两种取向的接受。第一，移民社区应坚持文化传承，整个社会予以支持（甚至鼓励）。第二，移民应参与并进入整个社会的生活，并得到整个社会的支持。鉴于这些特征，整合需要以下几个倡议：

1. 提供对移民和族裔文化社区组织的支持，这样文化丢失就会减少，族裔认同得到持续，生活方式得以保留和繁荣。

2. 制订鼓励移民参与国民社会日常生活的政策与计划，这样他们就不会被孤立在自身族裔社区或远离整个社会。

3. 制订针对全国人口的政策与计划，鼓励他们接受文化多样性，鼓励不同群体的人们参与到整个社会的生活。倡议制定多样性价值观的公共教育、反歧视与平等法律。

整合道路从总体上看是最为有利的。但是，涵化的其他方式，尤其是族裔或分离取向，在有些情况下也是有利的。族裔取向有利于两类适应，但在程度上不如整合。这就意味着需要出台一项允许移民按照自己的意愿保持分离的政策，例如，允许移民在自身族裔社区内定居，而不是推动移民同化的政策，例如否定族裔文化和语言权利或推动在全国范围的分散定居。显然，导致青少年边缘化的排外政策不应作为公共政策加以推荐。

政府的立法与政策最终由不同的机构负责实施。许多机构日常与移民和族裔文化群体有着互动关系。公共机构，例如教育和医疗卫生，一般反映着由主流群体推动的国家政策。例如，如果寻求的是同化道路，教育往往反映的是整个社会的价值观和知识，医疗卫生接受和使用的也是主流卫生系统的医学和药物知识。如果采纳整合道路的公共政策，机构变化就需要反映文化多样性和包容的联合目标。以教育为例，眼下在许多社会开展的多元文化教育运动带来了课程设置的变化，这样人们在教室里就能学习到不同的生活方式，而不是千篇一律的内容或者其他文化受到贬低。在医疗卫生方面也是如此，尽管西方生物技术仍然占据主体，但其他形式的医学方法（例如传统的中医或印度的阿育吠陀医学）已经被广泛接受。

对个人和家庭的启示

对于个人和其家庭来说，我们的结果对于促进移民后的成功适应有着明确的启示。与政府和机构的建议一致，对于个人的核心建议是尽可能寻求整合的道路。但是，这个一般性的结论需要具体情况具体应用。例如，在更为公共的生活领域（例如在学校和整个社会），接近同化的整合形式更有利于适应，尤其在整个社会不接受公共场所的传统文化行为的时候。但在更为私人的背景下（例如家庭和族裔文化社区），接近分离的整合形式更有利于适应日常互动中的共同伦理（co – ethnics）。涵化方式的选择需要一定的灵活度和混搭能力。在我们的整合概念中，这样的混合和融入能力是受益于两种文化的最好方式。

我们的调查结果还显示歧视与个人幸福感的否定关系。如果公共政策和机构的改革倾向接受多样性和平等，正如我们建议的那样，那么从长远看歧视的水平就会下降。歧视是不可能消失的，个人需要意识到它的负面影响。但是，强烈的族裔认同对歧视经历具有缓冲作用（例如土耳其裔这个案例）。对自身族裔群体感觉骄傲的青少年能更好地对待歧视，例如，将它作为罪犯的问题或主动面对它。事实上，忍受歧视有利于一个人的适应（Noh et al.，1999）。同样，迷失模式特有的不确定和混乱将会随着时间而消失，这有助于年轮人无惧困难而坚持下去。

对于那些指导移民青少年经历涵化的人，我们的调查结果有助于他们更好地理解这些青少年正在经历的过程和问题。老师、咨询师和父母都会从中获益，即整合的涵化方式将引导这些年轻人在文化多样性的社会中更令人满意地、更成功地过渡到成人阶段。

参考文献

Abouguendia, M. , & Noel, K. A. (2001). General & acculturation - related daily hassles & psychological adjustment in first - & second - generation South - Asian immigrants to Canada. *International Journal of Psychology, 36*, 163 - 173.

Abu - Rabia, S. , (1997). Gender differences in Arab students' attitudes toward Canadian society & second language learning. *Journal of Social Psychology, 137*, 125 - 128.

Alba, R. (1990). Ethnic identity: *The Transformation of White America*. New Haven, CT: Yale University Press.

Allard, R. , & L&ry, R. (1992). Ethnolinguistic vitality beliefs & language maintenance & loss. In W. Fase, K. Jaspaert, & S. Kroon (Eds.), Maintenance & loss of minority languages (pp. 171 - 195). Amsterdam: John Benjamins.

&erson, C. (1982). The search for school climate: A review of the research. *Review of Educational Research, 53*, 368 - 420.

Appleyard, R. (2001). International migration policies: 1950 - 2000. *International Migration, 39*, 7 - 19.

Arbuckle, J. L. (2003). *Amos 5. 0 update to the Amos user's guide*. Chicago: SPSS.

Arends - Tòth, J. V. , & van de Vijver, F. J. R. (2003). Multiculturalism & acculturation: Views of Dutch & Turkish - Dutch. *European Journal of Social Psychology, 33*, 249 - 266.

Argyle, M. (1969). *Social interaction*. London: Methuen.

Argyle, M. (1982). Intercultural communication. In S. Bochner (Ed.), *Cultures in contact: Studies in cross - cultural interaction* (pp. 61 - 80). Oxford: Pergamon.

Aronowitz, M. (1984). The social & emotional adjustment of immigrant children: A review of literature. *International Migration Review, 18*, 237 - 257.

Aronowitz, M. (1992). Adjustment of immigrant children as a function parental attitudes to change. *International Migration Review, 26*, 86 – 110.

Asante, M. K. , & Gudykunst, W. B. (Eds.). (1989). *Handbook of international & intercultural communication.* Newbury Park, CA: Sage.

Ataca, B. , & Berry, J. W. (2002) . Psychological, sociocultural & marital adaptation of Turkish immigrant couples in Canada. *International Journal of Psychology, 37*, 13 – 26.

Aycan, Z. , & Berry, J. W. (1996) . Impact of employment – related experiences on immigrants' psychological well – being & adaption to Canada. *Canadian Journal of Behavioural Sciences, 28*, 240 – 251.

Aycan, Z. , & Kanungo, R. (1998) . Impact of acculturation on socialization beliefs & behavioral occurrences among Indo – Canadian immigrants. *Journal of Comparative Family Studies, 29*, 451 – 467.

B&ura, A. (1997) . *Self efficacy: The exercise of control.* New York: Freeman.

Banting, K. , & Kymlicka, W. (2004) . Do multiculturalism policies erode the welfare state? In P. Van Parijs (Ed.) , *Cultural diversity versus economic solidarity* (pp. 227 – 284) . Brussels: Editions De Boeck Université.

Barker, V. , & Giles, H. (2004) . English – only policies: Perceived support & social limitation. *Language & Communication,* 24, 77 – 95.

Bas, M. , Asci, F. , Karabudak, E. , & Kiziltan, G. (2004) . Eating attitudes & their psychological correlates among Turkish adolescents. *Adolescence, 39*, 133 – 140.

Bashir, M. R. (1993) . Issues of immigration for the health & adjustment of young people. *Journal of Paediatrics & Child Health, 9*, 42 – 45.

Baubock, R. , Heller, A. , & Zolberg, A. (Eds.) . (1996) . *The challenge of diversity: Integration & pluralism in societies of immigration.* Aldershot, Engl&: Avebury.

Baumeister, R. F. (1995) . Self & identity: An introduction. In A. Tesser (Ed.) , *Advanced social psychology* (pp. 51 – 97) . New York: McGraw – Hill.

Baumeister, R. F. , & Leary, M. R. (1995) . The need to belong: Desire for interpersonal attachments as a fundamental human motivation. *Psychological Bulletin, 117*, 497 – 529.

Beiser, M. (1999) . Strangers at the gate. Toronto, Canada: University of Toronto Press.

Beiser M. , & Flemming, J. A. E. (1986) . Measuring psychiatric disorder among

Southeast Asian refugees. *Psychological Medicine, 16,* 627 –639.

Beiser, M. , Wood, M. , Barwick, C. , Berry, J. W. , deCosta, G. , Milne, W. , Fantino, A. M. , Ganesan, S. , Lee, C. , Tousignant, M. , Naidoo, J. , Prince, R. , & Vela, E. (1988). *After the door has been opened: Mental health issues affecting immigrants & refugees in Canada.* Ottawa: Ministries of Multiculturalsim & Citizenship, & Health & Welfare.

Bendixen, M. , & Olweus, D. (1999). Measurement of antisocial behaviour in early adolescence & adolescence: Psychometric properties & substantive findings. *Criminal Behaviour & Mental Health, 9,* 323 –354.

Bengli – Arslan, L. , Verhulst, F. C. , & van de Ende, J. (1997) . Underst&ing children's (problem) behaviours from cultural perspective: Comparison of problem behaviours & competences in Turkish immigrant, Turks & Dutch children. *Social Psychiatry & Psychiatric Epidemiology, 32,* 477 –484.

Bentahila, A. , & Davies, E. (1992). Convergence & divergence: Two cases of language shift in Morocco. In W. Fase, K. Jaspaert, & S. Kroon (Eds.), *Maintenance & loss of minority languages* (pp. 197 –210). Amsterdam: John Benjamins.

Bergman, L. , Magnusson, D. , & El – Khouri, B. (2003). *Studying individual development in an interindividual context.* Mahwah, NJ: Lawrence Erlbaum Associates.

Berry, J. W. (1974) . Psychological aspects of cultural pluralism. *Culture Learning,* 2, 17 –22.

Berry, J. W. (1980). Acculturation as varieties of adaptation. In A. Padilla (Ed.), *Acculturation: Theory, models & some new findings* (pp. 9 –25). Boulder, CO: Westview.

Berry, J. W. (1984a). Cultural relations in plural societies: Alternatives to segregation & their socio – psychological implications. In M. Brewer & N. Miller (Eds.), *Groups in contact* (pp. 11 –27). New York: Academic Press.

Berry, J. W. (1984b). Multicultural policy in Canada: A social psychological analysis. *Canadian Journal of Behavioural Science, 16,* 353 –370.

Berry, J. W. (1990) . Psychology of acculturation. In J. Berman (Ed.), *Cross – cultural perspective. Nebraska Symposium on Motivation* (Vol. 37, pp. 201 – 234). Lincoln: University of Nebraska Press.

Berry, J. W. (1994). Acculturative stress. In W. J. Lonner & R. Malpass (Eds.),

Psychology & culture (pp. 211 – 215). Needham Heights, MA: Allyn & Bacon.

Berry, J. W. (1997). Immigration, acculturation & adaptation. *Applied Psychology, 46*, 5 – 68.

Berry, J. W. (2001). A psychology of immigration. *Journal of Social Issues*, 57, 611 – 627.

Berry, J. W. (2003). Conceptual approaches to acculturation. In K. Chun, P. Balls – Organista, & G. Marin (Eds.), *Acculturation: Advances in theory, measurement & applied research* (pp. 17 – 37). Washington: American Psychological Association Press.

Berry, J. W., & Blondel, T. (1982). Psychological adaptation of Vietnamese refugees in Canada. *Canadian Journal of Community Mental Health, 1*, 81 – 88.

Berry, J. W., & Kalin, R. (1979). Reciprocity of interethnic attitudes in a multicultural society. *International Journal of Intercultural Relations, 3*, 99 – 112.

Berry, J. W., & Kalin, R. (1995). Multicultural & ethic attitudes in Canada. *Canadian Journal of Behavioural Science, 27*, 301 – 320.

Berry, J. W., Kalin, R., & Taylor, D. (1977). *Multiculturalism & ethnic attitudes in Canada*. Ottawa, Canada: Supply & Services.

Berry, J. W., & Kim, U. (1988). Acculturation & mental health. In P. R. Dasen, J. W. Berry, & N. Sartorius (Eds.), *Health & cross – cultural psychology* (pp. 207 – 236). Thous& Oaks: Sage.

Berry, J. W., Kim, U., Minde, T., & Mok, D. (1987). Comparative studies of acculturative stress. *International Migration Review, 21*, 491 – 511.

Berry, J. W., Kim, U., Power, S., Young, M., & Bujaki, M. (1989). Acculturation attitudes in plural societies. *Applied Psychology: An International Review, 38*, 185 – 206.

Berry, J. W., Poortinga, Y. H., Segall, M. H., & Dasen, P. R. (2002). *Cross – cultural psychology: Research & applications* (2nd ed.). Cambridge, Engl&: Cambridge University Press.

Berry, J. W., & Sam, D. L. (1997). Acculturation & adaption. In J. W. Berry, M. H. Segall, & C. Kagitcibasi (Eds.), *H&book of cross – cultural psychology: Vol. 3. Social behaviour & applications* (2nd ed., pp. 291 – 326). Boston: Allyn & Bacon.

Bhattacharya, G. (2000). The school adjustment of South – Asian immigrant children in the United States. *Adolescence*, 35(137), 77 – 85.

Billings, A. G., & Moos, R. H. (1981). The role of coping responses & social resources in attenuating the stress of life events. *Journal of Behavioral Medicine, 4*, 139 – 157.

Birman, D., & Trickett, E. J. (2001). Cultural transitions in first – generation immigrants: Acculturation of Soviet Jewish refugee adolescents & parents. *Journal of Cross – Cultural Psychology, 32*, 456 – 477.

Birman, D., Trickett, E. J., & Vinokurov, A. (2002). Acculturation & adaptation of Soviet Jewish refugee adolescents: Predictors of adjustment across life domains. *American Journal of Community Psychology, 30*, 585 – 607.

Bochner, S. (1982). The social psychology of cross – cultural relations. In S. Bochner (Ed.), *Cultures in contact: Studies in cross – cultural interaction* (pp. 5 – 44). Oxford, Engl&: Pergamon.

Body – Gendrot, S. (2003, June). *The second generation in the banlieues: The temptation of violence?* Paper presented at the Bellagio Conference on the Second Generation in Europe & in the U. S. Bellagio, Italy.

Bonifazi, C., & Strozza, S. (2003). Integration of migrants in Europe: Data sources & measurement in old & new receiving countries. *Studi Emigrazione, Vol. XL* (152).

Bourhis, R. (2001). Acculturation, language maintenance, & language shift. In J. Klatter – Folmer & P. van Avermaet (Eds.), *Theories on maintenance & loss of minority languages. Towards a more integrated explanatory framework* (pp. 6 – 37). Munster, Germany: Waxmann.

Bourhis, R. Y., Moïse, L. C., Perreault, S., & Senécal, S. (1997). Towards an interactive acculturation model: A social – psychological approach. *International Journal of Psychology, 32*, 369 – 386.

Bowes, J. M., Flanagan, C., & Taylor, A. J. (2001). Adolescents' ideas about individual & social responsibility in relation to children's household work: Some international comparisons. *International Journal of Behavioral Development*, 25, 60 – 68.

Branscombe, N. R., Schmitt, M. T., & Harvey, R. D. (1999). Perceiving pervasive discrimination among African Americans: Implications for group identification & well – being. *Journal of Personality & Social Psychology, 77*, 135 – 149.

Broeders, D. (2001). *Immigratie en integratieregimes in vier Europese l&en* [Immigration & integration policies in four Euriopean countries]. Hague, the Netherl&s: Netherl&s Scientific Council of Government Policy.

Brown, R. (2000). Social identity theory: Past achievement, current problems & future challenges. *European Journal of Social Psychology, 30,* 745 – 778.

Brubaker, R. (2001). The return of assimilation? Changing perspectives on immigration & its sequels in France, Germany, & the United States. *Ethnic & Racial Studies, 24,* 531 – 548.

Buriel, R., & De Ment, T. (1997). Immigration & sociocultural changes in Mexican, Chinese, & Vietnamese families. In A. Booth, A. Crouter, & N. L&ale (Eds.), *Immigration & the family: Research & policy on U. S. immigrants* (pp. 165 – 200). Mahwah, NJ: Lawrence Erlbaum Associates.

Cameron, J., & Lalonde, P. (1994). Self, ethnicity, & social membership in two generations of Italian Canadians. *Personality & Social Psychology Bulletin, 20,* 514 – 520.

Campbell, D. T. (1961). The mutual methodological relevance of anthropology & psychology. In F. L. K. Hsu (Ed.), *Psychological anthropology* (pp. 333 – 352). Homewood, IL: Dorsey.

Canetti – Nisim, D., & Pedahzur, A. (2003). Contributory factors to political xenophobia in a multicultural society: The case of Israel. *International Journal of Intercultural Relations, 27,* 307 – 333.

Carballo, M. (1994). *Scientific consultation on the social & health impact of migration: Priorities for research. Final report.* Geneva, Switzerl&: International Organization Migration.

Chataway, C., & Berry, J. W. (1989). Acculturation experiences, appraisal, coping & adaptation: A comparison of Hong Kong Chinese, French & English students in Canada. *Canadian Journal of Behavioural Science, 21,* 295 – 309.

Chiang, Y. S. D., & Schmida, M. (1999). *Language identity & language owenership: Linguistic conflicts of first – year university writing students.* Mahwah, NJ: Lawrence Erlbaum Associates.

Child, I. (1943). Italian or American? The second generation in conflict. New Haven, CT: Yale University Press.

Christopher, K. A. (2000). Determinants of psychological well – being in Irish immigrants. *Western Journal of Nursing Research, 22,* 123 – 143.

Chun, K., & Akutsu, P. (2003). Acculturation among ethnic minority families. In K. Chun, P. Balls – Organista, & G. Marin (Eds.), *Acculturation: Advances in theory, measurement, & applied research* (pp. 95 – 119). Washington, DC: American Psychological Association.

Chung, R. C., & Okazaki, S. (1991). Counseling Americans of Southeast Asian descent: The impact of the refugee experience. In C. C. Lee & B. L. Richardson (Eds.), *Multicultural issues in counseling: New approaches to diversity* (pp. 107 – 126). Alex&ria, VA: American Association for Counseling & Development.

Cohen, J. (1988). *Statistical power analysis for the behavioral sciences* (2nd ed.). Hillsdale, NJ: Lawrence Erlbaum Associates.

Cohon, J. D. (1981). Psychological adaptation & dysfunction among refugees. *International Migration Review, 15*, 255 – 275.

Cozzarelli, C., & Karafa, J. A. (1998). Cultural estrangement & terror management theory. *Personality & Social Psychology Bulletin, 24*, 253 – 267.

Crocker, J., Cornwell, B., & Major, B. (1993). The stigma of overweight: Affective consequences of attibutional ambiguity. *Journal of Personality & Social Psychology, 64*, 60 – 70.

Crocker, J., Voelkl, K., Testa, M., & Major, B. (1991). Social stigma: The effective consequences of attributional ambiguity. *Journal of Personality & Social Psychology, 60*, 218 – 228.

Crocket, L. J., & Silbereisen, R. (Eds.). (2000). *Negotiating adolescence in times of social change*. Cambridge, Engl&: Cambridge University Press.

Crul, M. (2000). De sleutel tot success [The key to success]. Amsterdam: Het Spinhuis.

Crul, M., & Doomernik, J. (2003). The Turkish & Moroccan second generation in the Netherl&s: Divergent trends between & polarization within the two groups. *International Migration Review, 37*, 1039 – 1064.

Crul, M., & Vermeulen, H. (2003). The second generation in Europe. *International Migration Review, 37*, 965 – 986.

Cuellar, I., Arnold, B., & Maldonado, R. (1995). Acculturation rating scale for Mexican Americans – II: A revision of the original ARSMA scale. *Hispanic Journal of Behavioral Sciences, 17*, 275 – 304.

Cummings, R. A. (1995). On the trail of the golden st&ard for subjective well –

being. *Social Indicators Research, 35*, 179 –200.

Cummings, R. A. (1998). The second approximation to international st&ard for life satisfaction. *Social Indicators Research, 43*, 307 –334.

Dacyl, J., & Westin, C. (Eds.). (2000). *Governance of cultural diversity.* Stockholm, Sweden: CEIFO, Stockholm University.

Dasen, P. R. (2000). Rapid social change & turmoil of adolescence: A cross – cultural perspective. *International Journal of Group Tensions, 29*, 17 –49.

Deaux, K. (1996). Social identification. In E. T. Higgins & A. W. Kruglanski (Eds.), *Social psychology: Handbook of basic principles* (pp. 777 –798). New York: Guilford.

Deaux, K. (2000). Surveying the l&scape of immigration: Social – psychological perspectives. *Journal of Community & Applied Psychology, 10*, 421 –431.

Dekovic, M. (1999). Parent – adolescent conflict: Possible determinants & consequences. *International Journal of Behavioral Development, 23*, 997 – 1000.

Demir, A., & Tarhan, N. (2001). Loneliness & social dissatisfaction in Turkish adolescents. *Journal of Psychology, 135*, 113 –123.

Devos, G., & Romanucci – Ross, L. (Eds.). (1982). *Ethnic identity: Cultural continuities & change.* Chicago: University of Chicago Press.

Diener, E. (2000). Subjective well – being: The science of happiness & a proposal for a national index. *American Psychologist, 55*, 34 –43.

Diener, E., Emmons, R. A., Larsen, R. J., & Griffin, A. (1985). The Satisfaction with Life Scale. *Journal of Personality Assessment, 49*, 71 –75.

Diener, E., Scollon, C. K. N., Oishi, S., Dzokoto, V., & Suh, H. M. (2000). Positivity & the construction of life satisfaction judgemens: Global happiness is not the sum of its parts. *Journal of Happiness Studies, 1*, 159 –176.

Donna, G., & Berry, J. W. (1994). Acculturation attitudes & acculturative stress among Latin American refugees in Canada. *International Journal of Psychology, 29*, 57 –70.

DuBois, D., & Hirsch, B. (1990). School & neighborhood friendship patterns of Blacks & Whites in early adolescence. *Child Development, 61*, 524 –536.

Dunn, K. (2003, April). *Attitudes toward immigration & immigrants in Australia.* Paper presented at New Directions, New Settlers, New Challenges—Building & Enhancing Communities End – users Seminar. Wellington, New Zealand.

Economic Intelligence Unit. (2001). *Country profile: Turkey.* London: Author.

Edwards, J. (1992). Language in group & individual identity. In G.. M. Breakerwell (Ed.), *Social psychology of identity & the self concept* (pp. 129 – 146). London: Academic Press.

Eisikovits, R. A. (2000). Gender differences in cross – cultural adaptation styles of immigrant youths from the former USSR in Israel. *Youth & Society*, 31, 310 – 331.

Erikson, E. H. (1968). *Identity: Youth & crisis.* New York: Norton.

Eskin, M. (2003). Self – reported assertiveness in Swedish & Turkish adolescents: A cross – cultural comparison. *Sc&inavian Journal of Psychology*, *44*, 7 – 12.

Eurobarometer. (2000). Attitudes toward minority groups in the European Union. Eurobarometer Opinion Poll. Available at http://europa. eu. int/comm/public_ opinion/index_ en. htm

Eyou, M. L., Adair, V., & Dixon, R. (2000). Cultural identity & psychological adjustment of adolescent Chinese immigrants in New Zealand. *Journal of Adolescence*, *23*, 531 – 543.

Ferdman, B. M., & Horenczyk, G.. (2000). Cultural identity & immigration: Reconstructing the group during cultural transition. In E. Ohlshtain & G.. Horenczyk (Eds.), *Language, identity, & immigration* (pp. 81 – 100). Jerusalem, Israel: Magnes.

Fishman, J. (1989). *Language & ethnicity in minority sociolinguistic perspective.* Clevedon, UK: Multilingual Matters.

Fishman, J. (1996). What do you lose when you lose your language? In G.. Cantoni (Ed.), *Stablizing indigeous languages* (pp. 80 – 91). Flagstaff: Center for Excellence in Education, Northern Arizona University.

Foner, N. (1997). The immigrant family: Cultural legacies & cultural changes. *International Migration Review*, 31, 961 – 974.

Fuligni, A. (1997). The academic achievement of adolescents from immigrant families: The role of family background, attitudes & behaviour. *Child Development*, *68*, 351 – 363.

Fuligni, A. (1998a). The adjustment of children from immigrant families. *Current Directions in psychological Science*, *7*, 99 – 103.

Fuligni, A. (1998b). Authority, autonomy, & parent – adolescent relationships: A study of adolescents from Mexico, Chinese, Filipino, & European back-grouds. *Developmental Psychology, 34*, 782 – 792.

Fuligni, A. (2001). A comparative longitudinal approach to acculturation among children from immigrant families. *Harvard Educational Review, 71*, 566 – 578.

Fuligni, A., & Tseng, V. (1999). Family obligation & achievement motivation of children from immigrant & American – born families. In T. Urdan (Ed.), *Advances in motivation & achievement* (pp. 159 – 184). Stanford, CT: JAI Press.

Fuligni, A., Tseng, V., & Lam, M. (1999). Attitudes towards family obligation among American adolescents with Asian, Latin American, & European backgrounds. *Child Development, 70*, 1030 – 1044.

Furnham, A., & Bochner, S. (1982). Social difficulty in a foreign culture: An empirical analysis of culture shock. In S. Bochner (Ed.), *Culture in contact: Studies in cross – cultural interaction* (pp. 161 – 198). Oxford, Engl&: Pergamon.

Garcia Coll, C. (2005, April). *The immigrant paradox: Critical factors in Cambodian students' success.* Paper presented at the 2005 biennial meeting of the Society for Research in Child Development, Atlanta, GA.

Garcia Coll, C., & Magnusson, K. (1997). The psychological experience of immigration: A development perspective. In A. Booth, A. Crouter, & N. L&ale (Eds.), *Immigration & the family: Research & policy on U. S. immigrants* (pp. 91 – 131). Mahwah, NJ: Lawrence Erlbaum Associates.

Gelf&, M. (2005, May). *The system of cultural tightness – looseness: Underst&ing the sources of intercultural conflict.* Keynote paper presented at the 4 biennial congress on intercultural research, Kent, OH.

Genesee, F. (1987). *Learning through two languages.* Cambridge, Engl&: Newbury House.

Georgas, J. (1989). Changing family values in Greece: From collectivist to individualism. *Journal of Cross – Cultural Psychology, 20*, 80 – 91.

Georgas, J., Berry, J., Shaw, A., Christakopoulou, S., & Mylonas, S. (1996). Acculturation of Greek family values. *Journal of Cross – Cultural Psychology, 27*, 329 – 338.

Georgas, J., Berry, J. W., van de Vijver, F. J. R. Kagitcibasi, C., & Poortinga, Y. H. (in press). *Families across cultures: A 30 nation psychological* study. Cambridge: Cambridge Univeristy of Press.

Ghuman, P. (1994). *Coping with two cultures: British Asian & Indo Canadian adolescents.* Clevedon UK: Multilingual Matters.

Ghuman, P. (2003). *Double loyalties: South Asian adolesecents in the west.* Cardiff: University of Wales Press.

Gibson, M. (1988). *Accommodation without assimilation.* Ithaca, NY: Cornell University Press.

Gibson, M. (1991). *Minorities & schooling: Some implications. In M. A. Gibson & J. U. Ogbu (Eds.), Minority status & schooling: A comparative study of immigrant & involuntary minorities* (pp. 357 – 381). New York: Garl&.

Gibson, M. (1995). Additive acculturation as a strategy for school improvement. In R. Rumbaut & W. Cornelius (Eds.), *California's immigrant children: Theory, research & implications for educational policy.* San Diego, CA: Center for U. S. – Mexican Studies, University of California.

Gil, A., Vega, W., & Dimas, J. (1994). Acculturative stress & personal adjustment among Hispanic adolescent boys. American Journal of Community Psychology, 22, 43 – 54.

Giles, H., Bourhis, R., & Taylor, D. (1997). Toward a theory of language in ethnic group relations. In H. Giles (Ed.), *Language, Ethnicity, & intergroup relations* (pp. 32 – 65). London: Academic Press.

Giles, H, & Robinson, W. E. (Eds.). (1990). *H&book of language & social pshchology.* Chichester, England: Wiley.

Glenn, C., & De Jong, E. (1996). *Educating immigrant children: Schools & language minorities in twelve nations.* New York: Garland.

Gold, S. (1992). *Refugee communities. A comparative field study.* Newbury Park, CA: Sage.

Gordon, M. (1964). *Assimilation in American life.* New York: Oxford University Press.

Graves, T. (1967). Psychological acculturation in a tri – ethnic community. *South – Western Journal of Anthropology, 23*, 337 – 350.

Greenfield, P. (1994). Independence & interdependence as development scripts: Implications for theory, research, & practice. In P. Greenfield & R. Cocking (Eds.), *Cross – cultural roots of minority child development* (pp. 1 – 37). Hillsdale, NJ: Lawrence Erlbaum Associates.

Grosfoguel, R. (1997). Colonial Caribbean migrations to France, the Netherl&s, Great Britain, & the United States. *Ethnic & Racial Studies*, *20*, 594 – 612.

Gudykunst, W. B., & Ting – Toomey, S. (1990). Ethnic identity, language & communication breakdowns. In H. Giles & W. P. Robinson (Eds.), *H&book of language & social psychology* (pp. 309 – 327). New York: Wiley.

Hamm, J. (2000). Do birds of a feather flock together? The variable bases for African American, Asian American, & European American adolescents' selection of similar friends. *Developmental Psychology*, *36*, 209 – 219.

Hammer, M. R., Gudykunst, W. B., & Wiseman, R. L. (1978). Dimensions of intercultural effectiveness: An exploratory study. *International Journal of Intercultural Relations*, *2*, 383 – 393.

Harris, K. M. (1999). The health status & risk behavior of adolescents in immigrant families. In D. J. Hern&ez (Ed.), *Children of immigrants: health, adjustment & public assistance* (pp. 286 – 315). Washington, DC: National Academy Press.

Hayes – Bautista, D. (2004). *LA Nueva California: Latinos in the Golden State*. Los Angeles: University of California Press.

Heath, A., & Cheung, S. – Y. (Eds.). (in press). *Ethnic minority disadvantage in the labour market: Cross – national perspectives*. Oxford: Oxford University Press.

Heider, F. (1958). *The psychology of interpersonal relations*. New York: Wiley.

Heller, K., & Swindle, R. W. (1983). The effects of social support: Prevention & treatment implications. In R. D. Felner, L. A. Jason, J. N. Moritsugn, & S. S. Farber (Eds.), *Preventive psychology: Theory, research & practice* (pp. 87 – 103). New York: Pergamon.

Hensley, W. E. (1977). Differences between males & females on Rosenberg's Scale of Self – Esteem. *Psychological Reports*, 41, 829 – 830.

Henze, R., & Davis, K. A. (1999). Authenticity & identity: Lessons from indigenous language education. *Anthropology & Education Quarterly*, 30, 3 – 21.

Henderson, V. L., & Dweck, C. S. (1990). Motivation & achievement. In S. S. Feldman & G. R. Elliot (Eds.), *At the threshold: The developing adolescent* (pp. 308 – 329). Cambridge, MA: Harvard University Press.

Herz, L., & Gullone, E. (1999). The relationship between self – esteem & parenting style: A cross – cultural comparison of Australian & Vietnamese Australian adolescents. *Journal of Cross – Cultural Psychology*, *30*, 742 – 761.

Hocoy, D. (1993). *Ethnic identity among Chinese in Canada.* Unpublished thesis, Queen's University, Canada.

Hofer, H., & Tham, H. (1991). *Foreign citizens & crime: The Swedish case.* Stockholm, Sweden: Statistical Reports of the Nordic Countries.

Hofstede, G. (2001). Culture's consequences (2nd ed.). thous& Oaks, CA: Sage.

Horenczyk, G., & Ben – Shalom, U. (2001). Multicultural identities & adaptation of young immigrants in Israel. In N. K. Shimahara, I. Holowinsky, & S. Tomlinson – Clarke (Eds.), *Ethnicity, race, & nationality in education: A global perspective* (pp. 57 – 80). Mahwah, NJ: Lawrence Erlbaum Associates.

Howard, R. (1998). Being Canadian: Citizenship in Canada. *Citizenship Studies*, 2, 133 – 152.

Hurtado, A., & Gurin, P. (1995). Ethnic identity & bilingualism attitudes. In A. Padilla (Ed.), *Hispanic psychology* (pp. 89 – 103). Thousand Oaks, CA: Sage.

Hutnik, N. (1991). *Ethnic minority identity: A social psychological perspective.* Oxford, England: Clarendon.

Icduygu, A. (1996). Becoming a new citizen in an immigration country: Turks in Australia & Sweden & som comparative implications. *International Migration*, *34*, 257 – 272.

Igoa, C. (1995). *The inner world of the immigrant child.* New York: St. Martin's Press.

Inglehart, R. (1997). *Modernization & postmodernization.* Princeton, NJ: Princeton University Press.

Inglehart, R., & Rabier, J. C. (1986). Aspirations adapt to situations—but why are the Belgians so much happier than the French? In F. M. Andrews (Ed.), *Research on the quality of life* (pp. 1 – 56). Ann Arbor: Survey Research Center, Institute for Research, University of Michigan.

Janssen, M. M. M., Verhulst, F. C., Bengi – Arslan, L., Erol, N., Salter, C. J., & Crijnen, A. A. M. (2004). Comparison of self – reported emotional & behavioural problems in Turkish immigrant, Dutch & Turkish adolescents. *Social Psychiatry & Psychiatric Epidemiology*, *39*, 133 – 140.

Jasinskaja – Lahti, I., Liebkind, K., Horenczyk, G., & Schmitz, P. (2003). The interactive nature of acculturation: Perceived discrimination, acculturation attitudes & stress among young ethnic repatriates in Finland, Israel & Germany. *International Journal of Intercultural Relations*, *27*, 79 – 97.

Jasinskaja – Lahti, J. , Liebkind, K. , Jaakkola, M. , & Reuter, A. (in press). Perceived discrimination, social support networks & psychological well – being among three immigrant groups. *Journal of Cross – Cultural Psychology.*

Jasinskaja – Lahti, I. , Liebkind, K. , & Vesala, T. (2002) . *Rasismi ja syrjintä Suomessa. Maahanmuuttajien kokemukset* [Racism & discrimination in Finl&. The experiences of immigrants]. Helsinki, Finl&: Gaudeamus.

Jasso, G. , Massey, D. S. , Rosenzweig, M. E. , & Smith, J. P. (2004) . Immigrant health: Selectivity & acculturation. In N. B. &erson, R. A. Bulatao, & B. Cohen (Eds.), *Critical perspectives on racial & ethnic differences in health in late life* (pp. 227 – 266). Washington, DC: The National Academy Press.

Junger, M. , & Polder, W. (1992). Some explanations of crime among four ethnic groups in the Netherlands. *Journal of Quantitative Criminology*, *8*, 51 – 78.

Junger – Tas, J. , Terlouw, G. , & Klein, M. (1994) . *Delinquent behavior among young people in the Western world. First results of the international self – report study of delinquency.* Amsterdam: Kluwer.

Kagitcibasi, C. (1996). *Family & human development across cultures: A view from the other side.* Mahwah, NJ: Lawrence Erlbaum Associates.

Kalin, R. , & Berry, J. W. (1982) . Social ecology of ethnic attitudes in Canada. *Canadian Journal of Behavioural Science*, 14, 97 – 109.

Kalin, R. , & Berry, J. W. (1996). Interethnic attitudes in Canada: Ethnocentrism, hierarchy & reciprocity. *Canadian Journal of Behavioral Science*, *28*, 253 – 261.

Kao, G. (2000). Psychological well – being & educational achievement among immigrant youth. In D. J. Hern&ez (Ed.), *Children of immigrants: Health, adjustment & public assistance* (pp. 410 – 477) . Washington, DC: National Academy Press.

Kaplan, M. S. , & Marks, G. (1990) . Adverse effects of acculturation: Psychological distress among Mexican American young adults. *Social Science & Medicine*, *31*, 1313 – 1319.

Keaton, T. (1999). Muslim girls & the "other France": An examination of identity construction. *Social Identities*, *5*, 47 – 64.

Kennedy, A. (1999). *Singaporean sojourners: Meeting the demands of cross – cultural transitions*. Unpublished doctoral thesis, National University of Singapore.

Kinzie, J. D. , Manson, S. M. , Vinh, D. T. , Tolan, N. T. , Anh, B. , & Pho, T. N. (1982) . Development & validation of a Vietnamese – language depression rating scale. *American Journal of Psychiatry*, *139*, 1276 – 1281.

Koray, S. (1997). Dynamics of demography & development in Turkey. *Nufusbilim Dergisi*, *19*, 37 – 55. (Paper in Turkish with English abstract)

Kovacs, M. (1980/1981) . Rating scales to assess depression in school – aged children. *Acta Paedopsychiatry*, *46*, 305 – 315.

Klause, N. , Bennett, J. , & Tran, T. V. (1989). Age differences in the acculturation process. *Psychology & Aging*, *4*, 321 – 332.

Kurian, G. T. (Ed.). (2001) . *The illustrated book of world rankings* (5th ed.). Armonk, ME: Sharpe Reference.

Kwak, K. (1991). *Second language learning in a multicultural society: A comparison between te learning of a dominant language & a heritage language*. Unpublished doctoral dissertation, Queen's University, Kingston, Canada.

Kwak, K. (2003). Adolescents & their parents: A review of intergenerational family relations for immigrant & non – immigrant families. *Human Development*, *46*, 115 – 136.

Kymlicka, W. (1995) . *Multicultural citizenship*. Oxford, Engl&: Oxford University Press.

LaFromboise, T. , Coleman, H. , & Gerton, J. (1993) . Psychological impact of biculturalism: Evidence & theory. *Psychological Bulletin*, *114*, 395 – 412.

Lalonde, R. N. , Taylor, D. M. , & Moghaddam, F. H. (1992) . The Process of social identification for visible immigrant women in a multicultural context. *Journal of Cross – Cultural Psychology*, *23*, 25 – 39.

L&ry, R. , & Bourhis, R. Y. (1997). Linguistic landscape & ethnolinguistic vitality: An empirical study. *Journal of Language & Social Psychology*, *16*, 23 – 49.

Lay, C. , & Nguyen, T. (1998). The role of acculturation – related & acculturation non – related daily hassles: Vietnamese – Canadian students & psychological distress. *Canadian Journal of Behavioural Science*, *30*, 5 – 14.

Lazarus, R. S. (1997) . Acculturation isn't everything. *Applied Psychology: An International Review*, *46*, 39 – 43.

Lazarus, A. , & Folkman, S. (1984). *Stress, coping & appraisal*. New York: Springer.

Lebedeva, N. , & Tatarko, A. (2004). Socio – psychological factors of ethnic intolerance in Rusia's multicultural regions. In B. Setiadi, A. Supratiknya, W. Lonner, & Y. Poortinga (Eds.), Ongoing themes in psychology & culture. *Selected papers from the Sixteenth Internatioanl Congress of IACCP* (pp. 507 – 532). Jakarta: Indonesian University Press.

Leman, J. (1991). The education of immigrant children in Belgium. *Anthropology & Education Quarterly, 63*, 25 – 39.

Leondari, A. (2001). The impact of acculturation on immigrant children's self – perceptions, feelings of loneliness & social status. *Educational & Child Psychology, 18*, 35 – 46.

Leung, C. (2001). The sociocultural & psychological adaptation of Chinese migrant adolescents in Australia & Canada. *International Journal of Psychology, 36*, 8 – 19.

Liebkind, K. (1992a). Ethnic identity: Challenging the boundaries of social psychology. In G. Breakwell (Ed.), *Social psychology of identity & the self – concept* (pp. 147 – 148). London: Academic Press.

Liebkind, K. (1992b). Refugee mental health & cultural identity. *Psychiatria Fennica, 23*, 47 – 58.

Liebking, K. (1993). Self – reported ethnic identity, depression & anxiety among young Vietnamese refugees & their parents. *Journal of Refugee Studies, 6*, 25 – 39.

Liebkind, K. (1996a) . Acculturation & stress—Vietnamese refugees in Finl&. *Journal of Cross – Cultural Psychology, 27*, 161 – 180.

Liebkind, K. (1996b) . Social psychology & contact linguistics. In H. Goebl, P. H. Nelde, Z. Stary, & W. Wö lck (Eds.), Contact linguistics. *International h&book of contemporary research, Vol. 1* (pp. 41 – 18). Berlin, NY: Walter de Gruyter.

Liebkind, K. (1999) . Social psychology. In J. Fishman (Ed.), *H&book of language & ethnic identity* (pp. 140 – 151) . New York: Oxford University Press.

Liebkind, K. (2001). Acculturation. In R. Brown & S. Gaetner (Eds.), *Blackwell h&book of social psychology. Vol. 3: Intergroup processes* (pp. 386 – 406). Oxford, England: Blackwell.

Liebkind, K. , & Jasinskaja – Lahti, I. (2000a) . Acculturation & psychological well – being among immigrant adolescents in Finland: A comparative study of adolescents from different cultural backgrounds. *Journal of Adolescent Research*, *15*, 446 – 469.

Liebkind, K. , & Jasinskaja – Lahti, I. (2000b). The influence of experiences of discrimination on psychological stress: A comparison of seven immigrant groups. *Journal of Community & Applied Social Psychology*, *10*, 1 – 16.

Liebkind, K. , Jasinskaja – Lahti, I. , & Solheim, E. (2004). Cultural identity, perceived discrimination & parental support as determinants of immigrants' school adjustment: Vietnamese youth in Finland. *Journal of Adolescent Research*, *19*, 635 – 656.

Littlewood, R. , & Lipsedge, M. (1989). Aliens & alienists: Ethnic minority & psychiatry. London: Unwin Hyman.

Malzberg, B. , & Lee. , E. S. (1956). *Migration & mental disease*. New York: Social Science Research Council.

Mann, J. W. (1958). Group relations & the marginal personality. *Human Relations*, *1*, 77 – 91.

Mann, J. W. (1965). Adolescent marginality. *Journal of Genetic Psychology*, 106, 221 – 235.

Marcia, J. (1994). The empirical study of ego identity. In H. Bosma, T. Graafsma, H. Grotevant, & D. de Levita (Eds.), *Identity & development: An interdisciplinary approach*(pp. 67 – 80). Thous& Oaks, CA: Sage.

Marcia, J. , Waterman, A. , Matteson, D. , Archer, S. , & Orlofsky, J. (1993). *Ego identity: A h&book of psychosocial research*. New York: Springer – Verlag.

Markus, H. , & Lin, L. (1999). Conflictways: Cultural diversity in the meanings & practices of conflict. In D. Prentice & D. Miller (Eds.), Cultural divides: Underst&ing & overcoming group conflict (pp. 302 – 333). New York: Russell Sage Foundation.

Martin, D. S. , Craft, A. R. , & Tillema, H. (2002). International collaboration: Challenges for researchers. *The Educational Forum*, *66*, 365 – 371.

Masgoret, A. – M. , & Ward, C. (2006). The cultural learning approach to acculturation. In D. L. Sam & J. W. Berry (Eds.), *Cambridge handbook of acculturation psychology* (pp. 58 – 77). Cambridge, Engl&: Cambridge University Press.

Matsuoka, J. K. (1990). Differential acculturation among Vietnamese refugees. *Social Work*, 35, 341 – 345.

Matute – Bianchi, M. (1986). Ethnic identities & patterns of school success & failure among Mexican – descent & Japanese – American students in a California high school. *American Journal of Education*, 95, 233 – 255.

Mays, J. B. (Ed.). (1972). *Juvenile delinquency: The family & the social group*: A reader. London: Longmans.

McCord, J. (1990). Problem behaviors. In S. S. Feldman & G. R. Elliot (Eds.), *At the threshold: The developing adolescent* (pp. 414 – 439). Cambridge, MA: Harvard University Press.

McLatchie, R. (1997). Psychological adjustment & school performance in immigrant children. *Journal of Psychological Practice*, 3, 34 – 46.

McRae, K. D. (1997). *Conflict & compromise in multilingual societies: Finl&*. Waterloo, Canada: Wilfrid Laurier University Press.

Mendenhall, M., & Oddou, G. (1985). The dimensions of expatriate acculturation. *Academy of Management Review*, *10*, 39 – 47.

Merton, R. K. (1938). Social structure & anomie. *American Sociological Review*, *3*, 672 – 682.

Moffitt, T. (1993). Adolescence – limited & life – course persistent antisocial behaviour: A developmental taxonomy. *Psychological Review*, *100*, 674 – 701.

Mollenkopf, J. (2000). Assimilating immigrants in Amsterdam: A perspective from New York. *Netherl&s Journal of Social Sciences, 36(2)*, 126 – 145.

Mollica, R., Wyshak, G., deMarneffe, D., Khuon, F., & Lavelle, J. (1987). Indochinese versions of the Hopkins Symptom Checklist – 25: A screening instrument for the psychiatric care of refugees. *American Journal of Psychiatry*, 144, 497 – 500.

Moos, R. H. (1979). *Evaluating educational environments: Procedures, measures, findings & policy implications*. San Francisco: Jossey – Bass.

Moos, R. H. (1989). *Evaluating educational environments*. San Francisco: Jossey – Bass.

Murphy, H. B. M. (1965). Migration & the major mental disorders. In M. B. Kantor (Ed.), *Mobility & mental health* (pp. 221 – 249. Springfield, IL: Thomas.

Nesdale, D., Rooney, R., & Smith, L. (1997). Migrant ethnic identity & psychological distress. *Journal of Cross – Cultural Psychology*, *28*, 569 – 588.

Nguyen, H. , Messe, L. A. , & Stollak, G. E. (1999) . Toward a more complex underst&ing of acculturation & adjustment: Cultural involvement & psychological functioning in Vietnamese youth. *Journal of Cross – Cultural Psychology*, *30*, 5 – 31.

Nguyen, N. , & Williams, H. (1989) . Transition from East to West: Vietnamese adolescents & their parents. *Journal of the American Academy of Child & Adolescent Psychiatry*, *28*, 505 – 515.

Nixon, J. , & Dugdale, A. (1984). A primary health care for Indochinese in Australia, *Australian Paediatric Journal*, *20*, 57 – 58.

Noh, S. , Beiser, M. , Kaspar, V. , Hou, F. , & Rummens, J. (1999). Perceived racial discrimination, depression & coping. *Journal of Health & Social Behavior*, *40*, 193 – 207.

Noh, S. , & Kaspar, V. (2003). Perceived discrimination & depression: Moderating effects of coping, acculturation, & ethnic support. *American Journal of Public Health*, *93*, 232 – 238.

Ødegaard, O. (1932) . Emigration & insanity. *Acta Psyciatrica et Neurological*, Supplement 4.

OECD. (2003). *Employment outlook: Toward more & better jobs.* Paris: Author.

Ogbu, J. (1991) . Immigrant & involuntary minorities in comparative perspective. In M. Gibson & J. Ogbu (Eds.), *Minorities status & schooling: A comparative study of immigrant & involuntary minorities* (pp. 3 – 33) . New York: Garland.

Ogbu, J. U. (1995). Underst&ing cultural diversity & learning. In J. A. Banks & C. A. M. Banks (Eds.), Handbook of research on multicultural education (pp. 582 – 593). New York: Macmillan.

Ogbu, J. U. (1997). Underst&ing the school performance of urban Blacks: Some essential background knowledge. In H. J. Walberg (Ed.), *Children & youth: Interdisciplinary perspectives* (pp. 190 – 222). Thousand Oaks, CA: Sage.

Olneck, M. R. (1995). Immigrants & education. In J. A. Banks & C. A. M. Banks (Eds.), *Handbook of research on multicultural education* (pp. 310 – 327). New York: Macmillan.

Olweus, D. (1989). Prevalence & incidence in the study of antisocial behaviour: Definition & measurement. In M. W. Klein (Ed.), *Cross – national research in self – reported crime & delinquency* (pp. 187 – 201). Dordrecht, Holland:

Kluwer Academic.

Olweus, D. (1994). *The revised Olweus Bully/Victim Questionnaire.* Bergen, Norway: Research Center for Health Promotion, University of Bergen.

Oppedal, B., Røysamb, E., & Sam, D. L. (2004). The effect of acculturation & social support on change in mental health among young immigrants. *International Journal of Behavioral Development, 28*, 481 – 494.

Oriol, M. (1989). Modeles ideologiques et modeles culturels dans la reproduction des identities collectives en situation d'emigration [Ideological & cultural models for the reproduction of a sense of collective identity in the emigration situation]. *Revue International d'Action Communautaire, 21*, 117 – 123.

Østergaard – Nielsen, E. K. (2001). Transnational political practices & the receiving state: Turks & Kurds in Germany & the Netherlands. *Global Networks: A Journal of Transnational Affairs, 1*, 261 – 282.

Padolsky, E. (1994). Canadian ethnic minority literature. In J. W. Berry & J. Laponce (Eds.), *Ethnicity & culture in Canada: The research landscape* (pp. 361 – 386). Toronto, Canada: University of Toronto Press.

Pandharipande, R. (1992). Language shift in India: Issues & implications. In W. Fase, K. Jaspaert, & S. Kroon (Eds.), *Maintenance & loss of minority languages* (pp. 253 – 276). Amsterdam: John Benjamins.

Pettigrew, T., & Tropp, L. (2000). Does intergroup contact reduce prejudice? Recent metanalytic findings. In S. Oskamp (Ed.), Reducing prejudice & discrimination (pp. 93 – 114). Mahwah, NJ: Lawrence Erlbaum Associates.

Pew Research Center. (2005). Islamic extremism: Common concern for Muslim & Western Public. Retrieved July 18, 2005, from (http://pewglobal.org/reports/pdf/248.pdf)

Phalet, K., & Kosic, A. (2006). Acculturation in an enlarged European context. In D. Sam & J. W. Berry (Eds.), *The Cambridge h&book of acculturation psychology* (pp. 331 – 348). Cambridge, England: Cambridge Univerisity Press.

Phalet, K., & Schönpflug, U. (2001). Intergenerational transmission of collectivism & achievement values in two acculturation contexts: The case of Turkish families in Germany & Turkish & Moroccan families in the Netherlands. *Journal of Cross – Cultural Psychology, 32*, 186 – 201.

Phalet, K., & Swyngedouw, M. (2003). Measuring immigrant integration: The case of Belgium. *Migration Studies*, *40*, 773 – 803.

Phinney, J. (1989). Stages of ethnic identity development in minority group adolescents. *Journal of Early Adolescence*, *9*, 34 – 49.

Phinney, J. (1990). Ethnic identity in adolescents & adults: A review of research. *Psychological Bullen*, *108*, 499 – 514.

Phinney, J. (1992). The Multigroup Ethnic Identity Measure: A new scale for use with diverse groups. *Journal of Adolescent Research*, *7*, 156 – 176.

Phinney, J. (1993). A three – stage model of ethnic identity development. In M. Bernal & G. Knight (Eds.), *Ethnic identity: Formation & transmission among Hispanics & other minorities* (pp. 61 – 79). Albany: State University of New York Press.

Phinney, J. (2003). Ethnic identity & acculturation. In K. Chun, P. Organista, & G. Marin (Eds.), *Acculturation: Advances in theory, measurement, & applied research* (pp. 63 – 81). Washington, DC: American Psychological Association.

Phinney, J., Cantu, C., & Kurtz, D. (1997). Ethnic & American identity as predictors of self – esteem among African American, Latino, & White adolescents. *Journal of Youth & Adolescence*, *26*, 165 – 185.

Phinney, J., & Devich – Navarro, M. (1997). Variations in bicultural identification among African American & Mexican American adolescents. *Journal of Research on Adolescence*, *7*, 3 – 32.

Phinney, J., Dupont, S., Espinosa, C., Revill, J., & S&ers, K. (1994). Ethnic identity & American identification among ethnic minority youths. In A. Bouvy, F. van de Vijver, P. Boski, & P. Schmitz (Eds.), *Journeys into cross – cultural psychology* (pp. 167 – 183). Amsterdam: Swets & Zeitlinger.

Phinney, J., Ferguson, D., & Tate, J. (1997). Intergroup attitudes among ethnic minority adolescents: A casual model. *Child Development*, *68*, 955 – 969.

Phinney, J., Horenczyk, G., Liebkind, K., & Vedder, P. (2001). Ethnic identity, immigration, & well – being: An interactional perspective. *Journal of Social Issues*, *57*, 493 – 510.

Phinney, J., Kim – Jo, T., Osorio, S., & Vilhjalmsdottir, P. (2005). Autonomy & relatedness in adolescent – parent disagreements: Ethnic & developmental factors. *Journal of Adolescent Research*, *20*, 8 – 39.

Phinney, J., Madden, T., & Santos, L. (1998). Psychological variables as predictors of perceived ethnic discrimination among minority & immigrant adolescents. *Journal of Applied Socail Psychology*, *28*, 937 – 953.

Phinney, J. , & Ong, A. (2002). Adolescent – parent disagreements & life satisfaction in families from Vietnamese – & European – American backgrounds. *International Journal of Behavioral Development*, *26*, 556 – 561.

Phinney, J. Ong, A. , & Madden, T. (2000). Cultural values & intergenerational value discrepancies in immigrant & non – immigrant families. *Child Development*, *71*, 528 – 539.

Phinney, J. , Romero, I. , Nava, M. , & Huang, D. (2001). The role of language, parents & peers in ethnic identity among adolescents in immigrant families. *Journal of Youth & Adolescence*, *30*, 135 – 153.

Plato. (1969). Laws XII (A. E. Taylor, Trans). In E. Hamilton & H. Cairns (Eds.), *The collected dialogues of Plato* (pp. 1488 – 1513). Princeton, NJ: Princeton University Press.

Portes, A. (Ed.). (1995). *The economic sociology of immigration.* New York: Russell Sage Foundation.

Portes, A. (1997). Immigration theory for a new century: Some problems & opportunities. *International Migration Review*, *31*, 799 – 825.

Portes, A. , & Rumbaut, R. (2001). *Legacies: The story of the immigrant second generation.* Berkeley, CA: University of California Press.

Portes, A. , & Schauffler, R. (1994). Language & the second generation: Bilingualism yesterday & today. *International Migration Review*, *28*, 640 – 661.

Portes, A. & Zhou, M. (1993). The new second generation: Segmented assimilation & its variants. *Annals AAPSS*, *530*, 74 – 96.

Portes, P. R. (1999). Social & psychological factors in the academic achievement of children of immigrants: A cultural history puzzle. *American Educational Research Journal*, *36*, 489 – 507.

Rack, P. (1982). *Race, culture & mental disorder.* London: Tavistock.

Redfield, R. , Linton, R. , & Herskovits, M. (1936). Memor&um on the study of acculturation. *American Anthropologist*, *38*, 149 – 152.

Reicher, S. , & Hopkins, N. (2001). *Self & nation: Categorisation, contestation & mobilization.* London: Sage.

Reynolds, C. R. , & Richmond, B. O. (1985). *Revised Children's Manifest Anxiety Scale (RCMAS): Manual.* Los Angeles, CA: Western Psychological Services.

Roberts, R., Phinney, J., Masse, L., Chen, Y., Roberts, C., & Romero, A. (1999). The structure of ethnic identity in young adolescents from diverse ethnocultural groups. *Journal of Early Adolescence*, *19*, 301 – 322.

Robinson, J. P., Shaver, P. R., & Wrightsman, L. S. (Eds.). (1991). *Measures of personality & social psychological attitudes: Vol.* 1. San Diego, CA: Academic Press.

Rogler, L. H., Cortes, D. E., & Malgady, L. G. (1991). Acculturation & mental health status among Hispanics: Convergence & new directions for research. *American Psychologist*, *46*, 585 – 597.

Romero, A., & Roberts, R. (1998). Perception of discrimination & ethnocultural variables in a diverse group of adolescents. *Journal of Adolescence*, *21*, 641 – 656.

Rosenberg, M. (1965). *Society & the adolescent self – image*. Princeton, NJ: Princeton University Press.

Rosenthal, D., Ranieri, N., & Klimidis, S. (1996). Vietnamese adolescents in Australia: Relationships between perceptions of self & parental values, intergenerational conflict, & gender dissatisfaction. *International Journal of Psychology*, 31, 81 – 91.

Rothbaum, F., Pott, M., Azuma, H., Miyake, K., & Weisz, J. (2000). The development of close relationships in Japan & the United States: Paths of symbiotic harmony & generative tension. *Child Development*, *71*, 1121 – 1476.

Rudmin, F. (2003). Critical history of the acculturation psychology of assimilation, integration, separation & marginalization. *Review of General Psychology*, *7*, 3 – 37.

Rumbaut, R. (1994). The crucible within: Ethnic identity, self – esteem, & segmented assimilation among children of immigrants. *International Migration Review*, *28*, 748 – 794.

Rumbaut, R. (1997). *Passages to adulthood: The adaptation of children of immigrants in Southern California*. New York: Russell Sage Foundation.

Rumbaut, R. (1999). Assimilation & its discontents: Ironies & paradoxes. In C. Hirschman, P. Kasinitz, & J. DeWind (Eds.), *The handbook of international migration: The American experience* (pp. 172 – 195). New York: Russell Sage Foundation.

Rumbaut, R. G. (2000). Passages to adulthood: The adaptation of children of immigrants in Southern California. In D. J. Hernandez (Ed.), *Children of immigrants: Health, adjustment & public assistance* (pp. 478 – 535). Washington, DC: National Academy Press.

Rumbaut, R. , & Portes, A. (Eds.). (2001). *Ethnicities: Children of immigrants in America.* Berkeley: University of California Press.

Rutter, M. (1995) . *Psychosocial disturbances in young people: Challenges & prevention.* Cambridge, Engl&: Cambridge University Press.

Rutter, M. , & Giller, H. (1983) . *Juvenile delinquency: Trends & perspectives.* Hammondsworth, UK: Penguin.

Rutter, M. , Giller, H. , & Hagell, A. (1998) . *Antisocial behaviour by young people.* Cambridge, England: Cambridge University Press.

Rutter, M. , Yule, B. , Norton, J. , & Bagley, C. (1974) . Children of West Indian immigrants—I. Rates of behavioural deviance & psychiatric disorders. *Journal of Child Psychology & Psychiatry, 15*, 241 – 262.

Rutter, M. , Yule, B. , Norton, J. , & Bagley, C. (1975) . Children of West Indian immigrants—III. Home circumstances & family pattern. *Journal of Child Psychology & Psychiatry, 16*, 105 – 123.

Ryder, A. , Alden, L. , & Paulhus, D. (2000) . Is acculturation unidimensional or bidimensional? *Journal of Personality & Social Psychology, 79*, 49 – 65.

Sabogal, F. , Marin, G. , Otero – Sabogal, R. , Marin, B. , & Perez – Stable, E. (1987). Hispanic familism & acculturation: What changes & what doesn't? *Hispanic Journal of Behavioral Sciences, 9*, 397 – 412.

Safdar, S. , Lay, C. , & Struthers, W. (2003) . The acculturation process & basic goals: Testing a multidimensional individual difference acculturation model with Iranian immigrants in Canada. *Applied Psychology: An International Review, 52*, 555 – 579.

Sam, D. L. (1994) . School adaptation of young Vietnamese refugees in Norway. *Migration: European Journal of International Migration & Ethnic Relations, 24*, 219 – 242.

Sam, D. L. (1995). Acculturation attitudes among young immigrants as a function of perceived parental attitudes to cultural change. *Journal of Early Adolescence, 15*, 238 – 258.

Sam, D. L. , & Berry, J. W. (2006). Introduction to psychology of acculturation. In D. L. Sam & J. W. Berry (Eds.), *Cambridge handbook of acculturation psy-*

chology (pp. 1 –7). Cambridge, England: Cambridge University Press.

Samdal, O. (1998). *The school environment as a risk or resource for students' health – related behaviour & subjective well – being*. Unpublished doctoral dissertation, Univeristy of Bergen.

Schalk – Soekar, S., van de Vijver, F. J. R., & Hoogsteder, M. (in press). Migrants' & majority members' orientations toward multiculturalism in the Netherl&s. *International Journal of Intercultural Relations.*

Schlegel, A. (2003). Modernisation & changes in adolescent social life. In T. S. Saraswathi (Ed.), *Cross – cultural perspectives on human development* (pp. 236 –257). New Delhi, India: Sage.

Schmitt, M. T., & Branscombe, N. R. (2002). The meaning & consequences of perceived discrimination in disadvantaged & privileged social groups. In W. Stroebe & M. Hewstone (Eds.), *European review of social psychology. Vol. 12* (pp. 167 – 199). Chichester, England: Wiley.

Schmitt, M. T., Branscombe, N. R., Kobrynowicz, D., & Owen, S. (2002). Perceiving discrimination against one's gender group has different implications for well – being in women & men. *Personality & Social Psychology Bulletin, 28*, 197 –210.

Schnittker, J. (2002). Acculturation in context: The self – esteem of Chinese immigrants. *Social Psychology Quarterly, 65*, 56 –76.

Schofield, J., & Whitley, B. (1983). Peer nomination vs. rating scale measurement of children's peer preferences. *Social Psychology Quarterly, 46*, 242 –251.

Schönpflug, U. (1997). Acculturation: Adaptation or development? Applied Psychology: *An international Review, 46*, 52 –55.

Scott, R., & Scott, W. A. (1998). *Adjustment of adolescents: Cross – cultural similarities & differences.* London: Routledge.

Scott, W. A., & Scott, R. (1989). *Adaptation of immigrants: Individual differences & determinants.* Oxford, England: Pergamon.

Searle, W., & Ward, C. (1990). The prediction of psychological & sociocultural adjustment during cross – cultural transitions. *International Journal of Intercultural Relations, 14*, 449 –464.

Segall, M. H., Dasen, P. R., Berry, J. W., & Poortinga, Y. H. (1999). H*uman be-*

haviour in a global perspective: An introduction to cross – cultural psychology (2nd ed.). Boston: Allyn & Bacon.

Sellers, R., & Shelton, J. (2003). The role of racial identity in perceived racial discrimination. *Journal of Personality & Social Psychology, 84*, 1079 – 1092.

Semons, M. (1991). Ethnicity in the urban high school: A naturalistic study of student experiences. *The Urban Reviews, 23*, 137 – 158.

Sever, R. (1999). Patterns of coping with the task at schools. In T. Horowitz (Ed.), *Children of perestroika in Israel* (pp. 178 – 189). Lanham, MD: University Press of America.

Shen, B. – J., & Takeuchi, D. T. (2001). A structural model of acculturation & mental health status among Chinese Americans. *American Journal of Community Psychology, 29*, 387 – 418.

Shin, D., & Johnson, D. (1987). Avowed happiness as an overall assessment of quality of life. *Social Indicators Research, 5*, 474 – 492.

Shrake, E., & Rhee, S. (2004). Ethnic identity as a predictor of problem behaviours among Korean American adolescents. *Adolescence, 39*, 601 – 622.

Simon, R., & Lynch, J. (1999). A comparative assessment of public opinion toward immigrants & immigration policy. *International Migration Review, 33*, 455 – 467.

Simpson, C. K., & Boyal, D. (1975). Esteem construct & generality & academic performance. *Educational & Psychological Measurement, 35*, 897 – 907.

Skutnabb – Kangas, T. (1999). Education of minorities. In J. A. Fishman (Ed.), *H&book of language & ethnic identity* (pp. 42 – 59). New York: Oxford University Press.

Slonim – Nevo, V., & Sharaga, Y. (2000). Psychological & social adjustment of Russian – born & Israeli – born Jewish adolescents. *Child & Adolescent Social Work Journal, 17*, 455 – 475.

Smetana, J. (1995). Conflict & coordination in adolescent – parent relationships. In S. Shulman (Ed.), *Close relationships & socioemotional development* (pp. 155 – 184). Norwood, NJ: Ablex.

Smetana, J., & Asquith, P. (1994). Adolescents' & parents' conceptions of parental authority & personal autonomy. *Child Development, 65*, 1147 – 1162.

Snauwaert, B., Soenens, B., Vanbeselaere, N., & Boen, F. (2003). When integration does not necessarily imply integration: Different conceptualizations of acculturation orientations lead to different classifications. *Journal of Cross – Cultural Psychology*, *34*, 231 – 239.

Steinberg, L. (1990). Autonomy, conflict, & harmony in the family relationship. In S. Feldman & G. Elliot (Eds.), *At the threshold: The developing adolescent* (pp. 255 – 276). Cambridge, MA: Harvard University Press.

Sterling, R. W. (1974). *Macropolitics: International relations in a global society*. New York: Knopf.

Stewart, S. M., Bond, M. H., McBridge – Chang, C., Fielding, R., Deeds, O., & Westrick, J. (1998). Parent & adolescent contributors to teenage misconduct in Western & Asian high school students in Hong Kong. *International Journal of Behavioral Development*, *22*, 847 – 869.

Stiles, D. A., Gibbons, J. L., Lie, S., S&, T., & Krull, J. (1998). "Now I am living in Norway": Immigrant girls describe themselves. *Cross Cultural Research: The Journal of Comparative Social Science*, *32*, 279 – 298.

Stonequist, E. V. (1937). *The marginal man*. New York: Scribners.

Suarez – Orozco, M. M. (1989). *Central American refugees & U. S. high schools: A psychosocial study of motivation & achievement. Stanford*, CA: Stanford University Press.

Suarez – Orozco, C., & Suarez – Orozco, M. M. (2002). *Children of immigrants*. Cambridge, MA: Harvard Univeristy Press.

Suinn, R., Ahuna, C., Khoo, G. (1992). The Suinn – Lew Asian Self – identity Acculturation Scale: Concurrent & factorial validation. *Educational & Psychological Measurement*, 52, 1041 – 1046.

Szapocznik, J., & Kurtines, W. (1993). Family psychology & cultural diversity. *American Psychologist*, *48*, 400 – 407.

Tajfel, H. (1978). The social psychology of minorities. London: Minority Rights Group.

Tajfel, H., & Turner, J. (1986). The social identity theory of intergroup behavior. In S. Worchel & W. Austin (Eds.), *Psychology of intergroup relations* (pp. 7 – 24). Chicago: Nelson – Hall.

Tanaka – Matsumi, J., & Draguns, J. (1997). Culture & psychopathology. In J. W. Berry, M. H. Segall, & C. Kagitcibasi (Eds.), *H&book of cross – cultural psychology: Vol.* 3. *Social behaviors & applications* (2nd ed., pp. 413 – 448). Boston: Allyn & Bacon.

Tang, T. N. , & Dion, K. L. (1999) . Gender & acculturation in relation to traditionalism: Perceptions of self & parents among Chinese students. *Sex Roles*, *41*, 17 – 29.

Taylor, C. L. , & Jodice, D. A. (1983) . *World h&book of political & social indicators*. New Haven: Yale University Press.

Ten Berge, J. M. F. (1986) . Rotatie naar perfecte congruentie en de Multiple Groep Methode [Rotation towards perfect congruence & the Multiple Group Method] . *Nederlands Tijdschrift voor de Psychologie*, *41*, 218 – 225.

Thai, N. D. (2003) . Vietnamese youth gangs in Honolulu. *Journal of Prevention & Intervention in the Community*, *25*, 47 – 64.

Tomlinson, S. (1989) . Ethnicity & educational attainment in Engl&. In L. Eldering & J. Kloprogge (Eds.) , *Different cultures same school: Ethnic minority children in Europe* (pp. 15 – 38) . Lisse, the Netherlands: Swets & Zeitlinger.

Torgersen, L. (2001) . Patterns of self – reported delinquency in children with one immigrant parent, two immigrant parents & Norwegian – born parents. *Journal of Scandinavian Studies in Criminology & Crime Prevention*, *2*, 213 – 227.

Tran, T. V. (1987) . Ethnic community supports & psychological well – being of Vietnamese refugees. *International Migration Review*, *21*, 833 – 844.

Tseng, W. – S. (2001) . *Handbook of cultural psychiatry*. San Diego, CA: Academic Press.

Tucker, L. R. (1951) . *A method for synthesis of factor analysis studies*. In Personnel Research Section Report No. 984. Washington, DC: Department of the Army.

Ullman, C. , & Tatar, M. (2001) . Psychological adjustment among Israeli adolescent immigrants: A report on life satisfaction, self – concept, & self – esteem. *Journal of Youth & Adolescence*, *30*, 449 – 463.

United Nations Population Division. (2002) . *World Immigration Report*. New York: Author.

Van de Vijver, F. , Helms – Lorenz, M. , & Feltzer, M. (1999) . Acculturation & cognitive performance of migrant children in the Netherlands. *International Journal of Psychology*, *34*, 149 – 162.

Van de Vijver, F. J. R. , & Leung, K. (1997) . *Methods & data analysis for cross –*

cultural research. Newbury Park, CA: Sage.

Van de Vijver, F. J. R., & Poortinga, Y. H. (2002). Structural equivalence in multilevel research. *Journal of Cross - Cultural Psychology*, *33*, 141 - 156.

Vedder, P. (2004). Turkish immigrant adolescents' adaptation in the Netherl&s: The impact of the language context. *Estudios de Sociolingüística*, *5*, 331 - 352.

Vedder, P., & O'Dowd, M. (1999). Swedish primary school pupils' interethnic relationships. *Scandinavian Journal of Psychology*, *40*, 221 - 228.

Verkuyten, M. (1994). Self - esteem among ethnic minority youth in Western countries. *Social Indicators Research*, *32*, 21 - 47.

Verkuyten, M. (2001). Global self - esteem, ethnic self - esteem, & family integrity: Turkish & Dutch early adolescents in the Netherlands. *International Journal of Behavioral Development*, *25*, 357 - 366.

Verkuyten, M. (2005). The social psychology of ethnic identity. In *European Monographs in Social Psycholgy*. New York: Psychology Press.

Verkuyten, M., & Thijs, J. (2002). Racist victimization among children in the Netherlands: The effect of ethnic group & school. *Ethnic & Racial Studies*, *25*, 310 - 331.

Viegas, T. (1997). *Timor - Leste*. Lisboa, Portugal: Universidade Aberta.

Virta, E., Sam, D. L., & Westin, C. (2004). Adolescents with Turkish background in Norway & Sweden: A comparative study of their psychological adaptation. *Scandinavian Journal of Psyhcology*, *45*, 15 - 25.

Wall, J. A., Power, T. G., & Arbona, C. (1993). Susceptibility to antisocial peer pressure & its relation to acculturation in Mexican - American adolescents. *Journal of Adolescent Research*, *8*, 403 - 418.

Ward, C. (1996). Acculturation. In D. L&is & R. Bhagat (Eds.), *Handbook of intercultural training* (2nd ed., pp. 127 - 147). Thous& Oaks, CA: Sage.

Ward, C. (2001). The A, B, Cs of acculturation. In D. Matsumoto (Ed.), *The h&book of culture & psychology* (pp. 411 - 445). Oxford, England: Oxford University Press.

Ward, C. (2004, May). *Identity, acculturation & adaptation among dual heritage youth*. Paper presented at the 4th biennial International Conference of the Inernational Academy of Intercultural Research, Taipei, Taiwan.

Ward, C., Bochner, S., & Furnham, A. (2001). *The psychology of culture* shock. Hove, England: Routledge.

Ward, C. , & Kennedy, A. (1996) . Crossing cultures. The relationship between psychological & sociocultural dimensions of cross – cultural adjustment. In J. Pandey, D. Sinha, & D. P. S. Bhawuk (Eds.) , *Asian contributions to cross – cultural psychology* (pp. 289 – 306) : New Delhi, India: Sage.

Ward, C. , & Kennedy, A. (1999) . The measurement of sociocultural adaptation. *International Journal of Intercultural Relations*, *23*, 1 – 19.

Ward, C. , & Leong, C. – H. (2004). Chinese sojourners, Chinese hosts: A study of cultural identity & perceived discrimination in Singapore. In Y. Kashima, Y. Endo, E. Kashima, C. Leung, & J. McClure (Eds.) , *Progress in Asian social psychology* (pp. 125 – 138) . Seoul, Korea: Kyoyook – Kwahak Sa Publishing.

Ward, C. , & Masgoret, A. – M. (2004, April). *New Zealanders' attitudes toward immigrants & immigration.* Paper presented at New Directions, New Settlers, New Challenges—Building & Enhancing Communities End – users Seminar. Wellington, New Zealan.

Ward, C. , Okura, Y. , Kennedy, A. , & Kojima, T. (1998) . The U – curve on trial: A longitudinal study of psychological & sociocultural adjustment during cross – cultural transition. *International Journal of Intercultural Relations*, *22*, 277 – 291.

Ward, C. , & Rana – Deuba, A. (1999) . Acculturation & adaptation revisited. *Journal of Cross – Cultural Psychology*, *30*, 272 – 292.

Waters, M. (1990) . *Ethnic options: Choosing identities in America.* Berkeley, CA: Univeristy of California Press.

Waters, M. (1999) . *Black identities.* Cambridge, MA: Harvard University Press.

Waters, M. (2000) . Multiple ethnicities & identities in the United States. In P. Spickard & W. J. Burroughs (Eds.) , *We are a people: Narrative & multiplicity in constructiong ethnic identity* (pp. 23 – 40) . Philadelphia: Temple University Press.

Westin, C. (2003) . Young people of migrant origin in Sweden. *International Migration Review*, *37*, 987 – 1010.

Whiting, B. , & Whiting, J. (1975) . *Children of six cultures: A psychocultural analysis.* Cambridge, MA: Harvard University Press.

Wold, B. (1995) . *Heatlth behaviour in school – aged children: A WHO cross – na-*

tional survey (HSCB) . Resource package of questions, 1993—94. Bergen, Norway: Research Center for Health Promotion, University of Bergen.

Worbs, S. (2003) . The second generation in Germany: Between school & labor market. *International Migration Review, 37*, 1011 – 1038.

Yau, J. , & Smetana, J. (1996) . Adolescent – parent conflict among Chinese adolescents in Hong Kong. *Child Development, 67*, 1262 – 1275.

Yildirim, I. (1997) . Ursachen und Folgen der Diskriminierung und Ausgrenzung von ethnischen Minderheiten in Deutschl&. [Discrimination & exclusion of ethnic minorities in Germany: Causes & consequences] Retrieved January 27, 2004, from http: //www. aric – nrw. de/de/docs/pdf/ausgrenzung. pdf

Yin, Y. W. (1996) . Immigration satisfaction of Chinese Americans: An empirical examination. *Journal of Community Psychology, 24*, 3 – 16.

Zegers de Beijl, R. (1999) . *Documenting discrimination against migrant workers in the labour market: A comparative study of four European countries.* Geneva, Switzerl&: International Labour Office.

Zentella, A. C. (1997) . *Growing up bilingual: Puerto Rican children in New York.* Malden, MA: Blackwell.

Zetter, R. (1999) . Reconceptualizing the myth of return: Continuity & transition amongst the Greek – Cypriot refugees of 1974. *Journal of Refugee Studies, 12*, 1 – 22.

Zhou, M. (1997a) . Growing up American: The challenge confronting immigrant children & children of immigrants. *Annual Review of Sociology, 23*, 63 – 95.

Zhou, M. (1997b) . Segmented assimilation: Issues controversies & recent research on the new second generation. *International Migration Review, 31*, 975 – 1008.

Zhou, M. , & Bankston, C. (1994) . Social capital & the adaptation of the second generation: The case of Vietnamese youth in New Orleans. International Migration Review, 28, 821 – 845.

Zhou, M. , & Bankston, C. L. (1998) . *Growing up American: How Vietnamese children adapt to life in the United States.* New York: Russell Sage Foudation.

附录 A

移民青少年调查问卷

下面大部分问题你可以在最合适答案旁边的括号内打勾，有些问题需要你写出具体答案。答题时最好不要想太久。如果你愿意，你也可以在问卷中写下你的评论。

A：下面这些问题有关你自己和你的背景。请在空白处填写或选择最合适的答案。

1. 你多大了？ ____岁。

2. 你的性别？

(　　) 女性/女孩

(　　) 男性/男孩

3. 你在学校上几年级？ ____年级

4. 你出生在哪个国家？

(　　)（定居国）

(　　) 其他国家。哪国？ ____________________

5. 如果出生在其他国家，你来到（定居国）时的年龄有多大？ ____岁。

6. 你是（定居国）的公民吗？

(　　) 是

(　　) 不是

(　　) 不知道

7. 你是其他国家的公民吗？

(　　) 是

(　　) 不是

(　　) 不知道

如果是，你是哪国的公民？ __________________

8. 你信什么宗教？

(　　) 不信任何宗教　　(　　) 犹太教

(　　) 新教　　(　　) 伊斯兰教

(　　) 罗马天主教　　(　　) 佛教

(　　) 希腊东正教　　(　　) 印度教

(　　) 其他（请写出）______________

9. 你是什么族裔背景？（答案会根据每个群体有所改动）

(　　)（Xxx）

(　　)（Xxx）

(　　) 其他（请写出）______________

10. 你母亲的族裔背景？（答案会根据每个群体有所改动）

(　　)（Xxx）

(　　)（Xxx）

(　　) 其他（请写出）______________

(　　) 不知道

11. 你父亲的族裔背景？（答案会根据每个群体有所改动）

(　　)（Xxx）

(　　)（Xxx）

(　　) 其他（请写出）______________

(　　) 不知道

12. 你母亲出生在哪里？

(　　) 定居国

(　　) 其他国家。哪国？______________

(　　) 不知道

13. 你父亲出生在哪里？

(　　) 定居国

(　　) 其他国家。哪国？______________

(　　) 不知道

14. 你母亲和父亲的当前职业是什么？

母亲	父亲
(　　) 非技术型：农场工人，食品服务，工人门房，清洁工，工人	(　　) 非技术型：农场工人，食品服务门房，清洁工，工人

(　　) 技术型工作，例如技术员，木匠，理发师，裁缝	(　　) 技术型工作，例如技术员，木匠，理发师，裁缝
(　　) 白领（办公室）工作，例如职员，销售，秘书，小企业	(　　) 白领（办公室）工作，例如职员，销售，秘书，小企业
(　　) 专业人士：医生，律师，教师，企业主管	(　　) 专业人士：医生，律师，教师，企业主管
(　　) 当前没有工作：失业，退休，料理家务，学生	(　　) 当前没有工作：失业，退休，料理家务，学生
(　　) 其他（具体填写）____	(　　) 其他（具体填写）____
(　　) 不知道	(　　) 不知道

15. 下面哪种说法最符合你生活的社区？

(　　) 几乎所有人都来自另一个不同的族裔群体

(　　) 大部分人来自另一个不同的族裔群体

(　　) 我的族裔群体和其他群体的人数相当

(　　) 大部分人来自我的族裔群体

(　　) 几乎所有人都来自我的族裔群体

B. 下面是关于语言的问题。请选择最合适的答案。

1. 你在家里说什么语言？

<u>与父母</u>

	一点也不	一点儿	一半时间	许多时候	总是
a. 我与父母说族裔语言	(　　)	(　　)	(　　)	(　　)	(　　)
b. 我与父母说国民语言	(　　)	(　　)	(　　)	(　　)	(　　)

如果没有兄弟或姐妹，请选择：

c. (　　) 我没有兄弟或姐妹

如果你有兄弟或姐妹请回答

<u>与兄弟或姐妹</u>

	一点也不	一点儿	一半时间	许多时候	总是说（族裔语言）
d. 我与我的兄弟和姐妹	(　　)	(　　)	(　　)	(　　)	(　　)

e. 我与我的兄弟和姐妹说国民语言

( ) ( ) ( ) ( ) ( )

以下问题有关你族裔语言的知识

	一点不	一点儿	有点	相当好	非常好
2. 你以下方面的程度如何					
a. 理解族裔语言	( )	( )	( )	( )	( )
b. 说族裔语言	( )	( )	( )	( )	( )
c. 读族裔语言	( )	( )	( )	( )	( )
d. 写族裔语言	( )	( )	( )	( )	( )

以下问题有关你国民语言的知识

	一点不	一点儿	有点	相当好	非常好
3. 你以下方面的程度如何					
a. 理解国民语言	( )	( )	( )	( )	( )
b. 说国民语言	( )	( )	( )	( )	( )
c. 读国民语言	( )	( )	( )	( )	( )
d. 写国民语言	( )	( )	( )	( )	( )

4. 除了国民语言或族裔语言，你在家时说其他语言吗？

( ) 是 什么语言？ ______________

( ) 不

C. 下面是有关学校的说法。你觉得适合你吗？请选择最反映你自身意见和体验的答案：

强烈反对 有些反对 不确定/中立 有些赞同 强烈赞同

1. 目前我喜欢学校。

( ) ( ) ( ) ( ) ( )

2. 我在上课时注意力不集中。

( ) ( ) ( ) ( ) ( )

3. 我对早上上学感觉不安

( ) ( ) ( ) ( ) ( )

4. 我在做作业时注意力不集中

( ) ( ) ( ) ( ) ( )

5. 我希望最好能退学

( ) ( ) ( ) ( ) ( )

6. 我在学校感觉孤独

( ) ( ) ( ) ( ) ( )

7. 我相信老师认为我在学校的表现

(　　) 糟糕

(　　) 低于平均水平

(　　) 平均水平

(　　) 高于平均水平

(　　) 良好

8. 我目前的平均分数是：________

9. 在没有正当理由的情况下我曾逃学一整天或半天。

(　　) 从不　　(　　) 几乎从不　　(　　) 一年有几次

(　　) 一个月有几次　(　　) 一周有几次

D. 人们对自己有不同的认识。例如，他们可能感觉自己是不同族裔群体的成员，例如越南裔（等等），还有他们是定居国整个社会的一部分。下面问题是关于你对自己的看法。

	强烈反对	有些反对	不确定/中立	有些赞同	强烈赞同
1. 你如何看待自己？					
a. 我认为自己是（族裔成员）。					
	(　)	(　)	(　)	(　)	(　)
b. 我认为自己是（国民）。					
	(　)	(　)	(　)	(　)	(　)
c. 我认为自己是其他族裔的成员。哪个族群？__________					
	(　)	(　)	(　)	(　)	(　)

	强烈反对	有些反对	不确定/中立	有些赞同	强烈赞同
2. 我感觉我是族裔文化的一部分。					
	(　)	(　)	(　)	(　)	(　)
3. 我很骄傲是族裔成员。					
	(　)	(　)	(　)	(　)	(　)
4. 作为族裔成员我感到幸福。					
	(　)	(　)	(　)	(　)	(　)
5. 我感觉我是国民文化的一部分。					
	(　)	(　)	(　)	(　)	(　)
6. 我很骄傲是国民。					
	(　)	(　)	(　)	(　)	(　)
7. 作为国民我很幸福。					
	(　)	(　)	(　)	(　)	(　)

8. 是族裔文化的一部分令我尴尬。

( ) ( ) ( ) ( ) ( )

9. 是族裔成员令我感觉不安。

( ) ( ) ( ) ( ) ( )

10. 是族裔文化的一部分令我感觉幸福。

( ) ( ) ( ) ( ) ( )

11. 是族裔成员令我感觉很好。

( ) ( ) ( ) ( ) ( )

人们对自己重要方面的意见是不同的。下面哪些方面你认为对你是重要的?

一点不 一点儿 有点 重要 非常重要

12. 我是国民

( ) ( ) ( ) ( ) ( )

13. 我是族裔成员

( ) ( ) ( ) ( ) ( )

14. 我是人/人类一员

( ) ( ) ( ) ( ) ( )

15. 我信仰宗教

( ) ( ) ( ) ( ) ( )

16. 我是男性/女性（男孩或女孩）

( ) ( ) ( ) ( ) ( )

E. 下面是关于语言、文化传统、朋友等的陈述。请选择你对此的赞同或反对程度。

强烈反对 有些反对 不确定/中立 有些赞同 强烈赞同

1. 我认为族裔群体应适应

国民文化传统而不应保留自身的。

( ) ( ) ( ) ( ) ( )

2. 我宁愿与族裔成员而不是与国民结婚。

( ) ( ) ( ) ( ) ( )

3. 我认为族裔群体应保留自身的文化传统但也要适应国民的。

( ) ( ) ( ) ( ) ( )

4. 我宁愿与国民而不是与族裔成员结婚。

( ) ( ) ( ) ( ) ( )

5. 无论与国民还是与族裔成员结婚我都很愿意
( ) ( ) ( ) ( ) ( )
6. 我认为族裔群体保留自身的文化传统或适应国民的都不重要。
( ) ( ) ( ) ( ) ( )
7. 我认为族裔群体应保留自身的文化传统而不应适应国民的。
( ) ( ) ( ) ( ) ( )
8. 我不愿意与族裔成员或国民结婚。
( ) ( ) ( ) ( ) ( )
9. 族裔语言流利比国民语言流利对我更重要。
( ) ( ) ( ) ( ) ( )
10. 国民语言流利比族裔语言流利对我更重要。
( ) ( ) ( ) ( ) ( )
11. 国民语言和族裔语言流利对我都重要。
( ) ( ) ( ) ( ) ( )
12. 族裔语言和国民语言流利对我都不重要。
( ) ( ) ( ) ( ) ( )
13. 我喜欢国民和族裔成员都参加的社会活动。
( ) ( ) ( ) ( ) ( )
14. 我喜欢只交国民朋友。
( ) ( ) ( ) ( ) ( )
15. 我喜欢只交族裔朋友。
( ) ( ) ( ) ( ) ( )
16. 我喜欢只包括国民的社会活动。
( ) ( ) ( ) ( ) ( )
17. 我愿意交族裔和国民朋友。
( ) ( ) ( ) ( ) ( )
18. 我不想参加国民或族裔的社会活动。
( ) ( ) ( ) ( ) ( )
19. 我喜欢只包括族裔成员的社会活动。
( ) ( ) ( ) ( ) ( )
20. 我不想交国民或族裔的朋友。
( ) ( ) ( ) ( ) ( )

F. 下面是关于你朋友和认识的人。请选择你认为合适的答案。

1. 你有多少关系密切的（族裔）、(国民）和（其他族裔）朋友？

	没有	只有一个	几个	一些	许多
a. 关系密切的本族裔朋友	（ ）	（ ）	（ ）	（ ）	（ ）
b. 关系密切的国民朋友	（ ）	（ ）	（ ）	（ ）	（ ）
c. 关系密切的其他族裔朋友	（ ）	（ ）	（ ）	（ ）	（ ）

2. 在学校的课余时间你与下列人员在一起的频率是多大？

	几乎从不	很少	有时	经常	几乎总是
a. 本族裔成员	（ ）	（ ）	（ ）	（ ）	（ ）
b. 国民	（ ）	（ ）	（ ）	（ ）	（ ）
c. 其他族裔成员	（ ）	（ ）	（ ）	（ ）	（ ）

3. 在校外的闲暇时间你与下列人员在一起的频率是多大？

	几乎从不	很少	有时	经常	几乎总是
a. 本族裔成员	（ ）	（ ）	（ ）	（ ）	（ ）
b. 国民	（ ）	（ ）	（ ）	（ ）	（ ）
c. 其他族裔成员	（ ）	（ ）	（ ）	（ ）	（ ）

4. 你与下列人员一起运动的频率是多大？

	几乎从不	很少	有时	经常	几乎总是
a. 族裔成员	（ ）	（ ）	（ ）	（ ）	（ ）
b. 国民	（ ）	（ ）	（ ）	（ ）	（ ）
c. 其他族裔成员	（ ）	（ ）	（ ）	（ ）	（ ）

	从不	几乎从不	一年几次	一个月几次	每周
5. 你参加传统的（族裔）活动或风俗的频率如何？	（ ）	（ ）	（ ）	（ ）	（ ）
6. 你参加传统的国民活动或风俗的频率如何？	（ ）	（ ）	（ ）	（ ）	（ ）

G. 以下是关于家庭关系的说法。请选择你对此的意见。

	强烈反对	有些反对	不确定/中立	有些赞同	强烈赞同
1. 在家庭内部应该有明确的权威界线，对有决定权的人不应怀疑。	（ ）	（ ）	（ ）	（ ）	（ ）
2. 18 岁以上的男孩有权决定与谁约会和结婚。	（ ）	（ ）	（ ）	（ ）	（ ）
3. 孩子应服从他们的父母。	（ ）	（ ）	（ ）	（ ）	（ ）

4. 父母应教育孩子如何举止得体。

( ) ( ) ( ) ( ) ( )

5. 男孩满 16 岁后有权决定与谁约会何时约会。

( ) ( ) ( ) ( ) ( )

6. 孩子不应与他们的父母顶嘴。

( ) ( ) ( ) ( ) ( )

7. 18 岁以上的女孩有权决定何时结婚和与谁结婚。

( ) ( ) ( ) ( ) ( )

8. 当父母需要帮助的时候孩子有责任照顾他们。

( ) ( ) ( ) ( ) ( )

9. 在没有报酬的情况下女孩应分担家务。

( ) ( ) ( ) ( ) ( )

10. 父母总是知道什么是最好的。

( ) ( ) ( ) ( ) ( )

11. 女孩满 16 岁后有权决定与谁约会和何时约会。

( ) ( ) ( ) ( ) ( )

12. 在没有报酬的情况下男孩应分担家务。

( ) ( ) ( ) ( ) ( )

13. 女孩在出嫁前应住在家里。

( ) ( ) ( ) ( ) ( )

14. 男孩在结婚前应住在家里。

( ) ( ) ( ) ( ) ( )

H. 来自不同背景的人在一起的时候，人们有时会感觉受到不公平对待。下面的问题就是有关这方面的体验。

强烈反对　有些反对　不确定/中立　有些赞同　强烈赞同

1. 我认为其他人对我的族裔群体不公或有消极影响

( ) ( ) ( ) ( ) ( )

2. 我感觉不被国民群体接受。

( ) ( ) ( ) ( ) ( )

3. 我感觉国民群体对我反感。

( ) ( ) ( ) ( ) ( )

4. 由于我的族裔背景我曾被戏弄或侮辱。

( ) ( ) ( ) ( ) ( )

5. 由于我的族裔背景我曾被威胁或袭击。

( ) ( ) ( ) ( ) ( )

由于你的族裔背景你多久受到以下人的不公或不好的对待？

	从不	极少	有时	经常	非常频繁
6. 教师	( )	( )	( )	( )	( )
7. 校外的其他成人	( )	( )	( )	( )	( )
8. 其他学生	( )	( )	( )	( )	( )
9. 校外的其他孩子/少年	( )	( )	( )	( )	( )

I. 以下关于你的说法你是否赞同或反对？

强烈反对 有些反对 不确定/中立 有些赞同 强烈赞同

1. 我能够保护我的个人利益。

( ) ( ) ( ) ( ) ( )

2. 未来我会遇到什么取决于我。

( ) ( ) ( ) ( ) ( )

3. 只要我决定了我就会去做。

( ) ( ) ( ) ( ) ( )

4. 我如愿所得时，这是由于我自己的努力。

( ) ( ) ( ) ( ) ( )

5. 我能够决定我未来的生活。

( ) ( ) ( ) ( ) ( )

6. 当我做计划时，我能确定它们可行。

( ) ( ) ( ) ( ) ( )

J. 以下想法与你的想法吻合的程度如何？

强烈反对 有些反对 不确定/中立 有些赞同 烈赞同

1. 总体来说我对自己感到满意。

( ) ( ) ( ) ( ) ( )

2. 有时我认为我一点儿都不好。

( ) ( ) ( ) ( ) ( )

3. 我感觉我是有一些优点的。

( ) ( ) ( ) ( ) ( )

4. 我能够像大多数人那样做好事情。

( ) ( ) ( ) ( ) ( )

5. 我感觉我没有太多可骄傲的经历。

( ) ( ) ( ) ( ) ( )

6. 有时我确实感到自己的无用。

( ) ( ) ( ) ( ) ( )

7. 我感觉自己是个有价值的人，至少与其他人平等。

( ) ( ) ( ) ( ) ( )

8. 我希望我能够更尊重我自己。

( ) ( ) ( ) ( ) ( )

9. 总之，我往往认为我很失败。

( ) ( ) ( ) ( ) ( )

10. 我对我自己采取积极的态度。

( ) ( ) ( ) ( ) ( )

11. 我的生活在许多方面接近我的理想。

( ) ( ) ( ) ( ) ( )

12. 我生活的条件很优越。

( ) ( ) ( ) ( ) ( )

13. 我对我的生活感觉满意。

( ) ( ) ( ) ( ) ( )

14. 到目前为止我得到我在生活中想要的重要的东西。

( ) ( ) ( ) ( ) ( )

14. 如果我可以重新活一次，我不想改变什么。

( ) ( ) ( ) ( ) ( )

K. 你多久会体验到以下状况？

强烈反对　有些反对　不确定/中立　有些赞同　强烈赞同

1. 我感觉疲劳。

( ) ( ) ( ) ( ) ( )

2. 我胃不舒服。

( ) ( ) ( ) ( ) ( )

3. 我感觉头晕目旋。

( ) ( ) ( ) ( ) ( )

4. 即使我不用力也会感觉喘不上气来。

( ) ( ) ( ) ( ) ( )

5. 我感觉全身乏力。

( ) ( ) ( ) ( ) ( )

6. 我感觉紧张或激动。

( ) ( ) ( ) ( ) ( )

7. 我感觉颤抖。

( ) ( ) ( ) ( ) ( )

8. 我感觉烦躁不安。

( ) ( ) ( ) ( ) ( )

9. 我感觉烦恼或气愤。

( ) ( ) ( ) ( ) ( )

10. 我担心会有不好的事情发生在我身上。

( ) ( ) ( ) ( ) ( )

11. 我感觉不快乐和悲伤。

( ) ( ) ( ) ( ) ( )

12. 我的想法乱成一团。

( ) ( ) ( ) ( ) ( )

13. 我总是担心。

( ) ( ) ( ) ( ) ( )

14. 即使与别人一起我还是感觉孤独。

( ) ( ) ( ) ( ) ( )

15. 我对喜欢的事情失去兴趣。

( ) ( ) ( ) ( ) ( )

L. 许多学生有时候会卷入不好的活动。我们感兴趣的是这些活动以多大频率发生。记住没有人会知道你的回答。你曾经卷入到以下的情况吗?以及频率如何?

从不　　是，但不是在过去一年　　过去一年有过一次　　过去一年有过几次　　过去一年有过多次

1. 与老师有过争执。

( ) ( ) ( ) ( ) ( )

2. 由于所做的事情曾被踢出教室。

( ) ( ) ( ) ( ) ( )

3. 曾从家里偷过钱或其他物品。

( ) ( ) ( ) ( ) ( )

4. 从店里偷东西。

( ) ( ) ( ) ( ) ( )

5. 故意毁坏公车、影院或其他地方的椅子。

( ) ( ) ( ) ( ) ( )

6. 故意毁坏窗户、长椅、电话或其他类似的东西。

( ) ( ) ( ) ( ) ( )

7. 诅咒老师。

( ) ( ) ( ) ( ) ( )

8. 由于做错了事被叫到校长那里。

( ) ( ) ( ) ( ) ( )

9. 逃避买电影票、公车票或火车票等。

( ) ( ) ( ) ( ) ( )

10. 曾欺负其他孩子。

( ) ( ) ( ) ( ) ( )

附录 B

标准化处理：各量表移民青少年汇总样本因子载荷

表 B.1　移民青少年汇总样本因子载荷：整合

项目	载荷
传统	0.52
婚姻	0.44
语言	0.54
朋友	0.67
社会活动	0.67

注：特征值 =1.67，0.97，0.88，0.79，0.69；第一因子解释 33.4%。

表 B.2　移民青少年汇总样本因子载荷：分离

项目	载荷
传统	0.61
婚姻	0.56
语言	0.59
朋友	0.73
社会活动	0.75

注：特征值 =2.12，0.89，0.77，0.74，0.48；第一因子解释 42.5%。

表 B.3　移民青少年汇总样本因子载荷：同化

项目	载荷
传统	0.51
婚姻	0.59

续表

项目	载荷
语言	0.46
朋友	0.77
社会活动	0.76

注：特征值 =1.99，0.94，0.86，0.77，0.44；第一因子解释 39.8%。

表 B.4 移民青少年汇总样本因子载荷：边缘化

项目	载荷
传统	0.52
婚姻	0.44
语言	0.54
朋友	0.67
社会活动	0.67

注：特征值 =1.67，0.97，0.88，0.79，0.69；第一因子解释 33.4%。

表 B.5 移民青少年汇总样本因子载荷：族裔认同

项目	载荷
族裔文化的一部分	0.68
骄傲于族裔文化	0.84
作为族裔成员感觉幸福	0.85
作为族裔成员感觉尴尬*	0.47
对是族裔成员感觉不舒服*	0.48
对族裔文化感觉幸福*	0.77
对族裔文化感觉良好	0.83
是族裔成员很重要	0.64

注：特征值 4.02，1.21，0.63，0.61，0.56，0.48，0.29，0.20；第一因子解释 50.3%。带*的项目是反向得分。

表 B.6 移民青少年汇总样本因子载荷：国民认同

项目	载荷
感觉是国民社会的一部分	0.79
作为国民感觉骄傲	0.91

续表

项目	载荷
作为国民感觉幸福	0.89
是国民很重要	0.73

注：特征值 =2.77，0.58，0.47，0.18；第一因子解释 69.2%。

表 B.7　移民青少年汇总样本因子载荷：族裔语言的流利

项目	载荷
理解族裔语言	0.79
说族裔语言	0.85
读族裔语言	0.88
写族裔语言	0.86

注：特征值 =2.86，0.74，0.26，0.15；第一因子解释 71.4%。

表 B.8　移民青少年汇总样本因子载荷：国民语言的流利

项目	载荷
理解国民语言	0.87
说国民语言	0.90
读国民语言	0.90
写国民语言	0.88

注：特征值 =3.14，0.45，0.21，0.20；第一因子解释 78.6%。

表 B.9　移民青少年汇总样本因子载荷：国民语言的使用

项目	载荷
与父母说族裔语言*	0.79
与父母说国民语言	0.76
与兄弟姐妹说族裔语言*	0.78
与兄弟姐妹说国民语言	0.78

注：特征值 =2.42，0.69，0.66，0.24；第一因子解释 60.5%。带*的项目为反向得分。

表 B.10　移民青少年汇总样本因子载荷：族裔同龄人交往

项目	载荷
自身族裔群体朋友的数量	0.74
在学校与自身族裔群体朋友在一起	0.79
在校外与自身族裔群体朋友在一起	0.86
与自身族裔群体朋友一起运动	0.75

注：特征值 =2.48，0.63，0.52，0.38；第一因子解释 61.9%。

表 B.11　移民青少年汇总样本因子载荷：定居国同龄人交往

项目	载荷
非族裔/国民朋友的数量	0.76
在学校与非族裔/国民朋友在一起	0.81
在校外与非族裔/国民朋友在一起	0.85
与非族裔/国民朋友一起运动	0.73

注：特征值 =2.49，0.63，0.51，0.38；第一因子解释 62.1%。

表 B.12　移民青少年汇总样本因子载荷：青少年的权利

项目	载荷
男孩选择婚姻伴侣的权利	0.72
男孩约会的权利	0.79
女孩选择婚姻伴侣的权利	0.80
女孩约会的权利	0.79

注：特征值 =2.42，0.78，0.49，0.32；第一因子解释 60.5%。

表 B.13　移民青少年汇总样本因子载荷：家庭义务

项目	载荷
家中的权威	0.39
服从父母	0.64
父母指导	0.54
与父母顶嘴	0.58
孩子对父母的责任	0.49

续表

项目	载荷
做家务—女孩	0.60
父母最懂了	0.60
做家务—男孩	0.46
结婚前住在家里—女孩	0.63
结婚前住在家里—男孩	0.57

注：特征值 = 3.09，1.47，1.18，0.90，0.79，0.76，0.62，0.51，0.48，0.22；第一因子解释 30.9%。

表 B.14　移民青少年汇总样本因子载荷：感知到的歧视

项目	载荷
针对族裔群体的恶劣行为	0.52
不被主体成员接受	0.67
主体成员对我反感	0.70
被捉弄或侮辱	0.72
被威胁或袭击	0.65
来自老师的恶劣行为	0.57
来自成人的恶劣行为	0.70
来自学生的恶劣行为	0.75
来自校外孩子的恶劣行为	0.72

注：特征值 =4.04，1.21，0.86，0.75，0.65，0.46，0.43，0.32，0.29；第一因子解释 34.9%

表 B.15　移民青少年汇总样本因子载荷：生活满意度

项目	载荷
理想生活	0.69
优越的生活条件	0.81
对生活感觉满意	0.82
获得生活中重要的东西	0.73
不会改变生活	0.62

注：特征值 =2.72，0.75，0.64，0.53，0.37；第一因子解释 54.4%。

表 B.16 移民青少年汇总样本因子载荷：自尊

项目	载荷
对自己感觉满意	0.55
认为自己不好*	0.56
有优点	0.61
和其他人做得一样好	0.58
没有什么可骄傲的*	0.59
有时感觉没用*	0.62
与其他人一样有价值	0.52
需要更多的自尊*	0.38
感觉很失败*	0.64
良好的自我态度	0.61

注：特征值=3.26，1.61，0.85，0.72，0.71，0.68，0.61，0.58；第一因子解释32.6%。带*的项目是反向得分。

表 B.17 移民青少年汇总样本因子载荷：心理问题

项目	载荷
疲劳	0.54
胃不舒服	0.52
头晕	0.59
喘不上气	0.55
无力	0.66
紧张	0.63
焦虑	0.66
烦燥不安	0.61
恼怒	0.67
担心	0.60
不幸福	0.72
想法混乱	0.72
很担心	0.70

续表

项目	载荷
孤独	0.65
失去兴趣	0.62

注：特征值 =6.00，1.30，1.02，0.87，0.69，0.62，0.60，0.59，0.53，0.52，0.50，0.49，0.46，0.44，0.38；第一因子解释 39.8%。

表 B.18 移民青少年汇总样本因子载荷：学校适应

项目	载荷
目前喜欢学校	0.29
上课时注意力不集中*	0.73
对学校感觉不安*	0.54
做作业时注意力不集中*	0.75
希望退学*	0.46
在学校感觉孤独*	0.36
上学率*	0.42

注：特征值 =6.00，1.30，1.02，0.87，0.69，0.62，0.60，0.59，0.53，0.52，0.50，0.49，0.46，0.44，0.38；第一因子解释 39.8%。

表 B.19 移民青少年汇总样本因子载荷：行为问题

项目	载荷
与老师发生严重争执	0.59
被赶出教室	0.65
偷家庭成员的东西	0.52
在店里偷东西	0.66
故意毁坏座位等	0.69
故意毁坏窗户等	0.71
诅咒老师	0.64
由于做错事被叫到校长室	0.69
逃票等	0.59
欺负其他孩子	0.62

注：特征值 =4.09，1.16，0.79，0.74，0.68，0.61，0.56，0.52，0.49，0.36；第一因子解释 40.9%。

表 B. 20　定居国青少年汇总样本因子载荷：涵化态度

项目	载荷
E1：同化—传统	0. 62
E2：分离—婚姻	0. 30
E3：整合—传统	-0. 61
E4：同化—婚姻	0. 19
E5：整合—婚姻	-0. 69
E6：边缘化—传统	0. 40
E7：分离—传统	0. 16

注：特征值 =1. 54，1. 32，1. 26，0. 93，0. 84，0. 59，0. 52；第一因子解释 22. 0%。

表 B. 21　定居国青少年汇总样本因子载荷：国民认同

项目	载荷
感觉是国民社会的一部分	0. 72
作为国民感觉骄傲	0. 87
作为国民感觉幸福	0. 84
是国民很重要	0. 70

注：特征值 =2. 43，0. 68，0. 59，0. 29；第一因子解释 60. 8%。

表 B. 22　定居国青少年汇总样本因子载荷：族裔同龄人交往

项目	载荷
族裔朋友的数量	0. 74
在学校与族裔朋友在一起	0. 85
在校外与族裔朋友在一起	0. 87
与族裔朋友一起运动	0. 77

注：特征值 =2. 61，0. 62，0. 46，0. 32；第一因子解释 65. 2%。

表 B. 23　定居国青少年汇总样本因子载荷：定居国同龄人交往

项目	载荷
非族裔/国民朋友的数量	0. 68
在学校与非族裔/国民朋友在一起	0. 83

续表

项目	载荷
在校外与非族裔/国民朋友在一起	0.85
与非族裔/国民朋友一起运动	0.66

注：特征值 =2.31，0.75，0.57，0.36；第一因子解释 57.8%。

表 B.24　定居国青少年汇总样本因子载荷：家庭义务

项目	载荷
家中的权威	0.52
服从父母	0.62
父母指导	0.41
与父母顶嘴	0.62
孩子对父母的责任	0.35
做家务—女孩	0.48
父母最懂了	0.68
做家务—男孩	0.38
结婚前住在家里—女孩	0.64
结婚前住在家里—男孩	0.64

注：特征值 =2.97，1.57，1.29，0.92，0.89，0.71，0.59，0.48，0.45，0.14；第一因子解释 29.7%。

表 B.25　定居国青少年汇总样本因子载荷：青少年的权利

项目	载荷
男孩选择婚姻伴侣的权利	0.67
男孩约会的权利	0.79
女孩选择婚姻伴侣的权利	0.76
女孩约会的权利	0.80

注：特征值 =2.29，0.97，0.45，0.29；第一因子解释 57.2%。

表 B.26 定居国青少年汇总样本因子载荷：生活满意度

项目	载荷
理想生活	0.77
优越的生活条件	0.77
对生活感觉满意	0.84
获得生活中重要的东西	0.75
不会改变生活	0.70

注：特征值 =2.95，0.67，0.54，0.48，0.37；第一因子解释 58.9%。

表 B.27 定居国青少年汇总样本因子载荷：自尊

项目	载荷
对自己感觉满意	0.68
认为自己不好*	0.60
有优点	0.68
和其他人做得一样好	0.62
没有什么可骄傲的*	0.62
有时感觉没用*	0.62
与其他人一样有价值	0.58
需要更多的自尊*	0.53
感觉很失败*	0.70
良好的自我态度	0.75

注：特征值 =4.11，1.41，0.74，0.71，0.64，0.59，0.54，0.44，0.43，0.39；第一因子解释 41.1%。带*的项目是反向得分。

表 B.28 定居国青少年汇总样本因子载荷：心理问题

项目	载荷
疲劳	0.54
胃不舒服	0.57
头晕	0.59
喘不上气	0.56

续表

项目	载荷
无力	0.68
紧张	0.61
焦虑	0.70
烦乱不安	0.58
恼怒	0.63
担心	0.57
不幸福	0.71
想法混乱	0.71
很担心	0.70
孤独	0.66
失去兴趣	0.62

注：特征值 = 5.98，1.20，1.04，0.83，0.73，0.68，0.64，0.61，0.56，0.54，0.49，0.48，0.44，0.42，0.37；第一因子解释 40.0%。

表 B.29 定居国青少年汇总样本因子载荷：学校适应

项目	载荷
目前喜欢学校	0.26
上课时注意力不集中*	0.56
对学校感觉不安*	0.68
做作业时注意力不集中*	0.52
希望退学*	0.36
在学校感觉孤独*	0.30
上学率*	0.44

注：特征值 = 1.52，1.31，1.03，0.96，0.81，0.75，0.62；第一个因解释 21.8%。带*的项目是反向得分。

表 B. 30　定居国青少年汇总样本因子载荷：行为问题

项目	载荷
与老师发生严重争执	0. 64
被赶出教室	0. 64
偷家庭成员的东西	0. 54
在店里偷东西	0. 70
故意毁坏座位等	0. 68
故意毁坏窗户等	0. 70
诅咒老师	0. 66
由于做错事被叫到校长室	0. 67
逃票等	0. 62
欺负其他孩子	0. 58

注：特征值 = 4. 14，1. 18，0. 81，0. 75，0. 68，0. 63，0. 53，0. 49，0. 44，0. 36；第一因子解释 41. 4%。

附录 C

涵化过程和适应结果因子可释方差的特征值和比例

	特征值	可释方差（%）
族裔取向	1.422	47.39
国民取向	1.199	59.94
整合	1.277	63.85
族裔行为	1.537	38.43
心理适应	1.747	58.23
社会文化适应	1.357	67.86

译后记

2010 年 7 月，我和中国社会科学院民族学与人类学研究所刘真在上海一起参加中加经济论坛，我们一见如故，大家相约今后一定一起合作翻一本学术著作，介绍欧美学者的研究成果。2010 年秋，刘真、我和教育学院常永才组成的翻译团队，申请到了中国社会科学院民族学与人类学研究所重点课题“《文化过渡中的移民青年》翻译”。刘真和我都是外语专业出身，负责语言的理解和把握。常永才对文化互动中的涵化心理问题感兴趣，并与该领域学术权威、本书原作者 John Berry 教授长期交流和合作，所以专业内容的理解和术语表达由他来定夺。2011 年底我们完成了本书的翻译，顺利通过了民族学与人类学研究所的审查，成功结题。我们在此谨表谢意，感谢民族学与人类学研究所的科研资助和中央民族大学教育学院“学科建设项目”的出版资助。

本书还得到了教育学院院长苏德教授热情的帮助和支持，民族学与人类学研究所吴安其教授审阅了全部译稿，提出了很好的修改意见。在此，我对他们表示深深的感谢。谢谢他们！我还要感谢中央民族出版社的责任编辑陈子冰女士，她的辛勤工作为本书增色不少，谨此致谢。感谢教育学院硕士研究生李正刚、刘槟、谢丹、李晓和王凯等同学，他们参与了译稿的表格制作和数据校对工作。我还要对我的合作伙伴表示由衷的谢意。

感谢所有为本书出版付出辛勤劳动的人们!

由于译者学识浅薄，书中错漏与不妥之处一定还很多，敬请读者不吝赐教。他山之石可以攻玉，希望我们的工作能对国内这一领域的研究有参考作用。

王朝晖

2013 年 10 月于民大校园